U0932484

未来10年到20年，中国劳动年龄人口数量的下降和老龄化程度的加剧将不利于经济增长，但促进人口质量的提高却空间巨大。中华民族的伟大复兴，中国梦的实现，寄希望于世界经济下一长周期的发展仍由中国引导。

——张嗣兴

中国脉搏II

后危机及转型时期的中国经济

张嗣兴　著

中国人民大学出版社
·北京·

图书在版编目（CIP）数据

中国脉搏/张嗣兴著.—北京：中国人民大学出版社，2011.6

ISBN 978-7-300-13947-0

Ⅰ.①中…　Ⅱ.①张…　Ⅲ.①中国经济—研究—2009～2011　Ⅳ.①F12

中国版本图书馆CIP数据核字（2011）第122439号

中国脉搏II 后危机及转型时期的中国经济
张嗣兴 著
Zhongguo Maibo II

出版发行　中国人民大学出版社
社　　址　北京中关村大街31号　　**邮政编码**　100080
发行电话　010-51651929-888
网　　址　http://www.crup.com.cn(人大出版社网)
　　　　　　http://www.ttrnet.com(人大教研网)
经　　销　新华书店
印　　刷　北京兴湘印务有限公司
规　　格　160mm×230mm　16开本　　**版　　次**　2013年9月第1版
印　　张　17　　**印　　次**　2013年9月第1次印刷
字　　数　175 000　　**定　　价**　29.80元

序一

六方面改革为中国经济注入新动力

徐洪才 *

很高兴看到张嗣兴先生的第二本经济随笔集付梓出版。滴水成渊，张嗣兴先生的这本经济文集涉猎广泛，内容丰富，见解独到，给人以深刻启迪，反映了一位“非经济专业人士”对现实经济热点问题的专业思考，非常值得一读。

张嗣兴先生视野宏阔，很难对他的观点一一作出评价。正如张嗣兴先生所见，在全球经济放缓的大背景下，中国经济领域的改革面临新的机遇，就此我也来谈一些自己的想法。

三十多年来，我们努力建成的过度依赖外部需求的经济发展模式，现在已经难以为继了。这种模式建立在劳动者低工资和资源高消耗、粗

* 作者为中国国际经济交流中心信息部部长。

放经营基础之上，继续依靠外延扩张，必然受到资源瓶颈制约。最近十年，中国经济总体上保持快速增长，主要得益于三大红利的支持：一是国有部门改制红利，二是经济红利，三是人口红利。目前这三大红利对经济发展支持作用正在减弱，需要新的动力及时跟进。否则，中国经济可能陷入长期低迷。

党的“十八大”对下一步的改革指明了方向。笔者认为，应该从加快以下六个方面改革入手，为中国经济持续发展注入新的动力。

第一，理顺政府与市场的关系。政府干预经济过多，不仅会导致经济效率流失，还会滋生寻租和腐败现象。应该按照建设社会主义市场经济要求，积极培育各类市场，充分发挥市场在配置资源中的基础作用。市场能够自发发挥作用的地方，就应尽量让市场发挥作用。当市场失灵的时候，政府应及时予以纠正，以弥补市场机制缺陷。政府主要任务是提供社会公共产品和服务。因此，应“精兵简政”，提高政府服务于经济的质量。

第二，促进价格形成机制市场化。要让市场机制充分发挥作用，就必须让生产要素价格形成机制市场化，让市场供给和需求的力量自发发挥作用。因此，应该减少政府管制、打破垄断，让市场参与者都有公平参与机会。目前，我国市场要素，包括土地、资源、劳动力和货币资金等，都还没有市场化，价格信号常常扭曲，误导了资源配置，降低了资源配置效率。不理顺价格体系，不让市场机制有效发挥作用，建立现代市场经济将无从谈起。

第三，深化收入分配制度改革。近年来，我国居民收入差距扩大，不仅影响到社会稳定，也影响了经济结构调整和发展方式转变。下一步改革重点：一是在工资性收入和资本性收入的初次分配中，增加工资性收入比重；二是在二次分配中，提高对低收入群体和弱势群体的社会保障和转移支付；三是发展资本市场，纠正银行存款利率扭曲，提高居民金融资产收益；四是加大国企分红力度，将部分国有股权直接划拨给老百姓养老金账户，从而提升居民消费能力。

第四，深化国有部门体制改革。既包括宏观层面的国有资产管理体制改革，也包括微观层面的国企产权改革和公司治理机制完善。在宏观层面：重新设计国有资产战略布局，主动在竞争性领域退出；国资管理体制改革重点是建立国资经营预算制度和面向全体国民的分红制度。在微观层面：将部分国有股权直接划拨到老百姓养老金账户；建立职业经理人市场，加强经营者考核，建立长期激励机制和完善内控制度，鼓励创新，减少短期行为。

第五，深化农村土地制度改革。农村土地不能进入市场有三大负面影响：一是导致城市土地供给不足，引发城市房地产价格泡沫；二是农村土地不能集约化经营，降低土地使用效率；三是农民不能分享城市化带来的土地级差地租，剥夺了农民到城市生存发展的"第一桶金"，因此影响了内需扩大，也影响了农村城市化进程。农村城市化实际是节约用地过程，可以做到增加农业耕地。

第六，加快金融改革。利率和汇率的市场化是重点。要打造一个权威性的市场基准利率；平滑债券收益率曲线，疏通利率传导机制；打破垄断，发展小微金融机构；深化银行内部改革，改进公司治理；逐步扩大外资机构参与竞争；扩大债券市场规模，完善品种结构，进行利率和汇率衍生品场内交易试点；完善法律和监管机制；加快香港人民币离岸中心建设；逐步扩大资本项目开放，加快人民币国际化；追求外贸进出口基本平衡，为汇率市场化创造有利条件。

借张嗣兴先生新书出版之际，谈一点浅见。是为序。

序二

关注现实，在变化中洞悉局势

王　俊*

算起来和张嗣兴先生相识已有十余年。印象中他学识渊博，极具战略眼光，是位自信、从容的企业管理者。无论是中国传统文化、世情人性或是企业管理之道，张嗣兴先生都能侃侃而谈，颇有见地。

从西北某省电力局的总经济师，到国家电网西北公司的副总，再到国家电网电建院的院长，多年一线管理岗位的历练，成就了这位“思想型”的企业家。

思想有多远，企业就能走多远。要做一个大型的企业，能不能让这个企业在全球化市场上具有持续的竞争力，很大程度上取决于企业管理者对未来的判断和预期。一个“思想型”企业家，能在变化的环境中洞

* 作者为《投资与理财》杂志出品人。

悉局势，看清前进方向中的机会和威胁，能保持强烈的好奇心和激情，关注新事物，勇于冲破各种习惯，坚持不懈于更高的目标。战略性思维是一个真正的企业家所必须拥有的力量。而张嗣兴先生正是在几十年的探索中，获得了这样的力量。

很高兴能够请到张嗣兴先生为《投资与理财》杂志撰稿。这位爽快的西北汉子，生活中待人真诚，有约必践。从2009年答应为《投资与理财》杂志撰稿到现在，已经坚持了五年，前后发表文章百余篇。如今张嗣兴先生虽然已经退休，但仍然执掌京城一家大型投资公司，平日事务繁忙，登门拜访的新朋故旧亦不在少数。但他的稿子向来准时，内容也从不敷衍。

为了避免占用他太多精力，我曾经委婉地表示，文章主旨表达清楚即可，字数可以适当减少。但张嗣兴先生不以为然，在他看来，文章一定要建立在准确的数据和充足的事实之上，武断的推测和偏执的观点，看似大胆，却经不住推敲，也难以经受时间的考验，更是对读者的欺骗。每次撰稿，他都要查阅大量的资料，旁征博引，小心推论。对此我深感敬佩。

“文章合为时而著，歌诗合为事而作。”著文如果不看现实，不问时事，不触问题，不关痛痒，终究只是“不合时宜”之作。所以有人说“经济学要学以致用，要分析中国的经济运行和结构转型，这是一个中国经济学家的历史使命和社会责任。”作为一个企业家出身的经济学家，张嗣兴先生撰写的文章高度务实，对现实经济状况保持了高度的关注和敏锐，这一点也难能可贵。

对于投资和理财，张嗣兴先生也颇有心得，多年来，无论是投身股市或是专心于实业，张嗣兴先生都很少失手。有人建议，为何不把投资经验也写出来与读者分享，为大家提供实用的投资建议，张嗣兴先生坦言：投资有风险，不能轻易把自己的想法强加于人，如果判断失误，害人不浅。其实投资者应该更多地关心宏观经济，关注政府通过行政手段、货币政策、财政政策及其他非常规措施对经济进行的调控。政策机会抓得好，就可能满载而归。有心者从张嗣兴先生的文章中，也能洞悉中国经济走向，对投资环境了然于胸，再加上个人的甄别，对于投资之道也能略通一二。

在 2011 年时，《投资与理财》杂志为张嗣兴先生出版了第一本个人经济随笔集《中国脉搏：张嗣兴点论中国经济》，所收文章起自 2008 年 12 月世界金融危机正当蔓延之时，讫至 2011 年 6 月中国最新的经济数据出炉。内容涉及金融危机下的中国经济复苏，中国经济结构转型以及中国经济领域的诸多焦点问题。对于全球金融危机爆发近三年内中国经济的发展和面临的问题作了系统的梳理和深入分析。

时隔两年，这本《中国脉搏 II：后危机及转型时期的中国经济》也如约和读者见面。书中收录了张嗣兴先生 2011 年至 2013 年在《投资与理财》发表的文章 49 篇。这本文集描摹了后危机时代世界经济环境的变迁，记录了转型时期中国经济的蜕变，也反映了诸如“房价”、“国企改革”等中国老百姓关心的热点经济问题。张嗣兴先生深入浅出、关注社会的经济理论跃然纸上。

这本书是张嗣兴先生两年心血的结晶，对于其中的观点我不多做评论，读者仁者见仁，希望在阅读之余，能引发更多的思考。对于张嗣兴先生自己而言，这本书是他思想和智慧的沉淀，期待这位“思想型”的企业家、企业家出身的经济学家能在不断的实战和总结中更上层楼。

目录 contents

1-98 第一辑 世界经济“新常态”

阿拉伯危机实质就是美元与欧元打架 3

我们将看到围绕美元圈和欧元圈的争夺，动乱会不断地发生。在这样的环境中，要想真正拥有财富，就必须在拥有财富的同时，拥有保护财富的能力！

美债危机仔细看 8

美国的债务危机远未解决，在债务高达占GDP97%，赤字占GDP9.3%的情况下，美国的债务负但只会越来越重。

增持美债 矮个子里拔将军 13

如果出于一时的“义愤”和担心继续持有美欧国债面临损失，而不予深思抛售其国债，那就极有可能推迟人民币最终成为国际储备货币一极的战略实现。当前全球金融危机蔓延，市场信心脆弱，抛售美欧国债只能加剧全球金融市场动荡，加大中国投资损失。

债务危机几多愁　18

债务危机几多愁？几乎所有发达国家都在危机前的平静期内不约而同地“债台高筑”，这场全球金融危机更是加剧了财政恶化，新兴市场也已开始前赴后继。解决目前危机，必须兼顾长远发展。

世界经济“新常态”　23

中国经济在经历了30年尤其是加入WTO十年后的高增长之后，在经历全球经济危机尤其是经历2008年危机后三年的财政货币再扩张之后，经由2011年的酝酿，自2012年开始，也将迎来“新常态”。

在衰退风险中稳增长　28

全球经济未来的前景让人忧虑，应对眼前危机必须同时兼顾长远可持续发展。不仅中国，而且新兴市场国家、发达国家也需要在衰退风险中稳增长。也只有在衰退风险中稳增长，才是世界各国应对危机、走出衰退风险的重要选项。

世界经济进入低增长周期　33

短期看来，全球经济增长仍然深陷金融危机的泥潭之中，世界经济进入低增长周期。技术进步的速度和新技术的主导权将成为左右未来全球经济格局的最主要因素，也将成为各国能否尽快摆脱不利的全球环境的关键。

伊核危机引而未发 原油价格再起波澜　38

美国为伊朗设立了两条红线，一是不能封锁霍尔木兹海峡；二是不能生产核武器。伊朗现阶段只是要掌握全部核武器技术，但不生产出来，让西方找不到军事打击的借口。

高油价之“江湖”　43

美国前国务卿、国家安全事务助理基辛格就曾经指出：“谁控制了石油，谁就控制了所有国家。”在能源问题上，美国眼下是中国的挑战者，但同时还会成为特殊的师表。对此，关键不在于美国如何“教”，而在于中国怎样学。

高油价之成因　48

从需求看，今后 3 ~ 5 年，由于全球经济不景气，石油需求会下降。从供给看，由于非常规油气的快速开发利用，更多非欧佩克国家会成为石油出口国，而欧佩克的生产也会达到近些年的高点。这些都会使高油价面临向下的压力。

粮食安全再次面临严峻挑战　53

2011 年中国粮食进口约占世界粮食贸易总量的 1/4，扩大进口的空间非常有限。同时，2011 年中国粮食净进口量达 6100 多万吨，按供给量计算，中国粮食自给率只有 89.7%，低于 95% 的警戒线。中国的粮食安全问题不容乐观。

欧元区经济由停滞转向萎缩　58

2012 年 7 月份中国对欧盟的出口同比下降 16.2%，降至 294 亿美元。2012 年 7 月份的出口增速几乎停滞，仅比一年前增长 1%，远低于平均预测值 8.6%；进口同比增长 4.7%，低于平均预测值 7.2%。

美国重返亚太的战略意图　63

对于美国重返亚太，中国需要淡定从容，见招拆招，沉着应对，化解风险，更需要专注本国的经济结构转型、政治体制改革，不断提升国家综合实力。同时，在外交上更需技巧与灵活。

美国“重返亚太”的战略重心　68

TPP 将加深美国与亚太一些国家的联系，有助于巩固美国在本地区的政治与安全影响力，从而建立一个跨太平洋的伙伴关系和地区机制的网络，实现奥巴马政府亚太战略的重要目标。

美国“重返亚太”对中国能源战略的影响　73

美国的全球战略从来都是围绕经济中心制定的，其核心利益是控制能源。美国“能源独立”和“重返亚太”战略导致的全球能源格局和战略布局调整，也将使中国能源发展和安全面临更为严峻的挑战，中国必须打破能源封锁链，实施能源突围战略。

量化宽松何时休　78

由于世界三大央行——美联储、欧洲央行、日本银行，执行“无限制”量化宽松的货币政策，大规模流动性注入已不会实现对它们各自实体经济的拉动，也不会有利于资金负债表的修复和结构性改革。在它们所到之处，下一次危机必然会接踵而至。“无限制”的量化宽松已不能制止危机，而是制造危机了。

塞浦路斯危机的警示　83

塞浦路斯危机对中国的警示之一在于，保护储户的利益，存款保险制度不可或缺；之二在于对全球离岸金融中心资本大进大出的金融风险，必须高度警惕。

金价暴跌的内在逻辑　88

黄金30年一遇的暴跌，动摇了全球所有的金融市场。人们在心有余悸的同时，都在窥探此次暴跌的真正根源。然而，金价暴跌的内在逻辑却完全隐没在当前复杂多变的世界经济背后，扑朔迷离。市场分析众说纷纭，真相难辨。

安倍经济学成效初现　93

安倍经济学的起点是日元贬值，其最直接的考量是通过促进出口，带动日本经济。其推出同时，让一些贸易国感到了货币战争潜在的威胁。

99-180 第二辑　中国经济战略调整

增速放缓是大势所趋 不必担心经济“硬着陆”　101

中国经济增速放缓，不仅是大势所趋，更应是长远发展的自觉。其实，不必过于担心中国经济“硬着陆”，但防范中国经济“硬着陆”却十分必要。

中国经济“软着陆”不成问题　106

总体看，目前的经济局面是主动采取紧缩政策调控造成的，局面可控、主动权在把握之中，只要政策不摇摆、不反复，中国经济实现“软着陆”的预期目标不成问题。

人民币“升”势浩大　111

人民币升值对中国经济的影响是多层面的。现实中，市场对汇率的判断都是基于对资金流向的判断和假设。现实市场中利差对汇率的影响，就是资金流向高利率货币，流出低利率货币，其自然结果是高利率货币升值。如果人民币在短期内被急速推高，就要警惕国际炒家的推波助澜。

人民币汇率保卫战　116

目前的中国经济极易受到外部的影响，汇率问题尤为重要。此后路子很长，尚须步步小心踏实。

老龄化无碍中国经济发展转型　121

对中国老龄化的危言耸听，势必引导对就业形势判断产生错误，对中国经济发展判断产生错误。中国经济发展有其自身的规律，绝不是别人说要“撞墙”，就真的会“撞墙”。

实业兴国 构筑增长新基础　126

辛辛苦苦经营一个工厂，还不如投资一两套住房赚钱来得快、来得容易。于是，过去很多非常勤恳做实业的企业家，慢慢开始把实业作为副业，把炒房地产做成了主业，这样带来的负面影响和美国的虚拟经济繁荣的后果是一样的。

制造业加速转型与升级是大势所趋　131

根据HIS数据，2010年，美国制造业有1150万工人，而中国制造业有1亿人，美国的劳动力生产率比中国高近10倍。技术上，美国制造业仍遥遥领先于劳动密集型的中国。

货币政策从实际偏紧转向实际偏松　136

2011年四季度外汇占款出现了净减少，三个月共减少了1500亿，连续三个月减少的情况大约近10年不曾出现过。2012年全年的流动性肯定要比2011年宽松，不过也可能不会太宽松。2012年5月下旬至6月，央行下调存准率的可能性已经明显加大，但基准利率调整目前尚无可能。

利率市场化改革势在必行 141

在利率管制下，银行业利润过高，且对管制性利差依赖性较大，不仅损害了存款人利益，也大大增加了其他行业的成本。民间市场利率与管制利率差，还导致地下金融泛滥，造成民间借贷呈现范围广、利率高、数额大的特征，潜伏着很大的社会风险。

推动改革“稳增长” 146

“稳增长”意味着什么？意味着2012年乃至更长阶段的中国经济形势不容乐观。以宏观调控的角度来看，需要调控者增加推力，“把稳增长放在更重要位置”。

调整能源战略 为稳增长加注动力 151

随着中国利益越来越向能源消费国集团及发达国家阵营靠拢，因人均国民收入过低而远没有达到发达国家标准，中国在进入混合经济体这一特殊阶段后，调整经济发展战略特别是能源战略是一项十分重要的任务。

调结构 稳增长 构筑长期稳定发展新格局 156

只有加快转变经济增长方式，下定决心调结构，才能“稳增长”，构筑好中国此后中长期稳定发展的新格局；只有眼前服从服务于长远，中国经济长期平稳快速发展才是真正有保障的。

应尽快推动收入分配制度改革 161

收入分配体制改革总体方案应针对分配调控体系和资源配置体系存在的缺陷，针对国民收入贫富差距、地区差距、城乡差距、行业差距不断扩大的趋势，重在实现效率与公平的均衡。

未来经济可能小幅下行　166

中国的房地产已处于一个非常尴尬的局面，不管是崩盘还是反弹，都会使中国处于危险的境地。有学者研究显示，2004 ~ 2009 年房价上涨了 250%，远远超出了官方指数（2004 ~ 2012 年累积增长 113%）的增长水平。

调结构控风险 货币政策稳中偏紧　171

2013 年 6 月 19 日，国务院总理李克强主持召开国务院常务会议。会议要求“引导信贷资金支持实体经济，把稳健的货币政策坚持住、发挥好，合理保持货币总量”。国务院的最新表态，不仅给央行的行为以政策依据，也为当前的货币政策定下了基调，其实际内容就是“稳中偏紧”。

后“钱荒”时代　176

银行间流动性波动事件，一方面凸显了实体部门债务扩大风险和金融体系脆弱性，另一方面也宣示了 2012 年以来相对宽松货币政策的终结。后“钱荒”时代到来了。

181-252 第三辑　中国经济热点问题

中小企业普遇钱荒 金融支持势在必行　183

“缺钱”再次成为焦点。全国工商联的调研结果显示，中小企业特别是小型微型企业的状况，可能比 2008 年金融危机时更为艰难。

温州中小企业资金链危机唯有改革是出路　188

可以预言，温州的中小企业资金链危机提供了一个契机，必将促使我国开放民间资本、防止垄断的金融改革提前到来。

房市严厉调控这一年　193

中国房地产商由于过度偏好投机，轻视宏观战略预测，忽视社会公众意见，10年来的好日子快走到尽头，将会有不少房地产企业迎来宏观调控和市场泡沫破灭的惩罚，在未来的一年破产倒闭。

房地产市场的理性回归　198

连续几年来，房地产调控都是“两会”代表、委员热议的话题。因为房地产问题数年来并未得到解决，且关乎民生，影响深、涉及广，“两会”代表、委员不得不长期高度关注。老百姓其实更期盼这个问题2012年能尽快在实际层面得到真正解决，而不再只是年复一年的热议与关切。

房地产调控正面临新的“十字路口”　203

事实上，截至目前的调控根本无暇顾及“房价向合理价格回归”，仅“抑制房价过快增长”就已显得力不从心，因为没有人敢试试让全国房价崩掉30%会是什么情况。

楼市调控路在何方　208

2013年房地产市场将会呈现更加明显的区域性分化特征：一线城市住房供需矛盾进一步突出，仍需着力增加供应水平；而不少二、三线城市的住房存量却超过了正常水平，要重视有序消化库存，避免房价出现断崖式下降。

破解新能源产业困局在于培育国内消费市场　213

只有掌握核心技术，才是发展新能源绿色产业的根本出路，新能源产业的困局必将在市场严酷的淘汰、行业自律与整顿以及政府的战略引导下得以解脱，从而以重生的方式，走向新的科学发展之路。

页岩气 中国能源投资的新领域　218

国土资源部油气中心预计，2020 年页岩气产量将超过 1000 亿立方米，与 2011 年的常规天然气产量 998 亿立方米相当。到 2030 年，产量有望与常规天然气相当，与美国接近。无疑，这样的结果将会极大地改善国内的能源结构。

借鉴国外经验 推动国企改革　223

全球化既加速了中国经济的发展，也深化了中国体制的改革。目前，尽管从内部看也罢，从外部看也好，对于国企改革都还存在许多分歧，甚至于有严重分歧，但国企要改革这一点是没有分歧的。

企业的转型发展是经济发展方式转变的基础与保证　228

若要提前布局，积蓄潜能，真正成为下一轮的领跑者、下一轮经济规则的制定者、真正的经济强国，必须从眼下的企业转型做起。只有有了世界超一流的强大企业群，才一定会成长为世界一流的国家。

必须继续坚持国企改革发展之路　233

从 2003 年到 2011 年，中国国有企业营业收入从 10.73 万亿元增长到 39.25 万亿元，上缴税金从 8361.6 亿元增长到 3.45 万亿元，净利润从 3202.3 亿元增长到 1.94 万亿元，年均增速达到 25.2%。国有企业改革发展的成效说明，国有企业改革发展之路必须继续坚持。

要促进企业转型 应先调整产业政策　238

标准普尔 500 种股票数据在 2009 年 3 月跌到 12 年来的最低

点后翻了一番，与此同时，由于人们担心企业的国有性质意味着投资者不拥有优先权，上证综指下跌了6.5%。中国企业的估值降到了美国企业的一半。

驱除雾霾 要应急更要治本　243

限制一定数量的公车上路，强令一些高排放企业停工等应急措施，无法从根源上解决雾霾问题。解决污染问题，长远的还须从根本上、源头上寻求解决。

做好顶层设计 促进城镇化健康发展　248

城镇化是一个历史性问题，不是短期的，不是运动式的，同时城镇化也是一个有利有弊的问题。所以，必须研究并遵循其发展规律，要全盘考虑做好顶层设计，尽力避免可能发生的挫折、波动，甚至是弊端或危害。

第一辑

世界经济“新常态”

DI YI JI shi jie JING JI XIN CHANG TAI

不仅是欧美经济，中国经济在经历了 30 年尤其是加入 WTO 十年的高增长之后，在经历全球经济危机尤其是 2008 年危机后三年的财政货币再扩张之后，经由 2011 年的酝酿，自 2012 年开始也将迎来“新常态”。

我们将看到围绕美元圈和欧元圈的争夺，动乱会不断地发生。在这样的环境中，要想真正拥有财富，就必须在拥有财富的同时，拥有保护财富的能力！

阿拉伯危机实质就是美元与欧元打架*

近几个月，阿拉伯地区广泛的社会动荡，造成了多个国家政府的倒台，引起了针对利比亚的军事行动，成为当今全球主要热点，其走势更可能对未来世界格局形成重大影响。了解其原因，把握其走势，无论从政治，还是经济角度看，都具有重大的战略意义。

突尼斯动乱的导火索是一个26岁失业大学毕业生在街上卖菜，因无照而被城管粗暴没收，他愤而自焚。年轻人高失业率的郁闷一下子爆发，导致总统本阿里下台。突尼斯的政治变革，又引起了背景相同国家的多米诺骨牌效应，造成整个中东、北非地区的政治动荡。中东北非阿拉伯地区的动荡原因也许很多，但是经济问题、当前经济危机从发达国家向发展中国家的转移和转嫁，绝对是直接推手。

2010年，埃及国内通胀率水平高达12.8%，列居中东、北非地区通胀水平最高的国家。这其中，粮食价格一年间上涨20%。粮食价格上涨，

---

* 本文写作于2011年6月23日

显然并非阿拉伯危机的实质。中东北非地区普遍无法实现粮食自给，都需要从国际市场进口，对国际市场依存度非常高。埃及是全球最大的小麦进口国，利比亚同样粮食不能自给，每年需要大量进口食品。根据联合国粮农署 FAO 数据，埃及综合粮食进口依存度为 19%，利比亚为 12%，突尼斯为 10%，阿尔及利亚达到 20%，也门 25%。

此前的 2005 ~ 2007 年，利比亚小麦进口量是总需求的 25.2%。而据世界银行 2011 年初的数据，小麦价格在 2010 年上涨了 100%，玉米价格上涨 73%。随着全球食品价格飞涨，中东北非的粮食进口国遭受到了国际粮食出口价格持续提升的严重影响。

由此可见，中东北非地区高通胀高失业率，本质上并非本国“内生”，而主要是全球危机之下发达经济体货币扩张所导致，其中以美联储的量化宽松政策尤甚。发达国家的信用扩张，导致了全球通货膨胀，这种通货膨胀使得经济基础薄弱的发展中国家，承载了发达国家危机代价的转嫁。在全球分工体系下，突尼斯、埃及、利比亚和海湾国家的经济结构单一，分别依靠旅游、运河收益和石油收入，在高通胀高失业率的冲击下，成为在全球危机中断裂的薄弱环节，爆发了社会动乱。

可以肯定，阿拉伯地区发生动荡的必要条件还有许多，但却不是事变发生和继续下去的充分条件，否则就无法解释其中北非国家和海湾国家与此不同的命运。为什么同样是所谓的“独裁政权”，同样存在腐败和严重的两极分化，同样都开枪射杀了示威民众，海湾的巴林和沙特就能够被西方媒体“善意忽略”，而北非的利比亚就被军事打击？

历史曾经证明、现实正在证明，西方大国的干预，才是引发阿拉伯地区动荡并决定其未来走向的关键因素。这是因为，在蕴藏着工业“血液”和现代社会基础能源，连接欧亚大陆的阿拉伯地区，对于主导着全球体系和世界秩序的西方大国具有核心战略利益。同时，西方大国也各自具有维护这一核心利益的决心和力量。显然，在西方大国对不同国家采取不同对策的背后，有着各自精准的利益算计。

比如，对于美国而言，防止埃及失控是以色列安全的重要保障。所以，最初埃及的动乱超出了美国预计的框架，随即美国就进行了危机处理，果断与穆巴拉克进行切割，并通过保持对埃及军方的影响力，实现了对埃及变局的危机管理和控制。而沙特和海湾地区不仅是其海外石油的主要供应地，更重要的还是石油美元的支柱，这是美国的核心利益。所以，对出现动乱迹象的沙特、巴林和也门等海湾国家，美国并没有去支持寻求民主、自由的民众，而是极力维护政府的稳定，对其开枪镇压的举动也是采取了默许的态度。

对于全球格局而言，虚拟化的美元可以通过其国际货币地位，置换其“币缘圈”的实物利益，这既表现为贸易逆差，也表现为能源资源获取。而全球在生产和能源资源层面的“有限”性，决定了这种实体利益的有限性，国际货币地位因此具有非常强烈的竞争性。在目前的国际货币格局中，既表现为美元与欧元对于国际货币地位的竞争，又表现为美元与欧元对全球实体经济利益配置的竞争性。从“币缘”的角度看，在亚太地区存在着一个垂直分工体系，美国作为经济高度金融化的虚拟资本主义国家，处于体系的最高端，其下是半制造半金融化的日本，中、韩、印及东盟等国是位居中间的制造业国家，而海湾国家和澳大利亚等国则是资源国家。这三类国家以美元货币体系为核心，彼此交换，相互补充，构成了环太平洋、印度洋的美元“币缘圈”。维护美元“币缘圈”的稳定，对于美国的战略利益是一种保障。

在欧洲和环地中海区域，也存在类似的“欧元币缘圈”，利比亚是属于“欧元币缘圈”的资源类国家。“欧元币缘圈”如果受到某种冲击，即可以放大“美元币缘圈”的竞争优势，对美国是有利的。正因为如此，美国在推动军事干预利比亚之后，很快交出指挥权，并退出对利比亚的轰炸行动。美国基于币缘政治考虑的转变，将缺少军事能力的欧洲架在火堆之上，在世人面前暴露了欧元缺少强力支撑的短板，也在未来全球货币体系的改革和竞争中，客观上已经削弱了欧元挑战美元主导国际货币地位的能力。

当然，这些关于币缘政治的逻辑并不是美国直接宣讲的。在这场战争中，就打击恐布主义而言，利比亚虽为中东穆斯林国家，但其反恐立场有目共睹，“倒卡反恐”有违事实；就争夺石油资源而言，通过调整石油战略，美国对中东的石油依赖已减至20%，利比亚的比例就更少，对此不必大动干戈；就地区利益而言，美国不占地缘战略优势，若主动挑头，“武力推翻卡扎菲政府，联盟有可能分裂”，欧盟战后定会在地中海地区“排美”、“挤美”，以实现其“地中海战略”。权衡之下，美国从“传统价值观”出发，支持法英挑头，武力干预卡扎菲；从“实际利益”出发，交出指挥权，退出轰炸，将欧盟推到战火中去。表面上，它是为两场战争所累，无力发动第三场战争，而实质上是一石数鸟，工于“币缘”的心计，谁又能说不是呢？

实话说，美国在国际事务中务实的国家利益观和灵活的战略，确实是摆在我们面前的一部现实教材，借此以发现我们的不足，寻找扭转困局的机遇，或许是最直接最有效的。

据商务部介绍，中资企业在利比亚的损失，合计超过15亿元人民币。这些损失应说是到目前为止看得见的损失，包括设备、材料、工程先期投入、个人物品等，如果考虑到合同金额的损失，估计数字还要大很多。这次突尼斯、埃及、利比亚发生社会动荡，我国基本上没有明确表态，因为一旦表态错了，几十亿、上百亿的投资就可能付诸东流。我们是有钱到海外投资，却无力保护这些投资。

若想保护我国海外的利益，需要一支强大的海军。尽管目前我国海军发展很快，但是与日益庞大的需求比，仍然是力不从心。我国不搞炮舰外交，但要有炮舰维权的能力。雄厚的财力有了强大的军力做后盾，我们在国际政治经济中就会更加有分量。那时，一旦他国发生动荡，纷争各派就不会以侵害我国利益作为要挟，而代之以保护我国利益作为交好的见面礼，这样，我国在海外的投资才会有安全的保障。

必须看到，欧元、美元之间竞争的焦点不只是份额的大小，而是对全球货币体系主导权的争夺。由于美元圈和欧元圈占世界经济的权重均很大，而美元圈和欧元圈的矛盾斗争也不止于金融货币领域，还不断向政治、经济和地缘格局等方面扩展，因此，美元圈和欧元圈的矛盾已经成为当今世界的主要矛盾之一。对美欧双方来说，都要让自己的核心区、产业区、资源区保持稳定，让对方的核心区、产业区、资源区存在动荡。在这近乎“零和”的博弈最终走向新的币缘秩序之前，我们将看到围绕美元圈和欧元圈的争夺，动乱会不断地发生。

历史的经验告诉人们，在这样的环境中，要想真正拥有财富，就必须在拥有财富的同时，拥有保护财富的能力！

美国的债务危机远未解决，在债务高达占GDP97%，赤字占GDP9.3%的情况下，美国的债务负但只会越来越重。

美债危机仔细看*

如市场所料，美国东部时间2011年8月2日午间，美国总统奥巴马签署了提高美国债务上限和削减赤字法案。此时，离违约期限的最后一刻只差几个小时。持续多月的关于美国举债和政府违约风险的讨论暂告段落。

尽管美国两党已就提高债务限额达成协议，避免了美国债务违约，但看似利好的消息，却未能如愿提振市场信心。投资者注意力重返疲软的美国经济数据上，继而点燃了对全球经济增速放缓的担忧情绪。

为了说明问题，不妨先理清美国债务危机的由来。正所谓“冰冻三尺，非一日之寒”，美国的国家债务在过去十年内以指数级速度攀升。2001年，小布什接替比尔·克林顿入主白宫时，美国的财政状况健康，还颇有盈余。然而，在之后的八年里，两场代价高昂的战争，针对超级富豪的减税以及经济衰退，令这些盈余消耗殆尽。2005年1月，小布什连任时，美国国债为7.6万亿美元，而现任总统奥巴马上任后已升至10.6

---

* 本文写作于2011年8月8日

万亿美元。2008 年金融危机后，经济急转直下，税收大受影响。奥巴马敦促国会通过 7000 亿美元刺激计划，将财政赤字推高至经济总产出的 10% 以上。目前，美国财政支出的每一美元中，就有 0.4 美元是借来的。更糟糕的是，这种状态并无改善之势：2010 年，国会预算办公室（CBO）就已警告称，到 2021 年，联邦政府的债务总额可能达到美国经济年产值的 100%，而到 2035 年，可能达 190%。事实上，美国债务上限早已于 2011 年 5 月 16 日达到目前美国政府的债务上限 14.294 万亿美元。在此之后，美国财政部采取了四项措施，临时扩展偿还债务的能力，包括终止发行州和地方政府债券，宣布行政人员退休和残疾基金的债券发行终止期，终止政府债券投资基金的再投资，终止外汇平准基金的再投资。这四项临时措施得以将这个“大限”推迟到 8 月 2 日。

美国财政部资料显示，自 1960 年以来，美国的国会已经 78 次提高债务上限，平均每八个月提高一次，其中 49 次是在共和党总统任内，29 次是在民主党总统任内。自奥巴马 2009 年 1 月 20 日就任总统以来，国会已经三次提高债务上限，提高总额为 2.979 万亿美元。

这次即 8 月 2 日，美国总统奥巴马签署的提高债务上限和削减赤字法案，将分两部分执行，第一部分先提高债务上限 9000 亿美元，削减赤字 9170 亿美元。国会还将成立一个特别委员会，在 2011 年 11 月底以前，负责就第二部分债务上限与削减赤字的额度与具体内容提出建议。

美国违约或许已被避免，但美国国债的 3A 信用评级仍没能逃掉下调命运，因为美国究竟有多少紧缩措施会真的包括在这项计划之中尚不清楚。紧缩措施不充分终于引发标普的评级下调行动。

美债危机吸引眼球的能力，掩盖了商品后劲十足的本质问题，即美元的疲弱。美国商务部公布的二季度美国国内生产总值（GDP）预估按年率计算实际增长 1.3%，远低于市场预期的 1.7%。同时美国 6 月份耐用品订单下降 2.1%，预期上升 0.3%。美国 7 月芝加哥采购经理人指数（PMI）

从6月份的61.1降至58.8，预期60.0。而据美国劳工部此前的报告，美国失业率已连续三个月攀升，6月达到9.2%。糟糕的就业数字和经济增长率需要一个“弱美元”来拯救，以美元计价的大宗商品可预料必将维持涨势。过去两次量化宽松并未带动美国经济走出泥潭，现在必须要减少开支，也一定会对经济复苏产生负面影响。因此，人们的注意力重返疲软的美国经济数据上，产生对全球经济增速放缓的担忧情绪是不无道理的。投资者的信心受到很大挫伤。8月2日以来，全球股市大跌，美股三大指数甚至几乎崩溃，道琼斯工业指数暴跌2.2%，纳期达克工业指数下跌2.8%，标普500指数下跌2.6%。

事实上，美国的债务危机远未解决。在债务高达占GDP97%，赤字占GDP9.3%的情况下，美国的债务负但只会越来越重，美国究竟还有哪些途径可以从巨额债务中走出来呢？继续举债，继续印钱，放任美元贬值，向外部世界更加赤裸裸地转嫁危机，虽然是一条简单易行之路，难免美国人不会动心，但是，结果肯定就是债务越背越重，一发不可收拾，美债最终违约是必然的。与希腊、爱尔兰和西班牙等国不同，这些国家面临主权债务危机，必须采取削减财政赤字，降低福利，变卖国有资产等举措；而美国面对财政严重短缺，它的方法既不是出售库存黄金，也不是转让高科技，而是直接开动印钞机，已经搞了量化宽松1.0，总额1.15万亿美元，搞了2.0，总额6000亿美元。接下来只能做量化宽松3.0了，估计规模也会在1万亿以上，或许还有4.0……

美国利用美元作为全球交易和储备货币的印钞特权，一直都是不太引人注意地稀释别人的财富，转来弥补美国的财政亏欠。这一次是因为美国国会对于政府债务上限的约束，两党为了明年的选战，闹得全球不宁，才格外引人注目的。要不然，为何尽管美国一个加利福尼亚州的债务与GDP之比超过希腊国，美国国债与GDP之比超过欧盟整体水平，但是从2011年起，在一轮又一轮主权债务危机的冲击下，世人的眼睛依然还都只注意到了欧洲，似乎已经忘了 2008 年金融危机的爆发地是美国，始作俑者是华尔街。

美国最大的问题，也是美国独有的问题，就是金融衍生品。2008 年金融危机中，约 50 万亿美元次贷 CDS 破灭，造成流动性黑洞，将美林、雷曼兄弟、AIG 等华尔街巨子吞没，连房利美、房地美都被迫为政府接管。金融危机发生后，美国为了避免金融衍生品危机扩大化，采取了两项措施：一是冻结金融衍生品两年，避免继续塌缩；二是将利率降低到 0 ~ 0.25% 区间，降低持有成本。现在金融衍生品两年的冻结期已过，美国担心其再被爆破，而其中最大的风险点是美国国债收益率上升。如果美国 10 年期国债收益率上涨超过 4%，那么超过 100 万亿美元规模的利率衍生品很可能破灭，其破坏力将超过 2008 年资贷 CDS 的破灭。鉴于全球 3/4 的金融衍生品都是美国金融机构持有，这将是对美国金融体系的灭顶之灾。所以，美国断然不会使上调国债上限的问题引爆国债危机，进而引发国债收益率大涨，戳破美国利率衍生品泡沫。

美元与美国国债是国际金融体系的基准。当前全球 70% 左右的贸易是以美元计价，全球 60% 以上的外汇储备是美元资产；同时，美国国债收益率曲线是全球金融市场风险资产的基准定价曲线，即全球绝大部分风险资产或隐或显地参照美国国债收益曲线进行定价，并进行风险识别和管控。美国国债是全球债券市场最主要的投资与交易品种，目前和今后，美国国债市场的大幅波动和不确定性，将影响国际货币金融体系稳定，拖累全球经济复苏。

俄罗斯总理普京说：“美国的巨额债务说明，美国没有量入为出，而且将自己的一部分负担转嫁给世界经济；这也说明美国经济在一定程度上寄生于世界经济和美元的垄断地位。”“尽管美国国会两党就提高债务上限达成一致，但从根本上来说，不会对解决问题有任何帮助。”“它只是推迟采取更为系统的解决方案。”确实如此。在 2001 年以来的金融衍生品泡沫周期破灭，1971 年美元泡沫周期塌缩，200 多年以来，现代工业文明泡沫周期收缩的大背景下，美国很难解决这个华尔街制造的天大难题。

我们的问题是：中国怎么办？美国耶鲁大学教授、摩根士丹利亚洲非执行主席史蒂芬·罗奇站在美国的角度，对此进行了分析。“作为美国政府债券的最大外国买家，中国很快就会说：‘够了’。然而，一种空洞的预算协议，再加上未来几年不尽如人意的经济形势，将使美国政府巨大财政赤字问题旷日持久。”他说，这引起的最大问题是，“缺乏中国对美国国债的需求，储蓄短缺的美国经济，将如何在避免美元大跌和真实长期利率急升的同时，给自己融资？”他的结论是：“鉴于华盛顿空洞的承诺和混乱的经济管理，中国不愿再拿金融和经济稳定冒风险。中国人终于说‘不’。请注意听。”

问题绝非说“不”这么简单，但一定要从说“不”开始行动！请仔细看。

如果出于一时的“义愤”和担心继续持有美欧国债面临损失，而不予深思抛售其国债，那就极有可能推迟人民币最终成为国际储备货币一极的战略实现。当前全球金融危机蔓延，市场信心脆弱，抛售美欧国债只能加剧全球金融市场动荡，加大中国投资损失。

增持美债 矮个子里拔将军*

2011 年 8 月 8 日，后危机时期的第一个“黑色星期一”不期而至。美国道琼斯指数下跌 5.55%，纳斯达克指数下跌 6.9%，标准普尔指数下跌 6.66%，全球市场一片慌乱，市场内外人心惶惶，对美国经济“二次探底”及全球主权债务危机进一步恶化的担忧阴云密布。

在慌乱中，市场一方面以疯狂的下跌，对美国减债的决心和能力表示了巨大的担忧；而另一方面，市场又推动资金到刚刚被标普降级的美国债集中避险。市场也曾一度对美元产生恐慌，开始寻找其他更安全的币种，瑞士法郎和日元随即开始大幅飙升，其时，似乎忘了日本的国债/GDP 的比值达到了 220%，为全球最高。而市场随后又更加担忧法国，法国国债对德国国债的风险溢价开始继续上升。

---

* 本文写作于 2011 年 8 月 23 日

著名经济学家萨缪尔森说过一句名言："在过去五次衰退中，美国股市预测到了其中九次"。这句经过历史检验的黑色幽默直白地表明，对于美国经济周期而言，股市变化并非是一个较好的"晴雨表"。实体经济和股票市场最大的区别就在于，参考者的知识结构、风险偏好和敏感程度大相径庭，股市的短期波动中充斥着情绪因素，而这一点并不会对实体经济产生明显影响。

2011年8月10日，美国财政部总值240亿美元的十年期国债，其中标利率创历史新低，为2.14%，不过很快被认购一空。

2011年8月15日，美国财政部公布最新的《国际资本流动报告》显示，2011年6月末，中国持有美国国债1.1655万亿美元，较5月末的1.1598万亿美元，增加57亿美元，至此，中国已连续三个月增持美国国债。这在中国目前持有的约3.2万亿美元的外汇储备中约占35%。

目前，根据市场估算，中国持有美债约1.16万亿美元，占全部外国持有美债的26%，其余为日本20%、英国8%、巴西5%以及俄罗斯3%。

美国财政部8月15日公布的《国际资本流动报告》还显示，自6月第二轮量化宽松政策结束以来，海外投资者对美国国债需求减弱。尽管随着投资者涌入"避风港"美国国债收益率在过去两个星期大幅下降，美联储也宣布将维持接近于零的利率至2013年中不变，市场仍然担忧美国恶化的财政状况将驱走投资者，并提高借贷成本。截至6月末，海外投资者共计减持美国国债168亿美元，其中官方减持额度仅17亿美元，其余的151亿美元均是海外私人投资者的抛售。

随着标准普尔调低美国主权信用评级，不少评论员和经济学家开始高调主张中国应该将外汇储备分散化，减少外汇储备中美元资产的份额，并呼吁增加对其他种类资产的投资，比如大宗商品。

国家外汇局在7月20日曾发布《外汇储备热点问答》称，多元化一直以来是外汇储备的主要经营原则之一。尽管近期黄金、石油等国际大宗商品价格大幅上涨，但价格波动较大，市场容量相对有限，交易和收储成本较高，因此外汇储备不会直接投资于这些领域。同时，中国居民和企业对黄金、石油等的消费量非常大，外汇储备直接大规模投资于这些领域，可能会推升其市场价格，反而不利于国内居民消费和经济发展。而目前的外汇储备投资组合中已包含与之相关的投资，国内另有专门的机构已经从事大宗商品收储等相关的工作，与外汇储备投资形成互补。

而事实上，国际市场避险情绪的加重，增加了美国国债的需求，提高了价格。同样的情况也曾发生在2008年金融危机之时，十年期国债的收益率的前一历史低点则在2009年1月份，彼时的数值为2.419%。金融市场的瞬息万变，正使得之前对美国国债看空者假设条件发生改变。2010年底至2011年初，至少有三个主要因素会导致美债价格下跌：一是预计美国政府的赤字扩大，美国政府将要发行更多的债券，市场供给增加，价格就会下跌；二是预计美联储在6月底QE2结束后，不再推出QE3，这意味着债券的需求减少，价格相应下跌；三是预计通胀上升，货币的价值下降，要吸引投资者持有美债，收益率就要提升。而从上述十年期国债认购比率来看，3.22倍的数值高于此前十次标售活动中3.11倍的平均值，也高于上一次标售活动中的3.17倍。从最近美国国债的走势看，中国外汇储备的短期安全性可以得到保证。

虽然美债短期走强，但其长期投资价值仍令市场担心。此时，假如中国突然大规模减持美元资产和美国国债，姑且不说这没有实际操作的可行性，关键是这样做，对中国及全球经济会有什么好处？可以想象得到，一旦中国开始大规模减持美元资产，必将导致整个市场对美元资产的恐慌性抛售。结果会是美元汇率崩溃，美国利率的大幅上升和美国经济的衰退，进而造成OECD国家对中国商品的需求下降，从而冲击中国经济本身。同时还会导致热钱流入增加，迫使货币当局进一步增加外汇储备，并对香港的离岸人民币造成巨大冲击。因为美元兑其他货币的快速贬值（由于中国抛售美元资产），意味着人民币兑美元在中长期面临更大的升值压力，而市场对未来人民币升值预期的加大，将导致各种渠道的热钱流入增加。这些渠道包括虚假的海外直接投资、虚假的出口交易、地下钱庄、香港的个人换汇等。很显然，目前抛售美元资产是不妥当的。

虽然债务风险上升和债务评级下调，并不必然导致美国经济出现二次探底，但的确增大了二次探底的可能性。这是因为，高债务直接冲击美国经济增长的主要动力——消费。减少借债也就意味着消费下降，而为还债而增加储蓄，势必会进一步导致消费下降。从世界经济看，如果美国经济二次探底，其他经济体支撑经济增长的能力将不如 2008 ~ 2010 年，因为许多市场国家已经基本消耗掉了大量的政策资源和财力。主权债务危机加剧受伤的不仅是债务危机国，对中国也会有很大影响。一是主权风险导致全球金融市场剧烈波动，会波及中国；二是如果债务危机推动美国和世界经济二次探底，则中国的出口和就业会受到一定负面冲击；三是危机国家的扩张性货币政策会进一步导致全球流动性增加和通胀压力，加上全球机构投资者加大新兴市场国家的资产配置比重，必然进一步增加全球资金向包括中国在内的新兴市场国家的流入规模，从而推升中国的商品和资产通胀。中国要不要增持美国国债？无论是将眼光放在眼前或更远一些，站在人民币一定要成为国际储备货币的战略高度来分析，答案是肯定的：中国不仅要增持美国国债，还要继续增持欧元区债。在人民币尚不具备成为国际货币的条件之前，即现在，中国应当鼓励和支持美元竞争对手欧元的存在。如果出于一时的“义愤”和担心继续持有美欧国债面临损失，而不予深思抛售其国债，那就极有可能推迟人民币最终成为国际储备货币一极的战略实现。在当前全球金融危机蔓延、市场信心脆弱的情况下，抛售美欧国债只能加剧全球金融市场动荡，加大中国投资损失。在美元霸权仍然无撼动的情况下，中国宁可冒些风险支持欧元，避免美元霸权趋于垄断化、模式化和长期化。必须客观地评估外汇储备增长及投资美欧国债的利弊。外汇储备在过去十多年的快速增长是中国经济成功的反映之一，没有外汇储备的增长，就没有中国目前的国际影响力。同时，我们也要明确，外汇储备投资面临风险是正常的，只要寻求收益，就要承担风险。而且，中国外汇储备面临的主要不是信贷违约风险，即标普的评级下调和美国国债直接违约，而是中期的汇率风险和通胀风险。汇率风险是中国经济成长和人民币升值的必然结果。通胀风险是需要采取政策予以避免和回击的，而只有深化经济金融改革，才是最有力的办法。所以，目前不但不能抛售美欧国债，还要公开表态支持美欧国债。当然，这种支持是有条件的支持，比如中国可以利用债务国当前融资困局，借助存量外汇储备，争取国家利益。这包括争取市场经济地位，取消技术出口限制，承认中国核心利益等。

继续增持美国国债把握得好，就不再是多难选择中的无奈，不再是责任大国的简单慷慨，而是远期战略、近期利益权衡有高度、见深度的理智选择。

债务危机几多愁？几乎所有发达国家都在危机前的平静期内不约而同地“债台高筑”，这场全球金融危机更是加剧了财政恶化，新兴市场也已开始前赴后继。解决目前危机，必须兼顾长远发展。

债务危机几多愁*

美日多国的“财政悬崖”将世界性的债务危机推向深渊。

“财政悬崖”这个概念最早由美联储主席伯南克提出，泛指2012年底、2013年初美国即将失效的布什减税政策和开始生效的削减政府开支政策措施导致的“休克式”财政紧缩。因为美国政府财政开支被迫突然减少，使支出曲线状如悬崖，故被称作“财政悬崖”。

美国财政部2012年10月31日表示，预计美国联邦政府的公共债务总额将在2012年年底触碰16.4万亿美元的上限。而债务上限是美国独有的法律，是国会给财政部发行国债设置的一道法律上的“关卡”。2011年8月，美国两党就提高债务上限展开了激烈的政治搏弈，导致标普调降了美国主权信用评级，并把美国主权信用展望维持在“负面”。根据美国会预算办公室（CBO）的计算，“布什减税”到期、“自动减支”触发等情况

* 本文写作于2012年11月23日

加在一起，会在2013财年将联邦预算赤字削减6070亿美元，相当于美国GDP 4%。这虽然能在表面上改善美国的财政赤字，却也极可能严重拖累美国经济增长。据美国会预算办公室预期，如果“财政悬崖”问题不解决，2013年美国GDP会下降0.5%。也就是说，美国经济会陷入二次衰退之中。事实上，上调债务上限和避免“财政悬崖”这两个问题，都是次贷危机后，美国政府在税收减少的同时，为刺激经济增加开支造成巨额赤字的直接后果。根据美国财政部的数据，截止到2012年年9月，美国的财政赤字达到1.09万亿美元，略低于2011财年的1.3万亿美元。财政赤字造成国债以平均每月约1000亿美元的速度增长，截至目前，美国财政部距债务上限16.4万亿美元约只剩下2000亿美元的额度。国际货币基金组织（IMF）日前发布报告称，如果美国的决策者们无法就上调债务上限和避免“财政悬崖”达成一致，美国经济还将遭受冲击。

美国“财政悬崖”敲响的不仅仅是美国债务危机的警钟，全球债务事实上已经进入“高危期”。债务危机几多愁？几乎所有发达国家都在危机前的平静期内不约而同地“债台高筑”，这场全球金融危机更是加剧了财政恶化，新兴市场也已开始前赴后继。目前，全球政府债务占GDP比重已高达80%。“债务危机”这个词早已不只属于欧洲了，最新的数据几乎令人胆战心惊。据IMF2012年10月发布的《财政监测报告》显示，2011年发达经济体政府债务占GDP的105.5%，新兴市场国家政府债务占GDP为37%。IMF预计2012年全球政府债务率将进一步上升到81.3%，其中发达国家将升至110.7%，新兴市场略降至34.8%。从2012年的预测值来看，负债率超过100%的国家共有七个，且全部集中在发达经济体，其中日本债务比例今年预计高达236.6%，甚至高于希腊（170.7%），之后依次是意大利（126.3%）、葡萄牙（119.1%）、爱尔兰（117.7%）、美国（107.2%）以及新加坡（106.2%）。整个欧元区预计2012年的平均负债率为93.6%，而七个最大发达经济体的平均负债率更是高达125.1%。新兴市场的情况也不算乐观，尽管平均负债率预计为35%并不高，但金砖国家中的两大经济体——巴西和印度的负债率却显著偏高，尽管过去数年来已呈现出下降趋势，2012年预计分别为64.1%和67.6%。债务总额是存量，而财政赤字就是流量。因此，减赤是避免财政继续恶化的必要措施。过去几年，大多数国家都在削减财政赤字方面取得了重大进展。数据显示，2011年全球财政赤字占GDP比重已从2010年的6%降低至4.6%。IMF预计2012、2013两年将进一步降低至4.2%和3.5%。其中，发达经济体的财政赤字也将从去年的6.6%降低至5.9%和4.9%。事实上，旨在控制债务存量的措施通常都需要更长时间才能见效。受冲击较为严重且随后的经济复苏又较为疲软的国家可能要到2014或2015年，有些还会更晚一些才能稳定下来。

2008年，当这场金融危机席卷全球之际，为了应对危机，中国政府实行了扩大支出规模、增加财政赤字的积极的财政政策，并伴之以适度宽松的货币政策。在此后一段时间内，中国的财政赤字也快速上升，赤字率一度逼近3%的国际警戒线红线。在政策刺激下，在美国次贷危机和欧债危机面前，中国经济延续了快速发展的态势。公开资料显示，2010年，中国GDP总规模超越日本，成为全球第二；2011年，中国GDP规模全球占比已经提高到了10%左右；2011年中国财政赤字和国债余额占GDP的比重分别为1.8%和15.28%，低于2002年的2.75%和16.07%；银行业金融机构不良贷款率从2003年底的15.2%下降到2011年底的1.8%。在官方的口径里，地方政府性债务规模总体稳定，风险总体可控。目前中国已将地方政府性债务进行全面审计，实行全口径监管。截至2012年9月末，地方融资平台贷款余额为9.25万亿人民币，基本上没有增加，贷款结构也有所优化。中国政府债务率的上升将是可控的。截至2010年，中国主权政府资产规模高达142.3万亿元，其中，非金融企业国有经营性资产59.1万亿元。考虑72.7万亿元的各项负债，政府净资产还高达69.6

万亿元。中国政府如此优良的资产负债表，足以发行更多的债务。即便推高政府债券 /GDP 达到 40%、60%，也不足以成为系统性风险。2012 年年初，中国财政部预计，2012 年全国财政赤字为人民币 8000 亿元，低于 2011 年 8500 亿元规模。据此计算，2012 年财政赤字占 GDP 的比重 1.5%。财政部有关负责人日前表示，回看 2012 年预算安排，预计 2012 年中国财政收入达到人民币 11.36 万亿元，较 2011 年增长 9.5%；预计财政支出达到人民币 12.43 万亿元，较 2011 年增长 14.1%。加上从中央预算稳定调节基金调入的 2700 亿元，财政部预计 2012 年可安排的财政收入总量将达到人民币 11.63 万亿元。中国的财政赤字在安全线以内。

四年前的 G20 共识，让全球主要经济体携手推出了一系列财政刺激政策，帮助全球经济避免陷入一场新的“大萧条”。但也正是这些空前庞大的刺激方案，让各国债务状况不断恶化。2010 年 7 月的加拿大多伦多峰会上，G20 曾承诺到 2013 年年底前将财政赤字削减一半，当时人们曾一度相信全球经济已经度过了金融危机最糟糕的时期。然而，这场危机的深度与广度远超想象。如今，债台高筑的 G20 国家在一个问题上陷入了分歧：紧缩还是刺激？至于将财政赤字削减一半的目标，IMF 总裁拉加德称：“这是 2013 年的目标，不过有些无法完成的倾向。”拉加德进一步表示，G20 在财政问题上的措辞“有所改变”，而且考虑到了不同国家的状况。眼下，全球经济下行风险不断加大，政策选择再次面临两难境地。一方面要继续加强公共财政，而另一方面，鉴于目前仍然十分疲弱的经济复苏，要避免过多取消相关财政支持。欧洲央行、美联储和日本央行 9 月相继启动了新一轮的“量化宽松”，危机爆发四年后，又一轮货币的盛宴已经拉开序幕，而由于中国央行的缺席，这场盛宴三缺一。这些年来，中国资金面的重要指标已然悄悄发生着变化，外汇占款 2012 年已经出现了趋势性的逆转：前 8 个月外汇占款仅仅增加了 2814 亿元人民币，而实际上自 2011 年 9 月份以来，中国的外汇占款已经停止了增长的步伐。即便如此，央行仍然没有采取市场期盼的下调存款准备金率的措施，而是采取更为谨慎的策略：公开市场操作。在周期上也只是增加了28天逆回购期限品种的操作。由此可见，与欧美日不同，中国央行这一次已经不再通过开闸放水的方式来应对危机。按照经济结构的比重而言，现阶段欧美国家的经济运行主要看消费，因此关键是要千方百计把居民消费能力快速修复起来即可，即把居民收入提升起来，路径当然包括减税，或者提高资产价值来增加居民的财富收入。对中国而言，提高居民收入、提升消费水准固然需要，但现阶段“稳定投资是扩内需、稳增长的关键”，而且就资源的动员能力来说，政府也是力量最大的。中国人民银行货币政策委员会2012年第三季度例会的声明，增加了“有效解决信贷资金供求结构性矛盾”。可见，当前中国的货币调控，主要问题不是总量，而是结构。

之所以如此，是因为中国的问题和其他国家不一样。有一条不得不说，即当前中国经济结构有两个基本的重大问题，一是产能过剩方面的问题，二是货币方面的问题。截至目前，中国金融体系在世界大国里有几个“第一”：第一的广义货币供应量M2余额，第一的M2与GDP之比，第一的中央银行资产负债表，第一的银行业总资产。这些必须具体区别对待。目前M2余额高达92万亿元人民币，M2/GDP超过180%。如果未来10年，M2继续维持在12%（比过去十年平均的18%下降），GDP增速在8%，那么到2022年M2余额将超过250万亿元，GDP超过100万亿元，M2/GDP达到250%。这将会给通货膨胀、资产价格、人民币购买力、汇率带来什么影响？为了避免这一不可接受的未来，必须从现在开始着手解决。还是那句老话，解决目前危机，必须兼顾长远发展。

中国经济在经历了30年尤其是加入WTO十年后的高增长之后，在经历全球经济危机尤其是经历2008年危机后三年的财政货币再扩张之后，经由2011年的酝酿，自2012年开始，也将迎来“新常态”。

世界经济“新常态”*

2009年的时候，美国太平洋投资管理公司（PIMCO）为了描述这次经济危机后的欧美经济，提出了“新常态”这个概念。“新常态”的含意主要有两点。一是欧美发达经济再也回不到危机前的状态了。二是低增长、高失业率将长期持续；企业利润缩减，资本回报率降低。

时至2012年的春天，欧洲主权债务危机依旧愁云惨淡，全球经济复苏的失速更使愁绪四处蔓延，唯有美国经济不断呈现出凌寒独自开的相对强势。

IMF于2012年1月24日公布了《世界经济展望（更新）》，最新预测数字显示，2011年末至2012年初美国经济出现的相对强势特征，有望延续并贯穿2012年全年，进而形成2012年“金融风险局部性高企，全球经济普遍性放缓，美国经济周期性领跑”的整体趋势和经济格局。根据

* 本文写作于2012年3月23日

IMF 的最新预测，2012 年美国经济有望实现 1.8% 的增长，虽然仅略高于 2011 年的 1.7%，但却是全球范围内极少数呈现出增长率上升趋势的经济体。受主权债务危机造成的风险上升，金融动荡，贸易萎缩，内需不振等因素影响，2012 年全球经济整体以及主要区域大多呈现增长率下降的颓势。2012 年增长预估值与 2011 年增长率的比较，显示出美国经济趋势方向上的“相对强势”；而 2012 年增长预估值前后两个版本的比较，则显示出美国经济于债务危机升级背景中的“相对稳定性和相对优势”。较之 2011 年 9 月的前一次报告，在 2012 年 1 月公布的最新报告中，IMF 基于 2011 年第四季度国际金融风险积聚并爆发的最新情况，下调了绝大部分经济体的增长预期。2012 年，全球、发达市场和新兴市场经济的增长估值均较此前预期下调了 0.7 个百分点，而对美国经济的增长预期却未发生任何调整。但是，2012 年美国经济的相对强势却很难长期维持。周期性领跑是美国经济周期领先于全球周期的客观表现，是周期错位的“阶段性结果”，而一旦全球经济随后进入复苏力度增强的上升周期，周期错位带来的美国经济相对强势将逐步减弱以致最终消失，全球经济多元化的功效则将带来新的发展格局。根据 IMF 的预测，2013 年，美国经济有望增长 2.2%，虽然继续呈现出复苏动力增强的趋势，但增幅恐将弱于滞后进入 U 形周期拐点的全球经济。2013 年，全球、发达市场和新兴市场经济体有望实现 3.9%、1.9% 和 5.9% 的经济增长，较 2012 年增长预估值上升 0.6、0.7 和 0.5 个百分点，均高于美国经济周期 0.4 个百分点的提升幅度。

分析可知，2012 年之后，美国经济的强势将减弱，其原因有四：一是经济强势将不可避免地引致美元阶段性强势，进而引致更大的贸易逆差，削弱贸易引擎在复苏阶段对经济的助力；二是全球经济周期紧跟美国经济周期进入上升阶段后，多元化的力量将冲抵美国的投资吸引力；三是无论 2012 年美国大选的结果如何，进一步降低失业率依旧是美国十分困难的任务，美国消费增长的物质基础依旧不稳固，长期看，消费信心的维系和消费偏好的回归也将取决于就业市场的持续表现；四是美国房市一直在触底，却从未真正有效反弹，次贷危机源头市场依旧扑朔迷离，不确定性始终没有消退。

对于欧美经济而言，“新常态”并非魔咒，而是经济发展的规律使然。事实上，不仅是欧美经济，中国经济在经历了30年尤其是加入WTO十年的高增长之后，在经历全球经济危机尤其是经历2008年危机后三年的财政货币再扩张之后，经由2011年的酝酿，自2012年开始也将迎来“新常态”。

中国经济“新常态”大致含义包括以下内容：一是GDP增长率和M2增长率是经济与金融的两个最关键数据，这两个数据都将面临下降和增长中枢回落。中国经济将从加入WTO之后十年的GDP平均增速10.5%、M2年均增长率18.2%，回落到GDP增长8%左右，M2年均增长12%甚至更低水平。“十二五”规划下调经济增长目标至7%，此次“两会”政府工作报告明确2012年GDP增长目标近八年来首次调至7.5%，标志着中国政府已经明确了这一“新常态”。二是中国经常账户顺差规模与水平将迎来台阶式下降。比较优势所支撑的加工贸易仍将持续为中国贡献贸易顺差，但自2009年一般贸易出现20亿美元净逆差之后，2010年、2011年一般贸易已经各实现贸易逆差460亿美元、876亿美元。2012年前两个月即已经实现逆差373亿美元。一般贸易逆差的持续累积，将拉低中国贸易顺差规模。不仅如此，随着高达1.6万亿美元FDI存量余额在中国所获得收益的渐次汇出，收益项下的净逆差将持续拉低中国经常账户的总顺差水平。三是人民币汇率将从过去十年的单边持续升值和升值预期，转为进入弹性调整阶段。经常账户总水平及比例的下降，是人民币汇率逻辑性变化的基础原因。美元汇率是否走2002 ~ 2008年的贬值周期，则是人民币升值是否会出现转折变化的外因。四是外汇占款总规模将从过去年度2万亿元、3万亿元的高增长，回归到年度约1万亿元的水平，这将改变中国货币供应增长机制，并拉低M2增长中枢。2011年第四季度，中国国际收支出现资本与金融项目的净逆差，中国未来经常项目总顺差水平的降低，以及人民币单边升值预期的改变，是外汇占款总流入规模将出现台阶式下降的原因。中国经济“新常态”的主要特征非常明显，就是经济增速放缓。

中国经济迎来“新常态”，经济增速放缓也是经济发展规律的作用，有其内在和外在的深刻原因。从内因讲，最重要的是经济发展的质量，经济发展的可持续能力以及社会分配的公平性需要大幅度提升。从外因看，最重要的是世界经济进入了“新常态”，中国经济必然会受到影响，与其被动被影响，不如主动适应应对为好。显然，这些都需要放缓增长率，予以调整是为可行。至21世纪20年代初，中国经济总量将接近15万亿美元，且会一路赶超美国。对于世界其他国家来说，中国7.5%的经济增速，实际上就相当于美国实现大约4%的经济增长率。当前中国每11.5周所创造的经济规模就相当一个希腊经济。就此看来，GDP增长放缓并不会阻碍改革，而是实现改革的一个至关重要的因素。与此同时，要实现速度有所趋缓但更均衡，更具可持续性，更高质量的经济增长也需要坚持改革。

中国经济“新常态”从2012年开始，其经济含义、市场含义、政策含义还将近一步展开，但无论哪一方面的进展都离不开改革。所以说，中国经济“新常态”除了经济增速放缓以外，全面深入推动改革必将是其重要特征的另一方面。经济增长速度放缓，不仅是速度本身的改变，背后是经济结构和增长动力的改变。中国在增长速度放缓背景下的经济转型，即主动适应“新常态”，将会面对防控风险和增长动力转换两方面的挑战。具体看，则包括能否在增速放缓时，有效防范和化解高速增长期所积累的财政、金融风险；企业能否适应较低的增长速度环境，逐步改变“速度效益型”的盈利模式；能否形成充分有效的市场环境，在竞争基础上产生一批创新型大企业和大量的创新型中小企业，培育出具有长期国际竞争力的技术、知识密集型制造业与服务业；能否进一步开放市场、放宽垄断行业特别是服务业的准入限制，为服务业的大发展提供空间和动力；能否在城乡统筹的基础上，加快进城农民成为完整意义上的市民的进程，促进农民承包土地在保障权益的前提下优化配置；能否通过改革开放，形成适应创新型社会建设需要的大学和科研体系；能否通过促进就业、创业与收入分配制度改革，使中等收入群体快速成长；能否建成适应“新常态”阶段发展和创新需要、有效分散和防范风险的现代金融体系；政府能否由增长主导型向公共服务主导型转变等。

世界经济“新常态”在此次经济危机后，由欧美发达经济向新兴市场经济及全球经济逐次展开，既给中国经济带来了调整的机遇，也给中国经济形成了防控风险的挑战。正确认识和把握世界经济“新常态”，是探寻世界及中国经济未来与世界及中国资产未来的基础背景与前提，是把握机遇，迎接挑战的基础与准备。世界经济“新常态”不管你准备得如何，欢迎与否，正确切地向你走来。

全球经济未来的前景让人忧虑，应对眼前危机必须同时兼顾长远可持续发展。不仅中国，而且新兴市场国家、发达国家也需要在衰退风险中稳增长。也只有在衰退风险中稳增长，才是世界各国应对危机、走出衰退风险的重要选项。

在衰退风险中稳增长 *

2012 年 10 月 9 日，国际货币基金组织（IMF）发布新的一期《世界经济展望》和《财政监测报告》，将 2012 年和 2013 年的全球经济增长率进一步下调至 3.3% 和 3.6%，比 2012 年 7 月期的预测分别降低了 0.2 个和 0.3 个百分点。同时，IMF 也将中国 2012、2013 两年的经济增长率从 7 月预测的 8.0% 和 8.5% 分别下调至 7.8% 和 8.2%。报告还警告称，目前全球增长率降至 2% 以下的概率已上升至 1/6。显示全球经济增长疲弱，下行风险加大。

无独有偶。美国布鲁金斯学会和英国《金融时报》近日联合发布的“全球经济复苏追踪指标”（TIGER 指标）也显示，尽管全球央行做出了扩大需求的最大努力，但全球经济“岌岌可危”，面临又一次陷入全球衰

* 本文写作于 2012 年 10 月 23 日

退的威胁。

全球经济衰退的风险在发达经济体，主要表现为经济增长率过低，失业状况难以得到有效改善；在新兴市场经济体，则表现为一度强劲的增长开始放缓，尽管目前并未显露出经济会“硬着陆”的迹象。正如国际货币基金组织（IMF）经济顾问兼研究部主任布兰查德（Olivier Blanchard）10月9日在世界银行东京秋季年会上对记者所言：“如果欧债危机进一步升级，或者美国未能避免财政悬崖，都可能让世界经济陷入衰退。”美国经济和欧元区经济是世界经济中的重要两极。如果美国经济复苏乏力，欧债危机迟迟难以消除甚至升级，则世界经济的总体态势难以向好。

根据IMF的最新预测，发达经济体2012年和2013年的经济增长率分别为1.3%和1.5%，比7月预测低了0.1个和0.3个百分点，产出预计仍将疲弱。其中，美国为2.2%和2.1%，欧元区为–0.4%和0.2%。从现在的实际情况来看，美国经济复苏乏力的情况较为明显，货币的宽松难解诸多结构性的问题，就业市场的复苏也难以一帆风顺。华尔街预计，在截至9月底的这个季度里，美国企业的利润会有下滑。美国联邦快递和联合包裹公司往往被视为世界经济的晴雨表，而这两家公司在前些时候发布的财务报告中，均降低了各自的全年盈利预期，理由是全球贸易增长放缓。而欧元区之欧债危机为时已久，前景依然不明。一些欧元区国家长期的高福利政策以及巨额开支，使财政赤字、公共负债难堪重负，这些问题与金融危机交织在一起，使得欧债危机积重难返。欧债危机迟迟得不到解决，其实质不仅仅是经济层面的问题，也和政治困局密切相关。10月8日，欧洲永久性救助机制欧洲稳定机制（ESM）正式启动，这是灰暗中的一个亮光，对于生来就存在缺陷的欧元区经济而言，尤其是对于化解欧债危机不无裨益。但是，光靠这个救助机制，无法在根本上消弭危机。欧元区经济的脱困，还有很长的路要走。在很多发达经济体，流动性注入在维护金融稳定以及提高产出和就业率方面有着积极影响，但这一影响可能在不断减弱。很多国家都已开始削减赤字，但减赤往往会伴随着低增长或衰退。在寻找未来经济增长的道路上，决策者将扮演空前重要的角色。但与2009年不同的是，如今他们面临的政策选项和空间都已今非昔比，决策面临着重大挑战。显然，美国经济如何能够实现突围，欧债危机如何走出困局，仍旧充满了变数。

全球经济未来的前景让人忧虑，但更值得关注的是，全球经济的不利变化对中国经济的负面影响。在经济全球化的时代，中国经济与世界经济的命运紧密相连，全球经济不景气，充满不确定性，这对中国经济来说，绝非好消息，至少会给中国经济所期待的稳定外需目标的实现增加难度。同样的道理，中国经济不仅关乎自身，而且也关乎世界经济。中国经济下行，世界经济就会面临压力，倘若中国经济强劲，对于全球经济走出困局就会大有助益。中国经济需要在全球经济衰退中寻求突围，稳增长的意义也就更为突显。

中国经济此前在两位数增长时期，经常伴随着经济过热，国内政策主动导向增长放缓，以控制通货膨胀。由此可见，中国在今年上半年实现的国内生产总值（GDP）7.8%的增长，其实并不是一个非常差的数值。在外部经济形势不景气的大环境下，为了应对经济下行的压力，中国政府采取了一系列支持经济稳增长的措施，目前经济已逐步趋稳。中国海关统计数字显示，9月中国出口同比增长9.9%，几乎是一些机构预测的5%增长率的两倍，而且远远高于8月份2.7%的年增长率。9月份进口同比增长2.4%，9月份的贸易顺差达到277亿美元，高于此前的预期207亿美元和8月份的267亿美元。出口数据比预料的要好得多，这显示海外市场已经开始恢复。中国对美国的出口略有好转，9月份同比增长5.5%，高于8月份3%的增长率，但与2011年11.6%的年增长率相比还不到其1/2。最引人注目的亮点是对东盟新兴经济体的出口，9月份对这些国家的出口同比增长25.5%，达到183亿美元，远远高于8月份10.3%的增长率。贸易恢复增长，意味着中国经济增长下行的势头已经得到了遏制，这对四季度进一步复苏并出现良好的业绩前景来说是个好兆头。10 月 13 日，国家统计局发布的数据显示，9 月份的居民消费价格指数（CPI）较 2011 年同期上涨 1.9%，低于 8 月份的 2.0%，9 月份全国工业生产者出厂价格指数（PPI）同比下降 3.6%。通货膨胀缓解，增加了中国刺激经济的空间。10 月 13 日公布的央行数据显示，截至 9 月底，中国广义货币供应是 M2 同比增长 14.8%，涨幅高于 8 月底的 13.5%，也高于央行设定的全年涨幅 14% 的目标。M2 数据表明，货币政策环境略有放松，有助于拉动中国经济的增长。采购经理人指数（PMI）是经济运行的先行指标，9 月的制造业 PMI 为 49.8%，比上月回升 0.6 个百分点，这是 5 月以来首次回升。前三季度城镇新增就业 1024 万人，完成了全年目标的 114%。粮食生产实现了九年连增。中国经济增速基本趋于稳定，并且会继续出现积极变化。综合分析，可以预见，中国经济会在四季度有一个温和的增长，最终实现全年目标应当是有把握的，2013 年中国经济出现反弹性的增长也是可能的。

当下的全球经济由于危机衰退的影响，有一种只看眼前的短视倾向，即只看重如何应对危机，而忽视了更长远的持续发展，忽视了“稳增长”与 2009 年“保增长”的根本区别。其实，应对眼前危机必须同时兼顾长远可持续发展，必须考虑今后中期甚至远期的发展，这一点对于新兴经济体犹为重要，否则新兴经济体这数十年创造的财富会在此轮经济周期中消耗殆尽。从这个意义上讲，中国的稳增长的要义，是要有短期措施与长期计划的有机结合。在加大投资力度刺激经济的同时，更要通过结构性减税等财政措施，以及启动一系列改革，为经济减压，为转型助力。

当下的欧美经济放缓之时，对于中国而言，应说是可供转型的时机。中国目前的经济增长失速的原因主要是结构性因素和外部循环等两个方面。中国需尽快将经济政策重点从投资转向需求，将生产从制造转向服务，否则，持续增长将愈发艰难。然而，要真正完成这一转型绝非一蹴而就的事情，需要十数年甚至更长的时间。据此可见，稳增长绝非权宜之计，绝非短期任务。

关于今后的世界经济，国际货币基金组织（IMF）总裁拉加德在10月11日世行2012秋季年会期间表示，预计复苏并不会非常强劲，但复苏还会继续。她认为拖累世界经济增长的最大因素是不确定性。欧元区，那里是危机的“震中”，需要紧迫的行动。同时，美国面临着财政悬崖，越到年底，这一问题就越严重。新兴市场也需要特别关注脆弱性问题，包括外部和内部的脆弱性。特别是低收入国家则容易受到粮食价格的影响，更多人可能重新陷入贫困。“在所有这些领域，都需要采取行动，结束今天这种不确定性。”由此可见，不仅中国需要在衰退风险中稳增长，新兴市场国家需要，而且发达国家也需要在衰退风险中稳增长，甚至是更为需要。也只有在衰退风险中稳增长，才是世界各国应对危机、走出衰退风险的重要选项。

短期看来，全球经济增长仍然深陷金融危机的泥潭之中，世界经济进入低增长周期。技术进步的速度和新技术的主导权将成为左右未来全球经济格局的最主要因素，也将成为各国能否尽快摆脱不利的全球环境的关键。

世界经济进入低增长周期 *

历史的经验证明，以往的经济预测都不曾准确。即便如此，人们在年末岁首还是愿意对未来进行分析，因为这些预测可以给政策制定者提供一个梳理影响未来经济增长因素的框架和潜在增长速度变化趋势判断，仍然非常有意义。

中国经济 30 多年的快速增长，使得中国成功地进入了上、中等收入国家的行列。中国经济的崛起和快速发展促使了全球经济重心的东移，入世使得中国经济与全球经济更加深度融合。中国经济的长期高速增长不仅离不开内部不断改革所激发的动力，也离不开对外开放所带来全球市场融入和全球产业转移的机遇。随着中国经济规模的不断扩大和与全球经济的深度融合，外部环境的变化和波动将密切影响中国经济的走势。因此有必要对世界经济增长前景进行深入分析。

* 本文写作于 2012 年 12 月 8 日

从历史看，全球经济始终处于不断波动的周期性增长过程。在过去的200年中，经济发展大致经历了分别以蒸汽机、铁路、电力、汽车以及信息技术革命为阶段性标志的发展长周期。20世纪80年代中期开始的计算机应用和信息技术革命，使得世界经济维持了多年的高速增长，全球经济年均增长速度达到3.5%，尤其是2004 ~ 2007年期间高达3.9%，是近30年来增长最快且最为平稳的一段时期。但是2008年爆发的金融危机终结了全球经济增长上升的趋势，2009年全球经济出现了近几十年来首次负增长。从经济增长的历史来看，当前世界经济正处在经济增长两个长周期之中的衰退和调整阶段。有意思的是，每一次周期性的经济上升都得益于新技术的推广和规模应用，但是当新技术对生产力推动的潜力逐渐耗尽之后，世界经济就将进入衰退和调整阶段。因而世界经济的全面复苏并重新进入长期增长的上升通道，将依赖于新一轮革命性技术的出现和推广应用。最近广泛热议的绿色技术、生物技术等，尤其是以3D打印技术和分布式新能源技术等为特征的“第三次工业革命”似乎让人们看到了曙光。“第三次工业革命”目前仍然存在很多争议，究竟“第三次工业革命”能否带领世界走出金融危机的阴影也尚需时日来验证，而且新的重大技术革命的应用和发挥作用需要较长时间。故此，后十年很可能是世界经济进入长期波动的低增长时期。

短期来看，金融危机的阴霾仍然挥之不去。发达经济体的债务危机直接影响着全球金融体系，也限制了可以用于刺激经济复苏的财政和货币政策的空间；宽松货币政策导致了全球流动性泛滥，通胀不断加剧，新兴经济体被迫采取紧缩政策，经济面临减速趋势。据IMF发布的2012年预测值来看，负债率超过100%的国家全部集中在发达经济体内，其中日本债务比（债务/GDP）今年预计高达23.66%，希腊170.7%，意大利126.3%，葡萄牙119.1%，爱尔兰117.7%，美国

107.2%，新加坡 106.2%。整个欧元区负债比为 93.6%。而七个最发达经济体的平均负债率更是高达 125.1%。11 月 14 日，无党派的美国国会预算局表示，美国经济正在以令人极度痛苦的缓慢速度复苏，这在很大程度上是因为美国经济潜在增长率受到其劳动结构变化和缺乏投资造成的。总部设在巴黎的经合组织预测，2013 年，其 34 个成员国国内生产总值 GDP 将增长 1.4%，大大低于 6 个月前 2.2% 的预测。如果达成财政协议，预计 2013 年美国经济将增长 2%，2014 年将增长 2.8%。预计 2013 年日本 GDP 将增长 0.7%，2014 年将增长 0.8%。欧元区会维持衰退一直到 2013 年年初，从而导致 2013 年 GDP 收缩 0.1%，2014 年增长 1.3%。经合组织预测，全球经济在 2013 年将增长 3.4%，这一速度将高于 2012 年 2.9% 的增长，但低于该组织在 5 月份对 2013 年增速 4.2% 的预测。短期看来，全球经济增长仍然深陷金融危机的泥潭之中。

从中长期看，发达国家总体人口结构将出现较大转折性变化。据相关统计资料显示，其总抚养率将一改过去 50 年来不断下降的趋势，由 2010 年的 48% 上升到 2030 年的 63%，上升 15 个百分点，比发展中国家整体的抚养率水平高 12 个百分点。科技创新方面，发展中国家研发投入的快速增长及跨国公司的发展，其与发达国家之间的科技竞争将更加激烈。而且未来的科技可能集中在一些新兴领域，这些领域发达国家由于转换成本限制，可能使得其相对于发展中国家的优势并不明显。随着发展中国家发展机会的不断涌现和基础设施等条件的不断改善，原来大量优秀人才迁移可能出现有别于以往的趋势。未来十年发达国家整体的增长速度有可能将低于 2%，低于过去 50 年的平均增长速度。与发达国家相比，新兴经济体维持经济长期增长的基本面要更有利一些。未来十年或更长时期，除中国外，大多数发展中国家仍然存在人口红利，发展中国家（不包括中国）整体的总抚养率将从

2010 年的 59% 下降到 2030 年的 53%。从技术进步的角度分析，随着全球化进一步深入和信息技术的不断应用和发展，国际间技术扩散将更快、更广，为发展中国家的技术追赶提供了条件。与发达国家相比，发展中国家的储蓄水平要更高，过去 20 年发展中国家的平均储蓄率要比发达国家高 6% ~ 7%，加之未来人口抚养率的进一步下降，将为发展中国家的资本积累提供更为有利的支撑。不仅如此，随着发达国家经济增长前景的暗淡和发展中国家基础设施和制度环境的改善，国际资本将会更多地流入发展中国家，这些都会给发展中国家的追赶提供资金支持。而后，随着发展中国家经济实力的提高，将会有更多资金可以用于改善基础设施和进行人力资本投入，将进一步促进经济的长期增长。预计未来十年甚至更长时期，发展中国家将继续保持高增长的趋势，年均增长速度将达到 5% 左右，成为世界经济增长的主要推动力量。

面对未来十年甚至更长时期世界经济的长期波动与低增长，中国要按照既定的中速增长计划，实现经济总量翻番的“中国梦”，必须从眼下着手，实施科学的长期发展战略。务虚要准，务实要行。依据历史经验，一是要坚持改革、开放不动摇。对内坚持改革，“改革是中国最大的红利”，特别是转变过去外延扩大生产为内涵增长发展，过去主要靠外贸驱动增长为消费驱动增长，靠外资投资带动发展为主要靠内资投资推动发展，促使经济转型。对外坚持开放，特别是加快“走出去”的步伐，以应对国际市场的长期低迷。世界经济的长期低迷，使得长期依赖外需增长的中国经济面临更多压力。发达国家的低迷和其他发展中国家的崛起，将使得中国经济未来面临来自发达国家和其他发展中国家的双重竞争压力。因此，一方面要加快国内经济转型的速度，降低对国际市场过度依赖；另一方面，需要加快“走出去”的步伐，充分利用其他新兴经济体，不断壮大市场。二是加快对新技术革命的研究。技术进步的速度和新技术的主导权将成为左右未来全球经济格局的最主要因素，也将成为各国能否尽快摆脱不利的全球环境的关键。尤其是在当前新技术革命前景尚未完全明朗之时，加快对新技术革命的研究显得尤为重要。只有及时了解全球技术革命的动态，才能搭上技术革命的快车，赢得发展的主动权。新能源技术的发展将改变全球能源和经济格局，日益严峻的气候变化问题将加速全球经济增长模式的改变。未来分布式能源和互联网的结合，将打破人类在第一次和第二次工业革命中建立的以石化能源为核心的能源生产和消费模式，能源的生产和消费将突破地理空间的限制。以此为核心的“第三次工业革命”是目前值得关注与投入的重点。最后是加大对人力资本的投入，促进人口质量的提高。未来10年到20年，中国人口数量和结构变化与发达国家表现出类似的趋势，劳动年龄人口数量的下降和老龄化程度的加剧将不利于经济增长，但促进人口质量的提高却空间巨大。因此需要促进教育和培训事业的发展，尤其落后地区和农村地区的基础教育的发展，促进人力资本的快速积累，以此来抵消未来人口数量和结构变化的不利因素。

中华民族的伟大复兴，中国梦的实现，寄希望于世界经济下一长周期的发展仍由中国引领。

美国为伊朗设立了两条红线，一是不能封锁霍尔木兹海峡；二是不能生产核武器。伊朗现阶段只是要掌握全部核武器技术，但不生产出来，让西方找不到军事打击的借口。

伊核危机引而未发 原油价格再起波澜*

2011年12月，美国正式宣布制裁伊朗中央银行。自此，两国围绕伊朗核问题明争暗斗，搅动得全球不得安宁。

国际油价因此不仅没有因为全球经济增长放缓而下跌，反而不断上扬。高盛预计，未来三个月，西得克萨斯中质原油价格将达到113美元/桶，较此前预计的104.5美元/桶，提高了8%；将布仑特原油未来三个月价格预期上调到120美元/桶，提高了2%；未来12个月价格更是分别上调到123.5和127.5美元/桶。伊核危机的不断发展，势必影响到中国的石油供应和中国在伊朗和海湾地区的利益，因此格外引人关注。

美国对伊朗核问题的态度，在其国防部长帕内塔的讲话中已经表露无遗，美国绝不允许伊朗拥有核武器。这不仅是核不扩散的问题，而且是关系到美国对中东这一至关重要的地缘战略枢纽地区的控制问题。所以，削弱伊朗，也就是在增强美国本身在这一前途迷茫地区的立足点。

---

* 本文写作于2012年2月8日

伊朗不仅自身是石油大国，还有宗教和人口等优势，如果再拥有核武器，获得某种战略盾牌，则未来美国在本地区的行动，无疑将受到重大限制。美国从地区格局和全球战略考虑，不允许伊朗拥有核武器，这是原因之一。伊朗一旦拥有核武器，即使不针对以色列采取核打击，其历来强硬的对以态度已足以在伊斯兰和阿拉伯世界构成道义的优势。伊朗很可能借此种强势道义地位，整合地区格局，而此种伊朗主导的地区格局变化，是不利于阿以和解和以色列安全的。以色列在伊朗问题上屡发强音，一方面是自我安全的决心宣示，同时，也是对美国采取行动的直接压力，这是美国不能不考虑的。因为，一旦以色列采取行动，美国在本地区的全盘计划都将进入更不确定的领域。这是美国绝不允许伊朗拥核的原因之二。

美国对伊朗采取某种军事行动，肯定会给全球能源供应带来不确定性，这是欧洲甚至美国本身希望避免的，而历来支持世界多极化的中俄对武力解决地区问题也不会支持。美国日前采取的措施也证明这一分析。中国、日本、印度、韩国等伊朗石油的主要购买国纷纷接到美国的请求，受邀加入“石油围堵”网络，一些国家不自愿地卷入美伊的“石油战争”。美国挥舞着制裁的大棒，欧盟则积极配合，将对伊朗实施石油禁运。不过，在国家利益面前，许多国家的立场均显摇摆状。

2010 年，日本是伊朗石油的第二大市场，每天从伊朗进口的原油达 36.2 万桶，占日本石油进口总量的 10%，且日本经济连续受到地震、核泄露、日元汇率高企等因素的打击，绝对不愿意看到因制裁伊朗而出现油价飙升的局面。美国财长盖特纳刚刚离开日本，日本首相野田佳彦就表示，日财长安住淳所言“日本将逐步减少从伊朗进口石油”，仅仅代表其个人意见，不代表政府立场。而作为伊朗原油第三大消费国的印度，日前也发出拒绝配合美国的信号。

印度内阁一名高级官员 2012 年 1 月 12 日对外界表示，将继续与伊朗开展石油贸易，且印度不会稀罕向美国方面争取霍尔木兹海峡的禁运豁免权。事实上，拒绝配合美国制裁伊朗的还不止印度。1 月 10 日，美国副国务卿伯恩斯曾访问土耳其，呼吁土耳其加大对伊朗的制裁，但土耳其却一口回绝了美国的要求。

欧盟不久前宣布将对伊朗石油禁运，但行动起来依然心存忧虑，行动迟缓。部分欧盟外交人员在 1 月 13 日表示，各个成员国可能将对伊朗的制裁措施推迟六个月，以便那些进口伊朗石油的国家能够找到替代品，并允许现有的协议到期。但是，目前欧盟各国尚未达成一致意见。当前部分经济窘迫的欧盟国家都是大规模进口伊朗石油的国家，例如希腊、西班牙和意大利。而且希腊从伊朗进口的原油中，有 35% 采用的是赊销方式，失去伊朗的原油，会使其经济雪上加霜。所以，欧盟禁运说说容易，做起来却是困难重重。

美国政府在游说相关国家对伊朗进行“围堵”未取得理想效果之后，1 月 13 日，奥巴马政府制裁了三家对伊朗出售汽油的公司，其中包括中国珠海振戎公司。与此同时，美国调集三个航母战斗群，游弋在波斯湾和阿拉伯海域，向科威特增派了 1.5 万人的战斗部队，施压伊朗。

而伊朗似乎对美国的策略和底线心中有数，应对也是文武兼备，软硬兼施，战略安排异常复杂，但核心就是一条，千方百计拖延时间。通过巧妙运用军事和外交手段，赢取时间，实施时间战略，从而实现核武能力，最后，应用核武能力，实现战略安全。“武”的方面，大规模的军演特别是对革命卫队拥有的先进打击兵器的展示，显示了伊朗保卫自身以及在遭遇打击时非对称反击的决心与能力。“文”的方面，除宣布拥有全部民用核技术外，还提出可向非洲等需要的国家提供技术援助，其实是一种暗寓攻击的政策。在霍尔木兹海峡通行及应对国际原子能组织检查等方面，伊朗视需要、因环境，时硬时软，软硬兼施，变化多端。美伊斗法，文攻“武慑”，令人眼花缭乱。

众所周知，民用核技术与所谓核武是相关联的，军用级别的核武科技正是以民用核燃料提供的浓缩原料为基础制备。从浓缩铀的技术上讲，伊朗已经掌握了铀转换的技术，也就是把铀矿变成六氟化铀气体。第二步是把六氟化铀气体灌注到离心机里，然后把气体金属化，变为浓度3.5%的低浓度浓缩铀，这个浓度只能做核燃料。如果再进一步浓缩为20%，就可以用于医学，比如放疗和CT核磁共振以及科学研究。现在美国和以色列担心的就是，伊朗掌握了20%浓度浓缩铀的技术，就可能会进一步提炼到武器级浓缩铀，最终造出核武器了。

美国为伊朗设立了两条红线，一是不能封锁霍尔木兹海峡；二是不能生产核武器。从目前形势分析，伊朗的策略并不是要马上制造一个核弹，也不进行核武试验。而现阶段只是要掌握全部核武器技术，但不生产出来，让西方找不到军事打击的借口。这一条，美国和以色列何尝不清楚？所以，美国设定的两条红线，也是自己下台阶的梯子，美国知道伊朗不会封锁霍尔木兹海峡，伊朗目前也造不出核弹。根据美国过去的规律，在大选年有两个热门外交话题，一是中国，二是伊朗。2012年11月又要大选了，奥巴马政府为了国内犹太集团的选票和资金，在伊朗问题上，是要对他们做出一些姿态的。这就确定了即使恢复伊核谈判，起码在大选前，美国不会在伊核问题上作出怎样的让步。对伊朗而言，它的国内压力也很大。伊朗可以坐下来谈，但放弃核计划和浓缩铀是不可能的。这可能就是伊朗的底线。所以，从现在至11月份，美伊关系会一直保持高度紧张的状态，伊核危机引而不发。

以色列拥有世界一流的情报机构，2011年年底至2012年年初，与伊朗核计划相关的科学家连续被暗杀，有猜测认为是以色列情报机构所为。由此可见，以色列对伊朗核计划的了解和监控是非常深入的。在高压下，在伊朗即将跨过“核门槛”时，以色列可能做出过激反应，像1981年摧毁伊拉克，2007年摧毁叙利亚核设施或疑似核设施一样先发制人，一劳永逸地解决由此带来的不尽麻烦。即使如此，全面入侵式的战争也是不可能的。以色列要想打击伊朗，必须飞跃约旦、沙特和伊拉克领空，因此，必然牵涉美国。没有美国默许，打击伊朗难上加难。大选之年，美国对以色列会一面消气降火，对伊朗一面加紧施压。战争的选项，除非发生意外，不得已而为之。

中国是伊朗的第一大石油市场，2010 年，中国每天从伊朗进口的原油达 42.6 万桶。伊朗是中国的第三大原油供应商，2011 年 1 月至 11 月，供给中国原油 2530 万吨。温家宝总理在前不久访问海湾三国时明确表示，中国反对伊朗拥有核武器，但是中国与伊朗的石油贸易和伊朗核问题是两回事，中国与伊朗正常的贸易应该受到保护。中国不会和美国站在一起，不会将伊朗看作一个敌对国家，来参与美国对伊朗的打压。中国不会停止与伊朗的石油贸易。中国是负责任的大国，对中东和平负责，不可能盲目跟随某个大国，但中国也不会选择在这个问题上与美国对抗。另外，还要处理好与阿拉伯国家，尤其是海湾国家的关系，这就需要在外交上主动智慧出牌，化解两难处境，变挑战为机遇。但无论如何，中国的石油战略和原油储备能力要面临一次考验了。

美国前国务卿、国家安全事务助理基辛格就曾经指出："谁控制了石油，谁就控制了所有国家。"在能源问题上，美国眼下是中国的挑战者，但同时还会成为特殊的师表。对此，关键不在于美国如何"教"，而在于中国怎样学。

高油价之"江湖"*

欧美债务危机、伊朗核危机、中东地缘政治动荡，诸多因素层层叠加，终于联合推动了原油价格此次史无前例的高位运行。石油是现代工业的血液，是现代城市化物流、人流的推动力，没有了石油，飞机飞行、轮船航海和汽车上路都要困难许多。同时，石油化工产品作为石油的衍生品，还以化肥和农药的形式支撑着现代农业，以工业原材料的形式支撑着城市化工业，以生活用品的形式支撑着现代人的日常生活。在经济运行和经济形态上，作为产业链顶端的基础原材料，石油价格的波动，牵动着宏观经济运行的物价形势，全球性的通货膨胀变化趋势，常常由原油价格激发。

2008年之前的三次全球经济衰退，每次都是由中东地缘政治冲击所导致的油价飙升造成的。1973年的以色列和阿拉伯犹太人赎罪日战争，

* 本文写作于2012年4月8日

导致了此后两年的全球滞胀和经济衰退；1979 年的伊朗革命，造成了 1980 ~ 1982 年全球滞胀和衰退；1990 年夏伊拉克入侵科威特，导致了 1990 ~ 1991 年的全球衰退。此次全球衰退尽管是由金融危机引起的，但也少不了 2008 年油价飙升的推波助澜。当年 7 月，油价触及了 145 美元 / 桶的价位，进口石油的发达国家和新兴市场国家均因此经受了衰退压力。

从 1900 年至今的 100 多年间，若用黄金和油价比较的方法来描述油价的变化，大致可以分为三个阶段：第一阶段是布雷顿森林体系执行之前，也就是 1947 年之前，当时一盎司黄金可以换 20 桶以上的石油，最多时可以换到 30 桶石油，是低油价阶段；第二阶段是从 1947 年至 1971 年，期间基本上是一盎司黄金可以换 20 桶石油，非常稳定，是油价稳定阶段；第三阶段是 1971 年至今，大部时间一盎司黄金可换的石油都少于 20 桶，是高油价阶段。现今，一盎司黄金大约 1600 多美元，油价约为每桶 120 多美金，相当于一盎司黄金可以换 13 桶石油。以 100 多年来的石油价格的趋势看，当今油价的变化依然保持着走高的态势，这对脆弱的全球经济复苏形成了极大的风险。

因此，石油价格的运行形势或趋势，备受各国关注。加之石油地质分布集中于几个地缘政治形势极度不稳定的区域等因素影响，除了石油是经济资源之外，石油还承载了国家战略和经济安全的载体职能。石油价格剧烈大幅波动，总是对应着极端的地缘政治事件、经济或金融危机事件。

美国是当今世界上最长于战略研究规划和实施的国家之一。美国前国务卿、国家安全事务助理基辛格就曾经指出：“谁控制了石油，谁就控制了所有国家。”美国在过去的数十年间，围绕着中东的石油，将其世界战略的重心始终盯在中东，展开了一系列军事、外交和经济活动，甚至不惜劳师远征，多次在中东地区燃起战火。历次中东战争的背后都有石油的影子。

美国是世界上第一大石油消费国和进口国。2001 年，美国从中东进口的原油达到历史最高值 266.4 万桶 / 天，在总进口中的比重为 28.6%。而中东则储存着 1740 亿吨的石油资源和 128 万亿立方米的天然气资源，分别占到全球探明储量的 1/3 和 1/4。美国的经济发展，特别是能源供给，中东是举足轻重的。世界石油供需能否保持平衡，都与中东息息相关。

2010 年以来，作为全球石油最大输出地的中东掀起了一轮又一轮的动荡，地缘政治越发紧张。伊朗局势危机是当前威胁全球及中国能源安全的最不稳定因素。2012 年 3 月 24 日，美国再度施压，坚持要对仍大量进口伊朗石油的国家进行制裁，并抛出了 12 国黑名单，要求这些国家必须减少从伊朗的石油进口。黑名单中，中国排在前列。伊朗是中国最重要的能源进口地之一，原油进口量占中国总进口量约 10%，是仅次于沙特和安哥拉的第三大原油供应国。随着中国石油对外依存度的不断提高，中国不得不面对石油价格和石油供给安全的双重风险。中国自 1993 年成为原油净进口国以来，石油需求的增长速度就不断飙升，2009 年石油对外依存度首次突破 50% 的警戒线。2011 年，中国进口原油 2.54 亿吨，同比增长 6%，预计 2011 年原油对外依存度将达到 57% 左右。2012 年，即便中国将 GDP 增速计划降至 7.5%，能源消费增长率也不会低于 4%。业界公认的原油对外依存度上限不宜超 60% 的状态，中国有可能在 2013 年前后即将逼近。而专家预计，中国能源消费峰值的出现约在 30 年后。中国的能源问题显然已是横在中国发展面前的一大问题。美国所要求的减少从伊朗石油进口，已触及到中国能源安全的底线。

高油价岂止只是对中国的威胁？《金融时报》称，对于全球各大国来说，即使油价保持在目前的位置不再继续攀升，今年为此付出的整体成本也将达到 1.5 万亿美元，这个数字足以将世界经济重新返回到衰退的洪流中。德国 GIZ 研究所日前出台一份报告，比较全球 170 个国家的油价。报告称，造成各国油价巨大差异的原因，在于各国政府补贴和税收政策的不同。报告据此将世界各国分为四组：第一组和第二组是诸如委内瑞拉、沙特、安哥拉等产油国，这些国家对油价都有补贴，油价一般不超过0.58欧元/升。第三组国家是油价上附加了部分税收的国家，包括美国、中国、俄罗斯、巴西等大国，油价大约在每升0.64欧元到1.04欧元之间。而第四组国家，政府对燃油施行高税收，包括欧盟、土耳其以及一些非洲穷国，油价都超过每升1欧元。德国《新威斯特报》日前称，对大多数国家来说，燃油价格是决定民生的基本价格。并称，不解决燃油价格过高问题，政府容易失信于老百姓。

作为世界第一大经济体和能源消费大国的美国，曾经严重弭患“中东石油依赖症”，为了根治这一病患，美国对自己开了一剂“能源独立”战略的处方。2005年美国通过《能源政策法》，正式确立了面向21世纪的长期能源政策，控制能效、保障能源供应成为重点。2007年，美国政府再度出台具有标志性意义的《能源独立与安全法案》，可再生能源产量目标大幅度提高。奥巴马上台后，提出了更高的能源安全要求和更加明确的能源独立战略。在此战略的指导下，过去六年间，美国能源自给率逐渐提升，并在2011年的前十个月中达到81%。2011年前十个月，美国出口燃油8.48亿桶，进口7.50亿桶。石油进口量占美国国内需求比例降至46%，美国已经从之前日进口250万桶的成品油进口国转为今天的净出口国。美国对石油外部依存度下降的根本原因在于：首先美国页岩气的成功开发，改善了美国的能源结构，提高了能源自给水平。2010年页岩气产量为1378亿立方米，为2005年的7倍，年均增长47.7%。其次，大力发展清洁能源。风能、太阳能、地热、生物能以及核能、天然气和洁净煤已经成为美国新能源领域的发展重心。从外部来看，美国正在通过能源供给多元化，逐步摆脱对中东的过度依赖，为此，近些年来美国加强了与加拿大合作，使进口石油主要来自北美属地。统计显示，加拿大为美国提供了超过23%的进口石油。2009年，美国仅有17%的进口石油来自中东及海湾地区，实际上，中东地缘政治的动荡，对美国的影响要小于其他石油消费国。能源结构的优化和调整，不但为美国能源供给减压，也给了美国更大的战略腾挪的空间。正因为如此，美国才能实施战略东进，重返亚太而毫无顾虑，才敢于搅动中东乱局、挥舞制裁大棒而无忌惮。美国的战略目的很明晰，就是要借能源独立，重塑全球战略格局，确保美国的霸主地位不受挑战。

对于中国而言，这就意味着在今后的十数年间，作为全球的生产大国，不但会面临能源供给的长期约束，也不得不面对能源消费增长重心东移、美国战略重心重返亚态条件下的中美博弈。承认上述挑战，绝不意味着面对世界高油价“江湖”的险恶，而悲观地预言束手无策。那些清晰可辨的趋势，不仅指明了前所未有的复杂挑战，而且也指明了共同利益与机遇和出路。美国“能源独立”战略的成功，带给中国的绝不仅是其“东移”带来的挑战，而一定还会有借鉴引致的后发优势式的高歌猛进。在能源问题上，美国眼下是中国的挑战者，但同时还会成为特殊的师表。对此，关键不在于美国如何“教”，而在于中国怎样学。

从需求看，今后 3 ~ 5 年，由于全球经济不景气，石油需求会下降。从供给看，由于非常规油气的快速开发利用，更多非欧佩克国家会成为石油出口国，而欧佩克的生产也会达到近些年的高点。这些都会使高油价面临向下的压力。

高油价之成因*

最近十年，国际油价快速上涨，从 2002 年 1 月的每桶 19.7 美元，上涨到今天的 100 多美元，十年间上涨了五倍多。于是，高油价的成因引起了各方的关注，今后油价的走势更是各方关注的焦点。

从传统的经济学原理出发分析，石油供需会是决定油价走向的主要因素。既是如此，具体分析，供、需的情况也会各有不同。从石油的需求来看，据英国石油公司（BP）石油统计 2011 年数据可知，2002 年全球石油日均消耗 7827 万桶，至 2010 年日均消耗 8738 万桶，8 年增长了 911 万桶，增幅为 11.6%；而此前的 8 年时间，即从 1993 年至 2001 年，全球日均消耗从 6712 万桶增长到了 7730 万桶，增量为 1018 万桶，增幅为 15.2%。

可见，前一个八年和后一个八年，世界石油需求的绝对增量和相对

* 本文写作于 2012 年 4 月 23 日

增幅并未发生显著变化，后一个八年的绝对增量和相对增幅细比较的话，还都弱于前一个八年，但前一个八年并未像后一个八年一样发生油价高企问题。

看需求还要包括预期。国际上现在有一种观点，认为中国需求增速过快，这种预期导致了国际原油价格上涨的提前表现。

这十年，中国经济平均以 10% 的速度在前进，但世界石油需求增速却有所下降。而未来十年世界普遍预测中国经济增速会下降，况且中国的能源利用率会大幅度提高。

2010 年中国的能耗强度是美国的三倍、日本的五倍，提高能源利用率有巨大的空间，中国近年来明显加强了对节能的重视。因对中国的预期引发石油价格高企的说辞是站不住脚的。当然，也不能简单地看需求，因为有时候需求是被扭曲的。在一些国家，特别是油气生产国，普遍存在价格补贴，这导致油气消费者对价格变化反应迟缓。但无论怎样看，实际上，需求都并非是石油这十年价格异动的原因。

再看石油的供给。BP 石油统计 2011 年数据表明，2002 年全球石油日均产量为 7470 万桶，2010 年为 8209 万桶，增长了 739 万桶，增幅为 9.9%；而在前一个八年时间里，1993 年全球日均产量为 6603 万桶，2001 年为 7491 万桶，增量为 888 万桶，增幅为 13.4%。可见，最近几年全球石油供给增量有所下降。1993 ~ 2001 年石油的供求缺口占总需求的比重平均为 2.2%，而 2002 ~ 2010 年该比例上升到 4.4%，扩大了一倍。由此可见，供给缺口对油价上涨发挥了重要作用。

人们一般都会将石油供给增量下降的原因归结为伊拉克战争、利比亚战争等中东政治军事动荡因素的干扰。或者，还有全球主要油气供应被卡特尔控制，在一些国家由于受到投资政策的限制，油气还在减产。这些无疑是正确的，但金融方面的原因，人们却很容易忽视。

较小的石油需求价格弹性和OPEC有较大的石油定价权，这使得当美元贬值影响到石油出口国的收益时，他们会而且能通过选择减少产量、提高油价的方式来弥补损失。美元贬值和石油输出国石油减产、减少供给，已经必然地联系起来了。之所以如此，是因为包括石油在内的大宗商品都是以美元计价和交易的。美元与大宗商品之间的关系，国内外已有许多机构正在深入研究，初步得到的成果，足以发人深省。

研究揭示，美元流动性泛滥，不仅仅是美国，而且是当今世界经济存在问题的重要原因之一。根据美联储和美国经济分析局（BEA）的数据，2002年，美联储资产只有不到7000亿美元，如今规模已经达到2.9万亿美元。考虑到扩张的都是基础货币，经过乘数效应的放大，释放的流动性不可估量。从美国的信贷量来看，2000 ~ 2007年增速明显超过其他时期，过度的投放是流动性泛滥的根源。

2001年后，美联储降低利率至历史低点，并多年持续，由此带来了美国的流动性泛滥。过剩美元需寻找出路，由于石油等大宗商品的稀缺性，且是重要的战略资源，于是成了投资者青睐的对象。

2002年1月，美元指数为120，而十年后的今天，该指数只有80，贬值幅度达到1/3。考虑到美元在欧债危机等情况下的“被升值”，实际美元贬值得更加厉害。基于美元计价影响机制，近十年石油价格暴涨与美元贬值有着强烈的相关性不容置疑。

也许会有人问及，那为什么20世纪90年代的十年，美元价格和石油价格并未有如此明显的相关性呢？

分析可知，基于美元价值储存功能的影响机制，美元和石油往往成为国际投资者资产组合的一部分。美元贬值，投资者会转向实物资产，来寻求资产的保值，在供给不变的情况下，石油价格因此上涨。基于美元结算功能的影响机制，美元贬值时，油价会相应上涨。油价上涨，使得购买同样的石油需要花费更多的美元，于是石油进口国会购买或储备更多的美元来支付，从而推动美元上涨，而美元上涨又会导致油价下跌。可见，美元对油价的影响中，计价和价值储存效应为负，结算效应为正。

2001 年以前，全球主要的能源交易在美国，美国政府对能源商品交易一直实施严格的监管，石油的投资属性完全被埋没。而且，当时美国的财政赤字与经常账户赤字均在可控范围内，美元并没有长期贬值预期。因此当时，美元价格从资产组合渠道影响油价效应较弱，美元价格对油价的影响主要通过计价渠道和结算渠道，这两种效应正负倾向于相互抵消，所以在 2001 年以前，美元价格对油价影响并不显著。

而此前于 2000 年 12 月，美国国会通过了《商品期货现代化法案》（CFMA），该法案在美国商品交易法（CEA）中加入了新的一节 2（h），将商品分为农产品、排除商品和豁免商品三类，并让它们接受不同程度的监管。对农产品进行严厉的监管，对排除商品（主要是货币、利率、汇率与证券等）进行一定的监管，对豁免商品（主要是能源与金属）基本上不进行任何监管。这就是著名的“安然漏洞”（Enron Loophole）。自此以后，石油的投资属性明显加强。

与此同时，全球的石油消费逐渐加速东移，美元长期贬值预期逐步形成。故于 2002 年至 2011 年的十年间，美元贬值对石油价格高企的推动成为现实。通过对石油供需及货币金融等因素的系统分析，不难发现，近十年国际石油价格暴涨，主要与美元贬值和石油供给减少有明显关系，而与需求关系不大。

今后国际石油价格的走向，乃需从需求、供给和货币金融等因素去分析。从需求看，今后 3 ~ 5 年，由于全球经济不景气，石油需求会下降。从供给看，由于非常规油气的快速开发利用，更多非欧佩克国家会成为石油出口国，而欧佩克的生产也会达到近些年的高点。这些都会使高油价面临向下的压力。而伊朗局势恶化，将导致中东石油供给中断的担扰会时紧时松地一直笼罩着市场，成为石油价格波动上行的不稳定因素。

而美元价格波动对石油价格的影响是一定会存在的。因为美联储的货币机器目前是失灵的，美联储的两轮 QE 都没有阻止内生性货币（银行通过放贷或购买证券来创造的具有货币交换媒介功能的信用额度）的持续下降，美联储希望看到的信用消费和信用投资的恢复也渐行渐远。

据美联储数据，2012 年 1 月全美存款总额达到了 8.1 万亿美元，比 2008 年金融危机时的水平高了 2.2 万亿美元。美国的非金融企业累积了 6300 亿美元的现金，这反映了家庭和企业对经济预期的普遍低迷，已引致大量现金淤积，流动不起来。

两轮 QE 造成的问题不是资金淤积这样简单，倘若一天经济上行的通道突然被打开，家庭和企业的信心恢复，这些大量淤积的资金涌入到内生性货币的脉管，美联储将面临难以控制的通胀祸水。美联储面临的难题之所以被描述成“失灵”，就是因为已陷入前后动弹不得，不动有难、动亦有难的境地了。美元价格贬值推动了国际油价高企，高企的国际油价也已对美国经济的复苏造成了不小的阻碍。

2011年中国粮食进口约占世界粮食贸易总量的1/4，扩大进口的空间非常有限。同时，2011年中国粮食净进口量达6100多万吨，按供给量计算，中国粮食自给率只有89.7%，低于95%的警戒线。中国的粮食安全问题不容乐观。

粮食安全再次面临严峻挑战*

美国50多年来最严重的干旱将农产品价格推至新高，全球粮食安全再次面临严峻挑战。

自2012年6月以来，美国出现了50年来罕见的高温干旱天气。据美国农业部提供的数据，截止到7月15日，近40%的玉米作物状况糟糕或极为糟糕；约30%的大豆作物状况糟糕或极为糟糕。近1个月来，美国的农产品价格持续上扬，8月交割的大豆期货价格上涨50.25美分，达到17.3375美元，创下历史最高价。9月交割的玉米期货价格上涨12.75美分，收于每蒲式耳8.0775美元，超过了2011年6月创下的每蒲式耳7.87美元的历史最高价。小麦的价格虽然没有破纪录，但在5个星期中已经上涨50%多，超过了2010年俄罗斯颁布粮食出口禁令时的价格。

问题的严重还不仅如此。继美国遭遇50年以来最严重干旱之后，世

---

* 本文写作于2012年8月8日

界主要粮食生产国俄罗斯和乌克兰也正在经受干旱之苦。俄罗斯农业部 7 月 31 日公布的数据显示，按照较为乐观的预期，俄罗斯 2012 年度粮食产量预计为 8000 万吨，如果干旱天气持续，则有可能降至 7500 万吨。虽然没有严重到 2010 年仅有 6000 万吨产量的程度，但仍远低于政府早先预期的 9400 万吨，比前一年度下降 15% 至 20%。乌克兰农业政策与粮食部预计，2012 年度乌克兰的粮食产量将仅有约 4530 万吨，较上一年度下降两成。俄罗斯媒体报道，干旱已导致各地粮价出现 40% 到 50% 的上涨，而未来继续上涨的可能性仍然较大。

现时这一轮的农产品创下的历史最高价，已超过了 2007 年至 2008 年的粮食危机时创下的纪录。2007 年至 2008 年的粮食危机曾在 30 多个国家引起食品暴动。粮食安全再次面临严峻挑战，绝非耸人听闻。

而各国的粮食库存却因需求增长过快而不断下降。全球粮食需求过快增长的原因：

一是随着世界各国工业化和城市化的进展，人均粮食消费水平快速增长。有学者通过统计分析，得出如下结论：以印度为代表的农业经济，其人均粮食消费约为 200 斤 / 年 ~ 300 公斤 / 年；以中国为代表的由农业经济向工业经济、城市化转型进程中的，人均粮食消费约 400 斤 / 年 ~ 600 公斤 / 年；欧盟等工业化城市化成熟的，约为 600 斤 / 年 ~ 900 公斤 / 年；美国在 2005 年通过立法，确立大规模生物能源政策导向后，粮食消费水平向人均 1000 公斤 / 年的方向发展。由此可见，随着社会形态从农耕经济走向工业化、城市化和社会结构分化过渡的经济，以及高度成熟的经济体，其人均粮食消费呈现快速增长状态，增长速率呈倍数关系。二是全球人口总量在持续攀升，截至 2011 年 10 月底，全球人口已突破 70 亿大关，过量的人口负担也加大了全球粮食的总需求。三是生物能源等间接形式的粮食消费大增。进入 2000 年后，随着生物能源需求大增，大量的粮食被用来生产生物燃料。以酒精为主体的生物“汽油”和以油脂为主体的生物“柴油”等不断进入能源领域，生物能源占比逐步上升，加大了对粮食的消费需求。粮食安全或成全球最突出问题。

中国的粮食需求呈现刚性增长态势。从1995年到2010年，中国粮食总消费需求从4.528亿吨增至5.2755亿吨，年均增长1.1个百分点。除了人口的自然刚性增长外，中国人的饮食习惯变化，加大了对肉食消费的需求，这对粮食需求产生了乘数放大效应，从1986年中国人均肉类消费35公斤增至2010年人均消费60公斤（韩国人均37公斤）。每生产1公斤牛肉要消耗8公斤左右的粮食，生产1公斤猪肉要消耗3～5公斤粮食。中国用于家畜饲料的粮食，从1980年的6800万吨增至2009年的1.2亿吨，增长了近1倍。中国从1995年转向大豆净进口国；中国从2009年由玉米净出口国转变为进口国，2010年和2011年中国玉米进口剧增，2012年1～5月累计进口量已经超过2011年整年进口量。2011年，中国粮食净进口量达6100多万吨，按供给量计算，中国粮食自给率只有89.7%，低于95%的警戒线。总体上看，当前和今后较长一个时期，中国保障粮食供求平衡的压力会不断增大。

尽管中国粮食从2004年恢复增产以来，实现了连续八年增产（八年累计增产2810亿斤），特别是2011年，中国粮食生产实现了首次迈上11000亿斤的新台阶，首次连续五年稳定在10000亿斤以上，半个世纪来首次实现了连续八年增产，粮食人均占有量首次达到850斤的新水平。然而，这只能说明与历史比，创造了一个最好成绩。中国从来不能忘记解决13亿多人口的吃饭问题，始终是治国安邦的头等大事。在目前全球气候异常，极端天气频发，自然灾害增多，粮食预计严重歉收的形势下，粮食安全更是丝毫不可大意。之所以如此，是因为对于中国而言，粮食安全还存在许多问题。从全球看：一是全球粮食年出口额仅有约2.5亿吨，不到中国粮食产量的一半，而全世界尚有10亿人在挨饿，10亿人在“隐性挨饿”，出口粮食的国家只有10多个，而粮食进口国有100多个。2011年中国粮食进口约占世界粮食贸易总量的1/4，扩大进口的空间非常有限。二是2007年以来，全球房地产和股市持续走低，大量资金和各类基金转投石油、粮食等资源性产品，热钱大量涌入农产品期货市场，国际粮价被炒得水涨船高，也加大了国内市场调控难度。三是全球四大粮商ADM、邦吉、嘉吉、路易达孚垄断全球80%的粮食交易，在成功攻陷中国大豆产业、掌控食用油市场定价权后，正在加紧布局中国玉米和小麦两个主粮品种，这尤其需要警惕。四是作为全球粮食出口第一大国的美国，近年来大力发展生物质能源，2010年用1.26亿吨约粮食总产的1/3生产燃料乙醇，全球粮食贸易因此锐减，而引发国际粮价上涨。美国在获得巨大经济利益的同时，进一步增加了在国际政治外交中的砝码。在全球粮食供应趋紧的新形势下，粮食已经成为一种新型战略武器。基辛格曾经说过："谁控制了石油，谁就控制了世界；谁控制了粮食，谁就控制了人类。"粮食安全的意义已经绝非饿不饿肚子那么简单。从国内粮食生产状况分析：一是如今历史上著名的渔米之乡，比如上海、广东、浙江、福建等省市随着城镇化进程中耕地减少和流动人口增加，已从过去的产粮区逐步变成了粮食主销区。目前，广东、浙江粮食自给率分别只有30%、40%，一旦国内粮食供应趋紧，这些重度购粮区将面临无粮可供的危险，其现代化进程必然受阻。二是水资源问题对粮食安全构成制约。中国是世界上13个贫水国之一，人均水资源占有量仅为世界平均水平的1/4，每年农业生产缺水约300亿立方米，约2.13亿亩土地遭受干旱威胁。北方地区人口和耕地分别占全国的46.5%、64.8%，但水资源仅占19.6%，水资源分布不均，预示着目前的"北粮南调"格局难以持续。三是据统计，1996 ~ 2007年，全国耕地面积从19.51亿亩减少到18.26亿亩，直逼18亿亩的红线。相比耕地减少、耕作层退化，水土流失和土壤污染等带来的耕地质量下降问题更容易被忽视，治理也更加困难。以耕地污染为例，由于过量施用化肥、农药以及工业污染扩散，全国已有1.5

亿亩约 8.3% 的耕地被污染，每年因土壤污染，减产粮食至少 1000 万吨。四是农业基础条件薄弱，科技支撑能力不强。目前大江大河治理已经取得显著成效，骨干工程防洪能力显著增强，而小型农田水利建设滞后，成为制约粮食稳产高产的瓶颈。农业科技进步贡献率为 53.5%，农业科技转化率不到 40%，远远低于发达国家的 70%、80% 的水平。

中国的粮食安全问题不容乐观。中国的粮食安全战略亟待全方位强力推进，全面落实。

2012 年 7 月份中国对欧盟的出口同比下降 16.2%，降至 294 亿美元。2012 年 7 月份的出口增速几乎停滞，仅比一年前增长 1%，远低于平均预测值 8.6%；进口同比增长 4.7%，低于平均预测值 7.2%。

欧元区经济由停滞转向萎缩 *

欧盟统计局 2012 年 8 月 14 日发布的数据显示，2012 年二季度，欧元区和整个欧盟的国内生产总值（GDP）都环比下降了 0.2%，而一季度为零增长。与 2011 年同期相比，欧元区和欧盟的国内生产总值分别下跌 0.4% 和 0.2%。

尽管目前还未得到所有国家的有效数据，但至少已经有包括英国、意大利和西班牙在内的八个欧盟国家陷入衰退。所谓衰退，被宽泛定义为连续两个季度产值减少。西班牙经济第二季度环比下降 0.4%，此前连续两个季度环比下降 0.3%。

在接受救助的国家中，希腊和葡萄牙出现了衰退，爱尔兰的数据还未出炉。已经向欧元区和国际货币基金组织提出救助申请的塞浦路斯第二季度国内生产总值环比下跌 0.8%，连续四个季度出现了负增长。罗马

* 本文写作于 2012 年 8 月 23 日

尼亚则摆脱了衰退的困扰，在第二季度取得了 0.5% 的小幅增长，前几个季度 GDP 环比降幅在 0.1% 至 0.2% 之间。芬兰在第一季度增长 0.8% 的良好势头下，出人意料地在第二季度出现了 1.0% 的经济萎缩。比利时饱受危机困扰，第二季度已无望出现第一季度 0.2% 的增长态势，环比下跌了 0.6%。瑞典的数据最为乐观，以 1.4% 的增幅拉动着欧洲经济。德国和法国的数据均好于预期。德国二季度经济环比增长 0.3%，虽然低于第一季度的 0.5%，但好于市场预期。法国经济零增长，虽已连续三个季度停滞不前，但并未像众多机构预测的那样陷入萎缩。问题在于德国经济的增长率已经不足以使整个欧元区经济保持在零水平之上，且在欧元区和整个欧盟经济衰退的大潮中，德国已渐渐难以独善其身，开始走下坡路了。纵观德国的 GDP 态势，其曲线呈现反弹后回落的走势。目前德国制造业订单减少，工业产出量减少，进出口总额减少，预示着可能在今年下半年或明年上半年陷入衰退。整个欧元区经济由停滞转向萎缩。

英国施罗德公司欧洲经济专家阿扎德·赞盖纳表示：“欧洲主要经济体的承受力将在未来几个季度经受考验，因为先行指标显示市场需求将继续下降，企业家信心将日渐走低。”欧洲的前景仍非常“不确定”，“预计在年底出现转机之前，第三季度的情况将进一步恶化。”

受欧债危机持续升级、欧元区经济衰退和世界经济复苏乏力的影响，中国 2012 年的贸易前景出现问题。根据商务部公布的数据，中国出现了自 2008 年至 2009 年全球危机以来，外来投资减少持续时间最长的一个时期。2012 年 1 ~ 7 月份，来自欧盟的外国直接投资同比下降 2.7%，降至 40 亿美元。商务部发言人沈丹阳在新闻发布会上说，对欧盟出口的急剧下降，是影响中国当前出口增速的第一大因素。中国 2012 年的目标是贸易平均增长 10%，但 2012 年到目前为止，出口一直很不稳定。7 月份中国对欧盟的出口同比下降 16.2%，降至 294 亿美元。7 月份的出口增速几乎停滞，仅比一年前增长 1%，远低于平均预测值 8.6%；进口同比增长

4.7%，低于平均预测值 7.2%。

国际环境的严峻和复杂，是中国未来几年都不得不面对的现实，要有打长久战的准备。为此，中国的应对策略不仅要防止风险传染，如前面已提及的贸易，当然还有资本流动及危机应对，更要化危为机，主动调结构和转方式，提前有序释放风险，始终处理好“改革、发展和稳定”的关系。

但具体到针对欧债危机及欧元区经济衰退，则必须首先要对此有一个准确明晰的基本判断。欧债危机不是单纯的主权债务危机，而是欧洲一体化过程中诸多矛盾和缺陷的体现。目前，欧元区面临着“转型”和“危机”的艰难平衡。其实欧元区不缺资源，缺的是机制。2011 年，欧元区的赤字率和债务率分别为 4.1% 和 87.2%，而同期美国和日本的赤字率分别为 9.6% 和 10.1%，债务率分别为 102.9% 和 229.8%。欧元区这两年的经常收支顺差分别为 409.5 亿和 374.7 亿美元。欧元区的银行资本缺口较大，但欧洲存量财富巨大。因此，欧洲缺乏的是有效的资源（银行资本、社会资金）配置机制和国家间的协调机制，需要在现实中调整认识。它是结构性问题，而不是资源总量问题，简单的输血解决不了欧元区问题。在欧元区机制转变之前，中国对此能发挥的作用非常有限。

欧元区的风险相对可控，但仍不能排除极端情形出现的可能性。目前，欧元区短期流动性风险已大幅缓解。一定程度的市场紧张，既是必然，也是必要。欧元区借助去杠杆的周期性因素和资本市场压力，进一步推进一体化进程，改善欧元区治理机制及提高长期竞争力，如社会福利，特别是劳动力市场等。欧元区已开始为极端情形做准备，这反而降低了极端情形出现的可能性，政策会更加务实。希腊虽然反对财政紧缩，但不会轻易退出欧元区。德法已开始接受在增长中解决问题，促进良性循环的解决思路。但同时必须看到，经济特别是金融去杠杆化过程并不是线性的，存在临界点和加速过程。欧元区二季度 PMI 开始跳水，6 月份欧元区综合 PMI 初始值仅 44.8，德国、西班牙和意大利分别为 44.7、42.0 和 44.8。随着欧元区经济衰退和市场压力加大，民族情绪日益激烈，各国应对短期风险的政策空间有限，并且逐步减少，协调机制短期内无法建立并发挥作用，国家间的政治搏弈，并不能完全排除极端情形的出现。目前欧洲的防火墙并不足以应付极端情形，如虽然市场对希腊退出已有相当的预期，但当希腊退出风险加大时，金融市场仍会出现急剧下跌。

欧元区的紧张和低迷，仍将是一个长期的反复过程。截至目前，欧洲领导人尚未找到欧元区问题的有效解决方案。多个民主国家选择可行方案的过程，是在市场和社会压力下不断搏弈的过程。欧元区提高长期竞争力的转型和危机中的去杠杆，都将是一个充满风险的长期过程。

当对欧元区的问题有了一个准确清晰的基本判断后，如何化危为机、有所作为的谋略才会有基础实在可靠，有办法科学可行，有利益双盈可为。欧元区政策重点从紧缩转向增长，一方面，推出了 1200 亿欧元的一揽子经济刺激计划，以补充已通过的“财政契约”。在坚持单个国家财政纪律的同时，开始考虑欧元区整体的经济增长，提供财政风险的分担机制。另一方面，原来坚持紧缩的国家和机构有所放松，不再过分强调以财政紧缩来恢复信心。同时，欧元区的实体经济仍具有强大的竞争力。因此，中国应进一步加快对外直接投资的开放力度，鼓励和帮助民间资本到欧元区寻找机会。可将部分外汇储备加配套人民币资金，设立专门基金，加强与欧元区的国家、公司及个人合作。以资本投入、补贴等方式，购买欧洲的技术，引入欧洲的专业人才，提高对国内环保产业的支持力度，加大对空气及水的环境治理力度。将外汇储备投资到 30 年快速发展需要补课的环境保护方面，既有利于缓解外汇储备的潜在风险，又不至于扩大现有产能地，刺激本国经济。给欧元区带来一定的外需，加强与欧洲在环保上的合作，也为未来的可能谈判增加筹码。

从实体经济来看，欧债危机的恶化，导致新兴市场国家汇率大幅贬值，人民币有效汇率快速攀升，影响了出口企业的竞争力。为此，在欧债危机尚未失控的时期，可适当引导汇率在更大幅度的双向波动，在美元升值背景下，这反而会有利于中国保持实际汇率的相对稳定。同时，进一步完善外汇衍生品市场，提高市场参与主体的外汇风险管理能力。提前释放欧元区极端情形下的汇率和资本流动风险，提高金融市场承受风险波动的能力，扩大汇率工具空间。

欧元区的动荡，不仅影响中国与欧元区间的资金流动，还将影响新兴市场甚至中美之间的资金流动。既存在回流欧元区，满足流动性需求的资金流动，也存在规避风险，重新进行资产组合配置的资金流动。中国不能因国际环境不稳定而延缓资本账户的必要开放，但当前对跨境资本流动应加强管道管理，对资质和规模保留必要的管制。加强对短期资本流动的管理，加大对地下钱庄的打击力度，形成必要的威慑力。

当前的欧债危机是系统性的，极端情形下更会产生全球影响。尽管这种情况是小概率事件，但目前并不能完全排除。中国应充分借鉴 IMF 等危机处理经验，建立中国的应急机构及危机处理预案，对欧债危机的极端情形防范于万一。

对于美国重返亚太，中国需要淡定从容，见招拆招，沉着应对，化解风险，更需要专注本国的经济结构转型、政治体制改革，不断提升国家综合实力。同时，在外交上更需技巧与灵活。

美国重返亚太的战略意图*

美国即将进入大选年，美国对华政策重新成为中美两国公众关注的焦点。

近来，美国在亚太地区推出外交、军事和经济三条战线上的新政策：外交上，重启与缅甸的交往，拉拢南亚各国，强调美国在亚太的地位与利益；军事上，从陆战队进驻澳大利亚，到高调组建囊括四军的“空海一体战办公室”；经济上，借擅香山 APEC 峰会之机，全力推动 TPP（“跨太平洋战略经济伙伴关系协定”）计划。这一系列举措引起人们的不安，甚至有学者指出，这是美国对华完善围堵和重开冷战的标志。中美关系的风险空前增大，如何控制并加以破解，是中美关系下一步发展必须思考的重大战略性问题。

中美关系发展迄今，开创了不同社会制度、不同文明形态、不同发

* 本文写作于 2010 年 8 月 23 日

展阶段的两个大国之间和平共处的历史新篇。但随着中国经济总量跃居世界第二，军事现代化加速发展，发展模式日臻成熟，美国对中国的警惕、戒备和防范随之加重。中美两国结构性矛盾日益突出和认知性矛盾开始发酵。结构性矛盾是中美实力地位变化带来的客观结果，主要包括以下四个方面：一是崛起大国与霸权超级大国的矛盾，二是地缘政治的矛盾，三是政治制度与意识形态的矛盾，四是台湾问题。这些矛盾是历史长期形成的，严重掣肘两国关系发展，单凭主观意愿难以化解的问题。结构性矛盾相互关联，互为影响，根源还在中国超预期崛起与美国不期遭遇金融危机重创而引发的中美实力对比变化。可以预见，面临中东变局和日本强震两大新的历史性事件，只要中国稳住阵脚，抓住机遇，中国继续高速平稳崛起是可以实现的。美国战略思想界无法回避中国崛起带来的三重挑战，一是13亿人口大国迅速崛起，带来的资源能源等经济上的挑战；二是世界上唯一仅存的社会主义大国的迅速崛起，带来的社会制度、发展模式等政治上的挑战；三是一个尚未完全解决主权和领土完整、军事现代化加速推进的大国崛起，带来的军事安全上的挑战。

由此观之，在美国经济脱困，安全“撤出”，战略重塑期间，中美之间的结构性矛盾可能还会深化。认知性矛盾是两国战略心态变化引发的主观反应。所谓认知性矛盾，是指双方在看待同一问题时，认知不一，或者有重大矛盾，或者存在认知差距。这种矛盾在中美关系史上一直存在。认知性矛盾最容易导致误读、误判。在这种情势下，如何规避风险，促进中美关系继续向前发展，是对两国决策层智慧的考验。中美要建立“相互尊重、互利共赢的合作伙伴关系”，实现长期战略稳定，必须想方设法，控制并化解上述矛盾，这是长远的一项共同任务。

对于美国重返亚太的战略意图，我们必须要有一个清醒、冷静、客观的判断。首先是今天的中美关系与二战结束后的美苏关系相比，有着根本的不同。最大的差别在于，中美两国经济的依存度，已经达到所谓

“大到不能倒”的地步，在经济发展上，已经形成了“你中有我，我中有你”的局面。重开冷战，对于两国来说，都是难以想象和违背根本利益的事情。其次，是美国在反恐战争开战十年后，意识到以阿富汗和伊拉克两场战争为标志的军事政策，耗费了美国冷战结束后获得的战略优势，美国必须为应对未来可能的威胁，进行新的军事战略调整。中国在过去十多年的经济成长，以及总体国力向国防力量的转换能力，已经展现了一种前景，即在西太平洋地区，美国处于单边优势的军事地位，进而其总体控制和影响地区事务的能力，可能遭遇挑战。最后，是美国大选将近，国际上欧元区问题成堆，美国从中东撤离，美国国内社会经济问题以及政党之间的僵局持续难解，经济衰退，失业率居高不下，社会对抗情绪升温，美国只有在依旧繁荣的亚太地区，设法分享发展的红利，寻求克服危机的门路，打中国牌。重返亚太是其全球战略的一个调整，近期的一系列外交、军事和经济上的动作，不应仅仅理解为只是针对中国的。有了这样的总体评估，美国的未来政策目标就比较清晰了：确保美国在亚太地区的未来经济利益，并预防中国借美国军事战略调整启动之机，挤压美国地区军事存在。

于是，美国在外交上，高调重返亚太。第一要造成一种态势，即在亚太地区，美国不能走，亚太地区需要美国的保护伞和领导。第二个目的，防止传统亚洲盟国日本和韩国的离心倾向，造成中国、印度威胁论，加强对新兴市场的控制。第三，中国和东盟贸易区自由化发展势头很猛，中国已经成为东盟、日本、韩国等地区的最大贸易伙伴，超过美国。美国担心被边缘化，所以在中国周边投棋布子。事实上，美国战略东移，要考虑的不仅仅是中国，还有蒙古、日本和韩国。美国在军事上，以攻为守。空海一体战的概念可以上溯到1992年，这一概念作为美军未来作战指导性观念，不会早于2005年；至2009年和2010年，这一概念才成为美国国防部支持的未来建军和作战政策核心理念。同时，升级联盟，对包括越南和菲律宾等在内的地区和国家，进行深浅不一的军事接触，以进行所谓巧实力战略。这些行动并不对华具有直接刺激，却有点到为止的含蓄针对性。这些行动看似鼓励了菲律宾、越南等国南海主权争端国际化的鼓噪，而实际上，美国也看到中国在对待争议事务历来的谨慎态度，而地区爆发冲突，并不符合争议各方利益。在中国反复重申支持正常海洋通行权的情况下，美国在南海问题上采取介入政策，实际上是缺少立场的。由此可见，美国最近一系列军事行动并非进攻性军事战略的标志，而恰恰是以虚击实，以攻为守的布势作为，其真正的战略重心依然在经济领域。美国在经济上，全力推出 TPP。当今世界，可以说，环太平洋地区是最有活力的区域，各经济体因此得以享受巨大的经济繁荣。毫无疑问，在这一经济发展进程中，最具有地缘战略意义变化的就是中国作为地区和全球经济发动机的新角色。美国意识到，在未来地区经济发展的进程中，如果美国推动对地区经济格局的主导能力，则美国被排挤出该地区将会成为现实。这就是本次美国推出 TPP 的根本原因。美国希望将一般军事和战略的优势，转化为经济上的主动权及主导权，从而奠定其在亚太未来霸权地位的新根基，因此打出了外交、军事和经济系列组合拳。

TPP 是一个跨太平洋的多边自由贸易协定。TPP 最初于 2005 年，由文莱、智利、新西兰和新加坡四个 APEC 成员签署。2008 年，美国、澳大利亚、秘鲁和越南先后加入，2010 年马来西亚加入，目前的成员增至九个。TPP 的初步目标是在 2015 年时，实现成员之间的零关税，现在则将这一目标实现的时间定在十年之后。此外，TPP 还涉及金融监管、竞争政策、经济立法、市场透明、反贪等多个领域。美国国务卿希拉里在夏威夷的演讲中，清楚地表述了美国的战略考虑：20 世纪，美国与欧洲盟友成功建立了跨大西洋体系，现在需要一个跨太平洋体系，“美国在跨大西洋体系中扮演了核心角色，在跨太平洋体系中也正在扮演同样角色”。

因此，把TPP建成最大的亚太自由贸易区，由美国主导TPP机制，使亚太区更加分化，这是美国的战略目标之一。其实，中国对此一直淡定。只要中国经济维持平稳增长，庞大的经济规模和市场规模，就是中国应对的最有力手段。2010年，中国的进出口贸易总额接近了万亿美元，约占全球贸易额的9.8%；2011年，则有望达到3.5万亿美元。2010年，美国的进出口贸易总额约为3.2万亿美元。目前，中国已成为日本、韩国、东盟、澳大利亚、南非等国家和地区第一大贸易伙伴和第一大出口目的地，是欧盟的第二大贸易伙伴和第二大出口目的地，是美国的第二大贸易伙伴和第三大出口目的地。更何况，多边自由贸易体系的建立亦非一日之功，经济水平差别较大的国家要进入TPP这个高门槛俱乐部，面临的问题还很多。而美国能否持续十年，在战略高度推动这一机制等，还都有待观察。

总之，面对目前局势，中国需要淡定从容，见招拆招，沉着应对，化解风险，更需要专注本国的经济结构转型、政治体制改革，不断提升国家综合实力。同时，在外交上更需技巧与灵活，加强与周边国家的沟通与联系，增进互信，同时要消除美国的猜忌与担心，展现一个既有实力又负责任的强者风范。

TPP 将加深美国与亚太一些国家的联系，有助于巩固美国在本地区的政治与安全影响力，从而建立一个跨太平洋的伙伴关系和地区机制的网络，实现奥巴马政府亚太战略的重要目标。

美国“重返亚太”的战略重心 *

TPP 本来只是一个跨太平洋的多边自由贸易协定，今天，美国借用并使之成为其亚太战略的重心。

TPP 最初于 2005 年由文莱、智利、新西兰和新加坡四个 APEC（亚太经合组织）成员签署。2008 年，美国、澳大利亚、秘鲁和越南先后加入，2010 年马来西亚加入，成员增至九个。最初美国对 TPP 并不十分重视。当美国的金融危机演化成全球的经济危机后，美国希望借助 TPP 分到亚太经济增长的蛋糕，同时将自己的政治影响施加到亚太地区，于是 2011 年 11 月中旬，在 APEC 檀香山领导人峰会上，小布什政府遗留下的 TPP（跨太平洋战略经济伙伴关系协定）才忽然成为主角。之后，TPP 逐步演化为奥巴马政府“重返亚太”及“亚洲核心”战略之中心。美国的亚太战略是由军事、外交和经济多方面内容组成的，但其重心是经济。美国利用

---

* 本文写作于 2013 年 3 月 8 日

其军事和外交方面的优势，为其攫取经济利益是其战略的根本。在美国的不断推进下，所有 TPP 国家已快速进行了 15 轮的磋商，在 2012 年 12 月于新西兰举行的第 15 轮讨论中，11 个 TPP 国家领导人已就全面进入伙伴国市场达成一致。最近，日本首相安倍晋三访问美国时，也表达了对加入 TPP 的兴趣。2013 年 2 月 28 日，美国负责经济、商业事务的助理国务卿费尔南德斯在新加坡访问，所到之处“均特别强调了希望加强美国和亚太的经贸关系。”他称，“希望今年能完成 TPP 谈判，这是我们的目标”。

美国之所以如此看重“重返亚太”和“TPP”，是有其自身原因、利益考量和长远的谋略的。2 月 13 日，美国总统奥巴马在华盛顿发表了 2013 年国情咨文演讲。在这个涉及政治、经济、社会、国际关系等一系列美国关键问题的演讲中，奥巴马最关心并格外强调的还是美国经济的发展问题。虽然说美联邦政府“强制减支”的风波正闹得沸沸扬扬，但目前美国的经济与前几年相比已大有起色，家庭消费有序恢复，房产投资触底反弹，失业状况趋向改善，经济基本面健康无虑。然而，奥巴马政府却丝毫不敢乐观，因为从风险的角度分析，美国的长期经济依然面临许多挑战。据 1 月 IMF 公布的最新预测数据，2013 年美国经济有望增长 2%，这一水平不仅较 2012 年低 0.3 个百分点，还较 2012 年 10 月的数据下调了 0.1 个百分点；2013 ~ 2016 年，美国经济增长预估值的平均水平为 2.9%，低于危机前 1980 ~ 2007 年 3% 的历史平均水平。这意味着，美国经济增长面临较大压力不仅是短期现象，可能还将是长期趋势。这是其一。2013 年初，“财政悬崖”短期协议达成后，债务触顶，自动减支机制启动和临时预算案到期的压力已排上日程，不仅短期内同时化解三方面的压力难度较大，而且更重要的是，短期困难虽可以拖延式应付，但对国家信用缺失却存在长期化的不利影响。这是其二。尽管最新数据显示，2012 年 12 月，美国失业率已从危机高峰期的 10% 降至 7.8%，但就业市场在长期内依旧明显承压。根据 IMF 的预测，

2013 ~ 2016 年，美国失业率的均值为 7. 33%，高于 1980 ~ 2007 年危机爆发前 6.1% 的历史均值。值得注意的是，失业率本身可能还低估了美国就业市场长期羸弱的程度。截至 2012 年底，美国就业不足率（即失业、准待业和兼职的占比）的阶段水平已从危机前的 10% 以下上升并稳定至 14% 以上；美国的平均失业持续时间也从危机前的 20 周以下上升并稳定至 40 周左右。就业高压长期化，必将严重削弱劳动力市场乃至整个美国经济社会“机会均等”，动摇美国经济的增长精神。这是其三。根据彭博数据，2008 ~ 2012 年，美国次贷危机和欧洲主权债务危机给全球金融机构造成了 2.077 万亿美元的损失，其中，美国金融机构损失达 1.326 万亿美元。在缓慢的恢复过程中，美国金融机构的创新行为更趋谨慎。2013 年 1 月末，受平庸财报的影响，美国苹果公司股价大幅下挫，丢掉了全球市值第一的宝座，以苹果为代表的美国企业创新能力也正悄然下降。金融危机对美国创新能力和精神的损伤恐将长期延续。这是其四。最后一种风险和挑战就是金融不稳定长期化。尽管起始于 2008 年的次贷危机已于 2009 年正式终结，但美国金融体系的不稳定性并未彻底缓解，且可能长期延续。从微观层面看，尽管美国金融机构已度过生存危机，但其发展势头却明显趋缓。更重要的是，从宏观层面看，美国金融体系出现了两种长期不稳定现象：一是货币流动滞涩现象。根据彭博数据，截至 2012 年 3 季度，美国 M1 货币转手速度已从危机爆发前的 10 左右降至 7 以下；M2 货币转手速度则从危机爆发前的 2 以上降至 1.5 左右。二是经济金融地位不对称变化迹象。根据 IMF 预估，2012 年美国 GDP 的全球占比将从危机前的 20% 以上降至 18.91%，2013 ~ 2016 年恐将继续降至 18.09%。而根据彭博数据，美国股市市值的全球占比从 2011 年开始触底回升，2013 年初已从危机前的不足 29% 升至 32 .65%。经济总量占比和股市市值占比的反向变化意味着，在楼市泡沫、衍生品泡沫被挤出后，美国新形成的金融泡沫可能正在积聚，这可能将对未来金融体系的长期稳定带来不利影响。故此，尽管美国经济当前呈现出阶段性领跑的态势，且出现了一系列有利于长期复苏的积极变化，但值得注意的是，长期复苏的挑战依然存在。奥巴马在第二任期的就职演说中说：“我们面临的挑战也许是新的，我们应对挑战的措施也许是新的”。其实，长期的风险正是他所说的新挑战，亚太战略、TPP 等正是他所说的应对挑战的新措施之一。

过去十 年间，亚洲区域经济合作的基本框架是“10 +1”机制，即以东盟为核心与区域内其他大国（中国、日本、韩国、印度等）签署双边自贸区协定。与此同时，“10+3”、“10+6”、中日韩自贸区方案也都在推动过程中。所有这些方案都有两个共同的特征：一是中日的立场决定了前进的方向；二是美国被排除在外。正是因为如此，美国重返亚太、压制日本鸠山内阁“东亚共同体”构想，利用钓鱼岛问题，制造中日关系的波折，致使目前这两个特征都在发生重大变化，使亚洲区域经济合作处在十字路口，并面临方向性的选择。在现行的谈判框架内，中国短期内不会选择加入 TPP，但这并不会阻碍 TPP 谈判的进展。2012 年 11 月泰国已表明要参加 TPP 谈判，这样东盟将有一半的成员选择加入 TPP。过去日本受国内政局的影响，参加 TPP 谈判的决定一波三折，现在日本政治右翼化趋势加强，中日关系停滞的可能性加大，日本选择加入 TPP 已成定局。对奥巴马政府来说，重返亚太战略重心是 TPP，最重要的地区经济政策工具仍是 TPP。TPP 将至少能为美国带来以下几个方面的重要利益：一是促进美国对本地区的出口，创造更多就业，从而推动美国的长期经济复苏。二是重新制定游戏规则。在 TPP 协定的谈判过程中，美国将知识产权保护、劳工标准、环境标准纳入其中，并以这种方式提高美国企业的竞争优势，更好地保护美国的知识产权。三是以亚太合作来牵制东亚合作，辅之以军事、外交手段，扼制中国经济快速发展。四是 TPP 还将加深美国与亚太一些国家的联系，有助于巩固美国在本地区的政治与安全影响力，从而建立一个跨太平洋的伙伴关系和地区机制的网络，实现奥巴马政府亚太战略的重要目标。

中国和平崛起的进程正在加速，中国与外部世界的关系也在发生重大变化。2012 年中国周边发生事件之多，环境变化之大是多年来罕见的，尤其是钓鱼岛争端超出了许多人的意料。钓鱼岛的争端不仅危及中日外交，而且也严重波及中日经济关系。然而正是在这种背景下，中日韩自贸区谈判却出人意料地启动了，这充分说明各方寻求合作的意愿并未消失。目前亚洲区域经济合作形成了“三驾马车”，即 TPP、中日韩自贸区和 RCEP 并行的格局。RCEP 的目标是建成涵盖东盟 10 国，中国、韩国、日本、印度、澳大利亚、新西兰等 16 国的地区自由贸易区，且未来将不局限于这些国家。然而，未来区域合作的方向则存在高度的不确定性：一是中日关系不仅会成为中日韩自贸区面临的最大障碍，而且会进一步影响 RCEP 的谈判进程。二是一个不包括美国的 RCEP 与一个不包括中国的 TPP 并存，有可能成为现实，其间会不会出现竞争并影响亚洲区域合作的未来，现在难有定论。目前的这些变化，标志着中国的周边环境正在进入一个特殊的时期，这也是中国和平崛起必须经历的一个阶段。这个阶段内，周边各国关系重组与格局不确定性将是基本特征。

美国的“重返亚太”战略取得了初步的成效。面对复杂形势，中国淡定从容，沉着应对，专注本国经济结构转型，推动全面改革，不断提升国家综合实力。与此同时，加强与周边国家的沟通与联系，增进互信，坦承和平崛起，消除猜忌与担心，展现一个既有实力又负责任的大国风范，亦取得了不小的成效。对于奥巴马的第二任期而言，分裂的国内政治结构，经济长期复苏缓慢乏力，社会不公等问题，仍将是主要挑战。未来四年，奥巴马政府奉行“巧实力”外交不会有太大调整，“重返亚太”仍将是其战略倚重。然而，受国内和国际两方面因素的影响和牵制，该战略的实施力度与攻击性都将会不得不有所收敛。

美国的全球战略从来都是围绕经济中心制定的，其核心利益是控制能源。美国“能源独立”和“重返亚太”战略导致的全球能源格局和战略布局调整，也将使中国能源发展和安全面临更为严峻的挑战，中国必须打破能源封锁链，实施能源突围战略。

美国“重返亚太”对中国能源战略的影响*

当前，全球区域之间、发达国家与发展中国家之间进入新一轮调整和竞争。与其他地区比较，亚太地区的经济堪称出类拔萃，其战略地位也变得越来越重要。正在形成中的美国主导的亚太经济新战略，以建设一个横跨亚洲和美洲的“亚太自由贸易区”为基础，最终将推出美国“领导世界”的全球战略目标。美国在亚太地区大力推进跨太平洋战略经济伙伴关系的建设，TPP不仅在区域内要全面实现零关税，使区域内成员成为统一大市场，还会涉及各成员国的内政，如成员国的监管、竞争政策、经济立法、劳工标准、基础建设、市场透明、反贪、金融业改革和产品一体化等，从而建立起高标准的区域贸易和经济合作模式。这是美

* 本文写作于2013年3月23日

国“重返亚太”战略的重心。对此，本人前文《美国“重返亚太”的战略重心》中已有详细论述。

而事实上，美国全球战略的重点一直在不断调整，二战后先是针对前苏联，后来转移到中东，现在的战略重心是亚太，而且很明显是针对中国。美国的全球战略从来都是围绕经济中心制定的，其核心利益是控制能源。控制能源就要控制能源通道，由此形成第一岛链、第二岛链，这两个岛链实际上就是国际能源通道。据此分析美国的“重返亚太”战略，其中，中美两国能源对外需求的变化也是其战略调整的动因和内容。

根据美国能源信息署（EIA）的数据，2012 年 12 月，美国石油净进口量跌至 598 万桶 / 天，为 1992 年 2 月以来的最低点。另据中国海关的数据，当月中国的石油净进口量为 612 万桶 / 天，中国超过美国，成为第一大石油净进口国。但这只是单月的数据，如果按照 2012 年全年计算，美国石油（含原油和成品油）净进口量为 741.2 万桶 / 天（约合 3.71 亿吨 / 年），而根据中国经济技术研究院的数据，2012 年中国石油净进口量为 2.84 亿吨。单月数据的偶然性，事实上已传达出长远中国超越美国成为世界第一大石油进口国的必然性。如果按照中国石油净进口量每年递增 1500 万吨计算，并考虑到美国未来石油净进口量进一步下降，那么中国可能在未来 5 ~ 6 年超越美国，成为世界第一大石油进口国。根据 EIA 发布的数据，2012 年 11 ~ 12 月，美国本土原油平均产量超过 700 万桶（约合 3.5 亿吨 / 年），为 20 年来的最高值。EIA 指出，其中大部分增量来自北达科他州和德克萨斯州的页岩和致密地层。美国本土原油产量和净进口量一增一减，必将促使美国石油对外依存度进一步下降。而且，美国这些年来已将其十大原油进口国逐步确定调整为加拿大、沙特、墨西哥、委内瑞拉、伊拉克、尼日利亚、哥伦比亚、科威特、安哥拉和巴西。其中，加拿大以 1.2 亿吨“傲视群雄”，沙特以 6780 万吨名列第二。墨西哥、委内瑞拉等南美诸国合计 1.2 万亿吨，约占 30%，加上尼日利亚、安哥拉和厄瓜多尔等国，美国从大西洋两岸进口的原油就超过2.9亿吨，约占进口量的70%。而美国从沙特、伊拉克和科威特等中东产油国进口的原油量为1.07亿吨，占总进口量的25%，美国原油进口向本土及周边收缩的趋势日趋明显。正是美国对中东石油进口的依存度大幅下降，使其全球战略重点从中东转向亚太成为可能。

根据国内研究机构的预测，2015年中国石油消费量将达到5.85亿吨，2020年将达到7.38亿吨。如果按照国内产量2亿吨并稳产到2020年计算，那么2015年和2020年中国石油仅进口量将达到3.85亿吨和5.38亿吨，石油对外依存度将达到66%和73%。可见，未来中国石油供应安全的形势日趋严峻。显然，在这一形势下，美国“重返亚太”必将对中国的经济发展战略和能源战略产生重要影响。进入21世纪以来，亚太地区新兴经济体日益崛起，特别是中国的快速崛起，冲击着以美国为首的全球力量架构。中国在亚太地区影响力日益扩大，展示出由地区大国向世界大国迈进的强劲势头。虽然美国重视中美关系，但其对中国关系的定位大致限定在“非敌非友”的框架内。美国认为，如果要维持其全球领导地位，须重新夺回它在这个关键地区的影响力；在全球经济增长乏力的境况下，与陷入债务危机的欧洲相比较，亚太地区成为引领全球经济提速的引擎。对于美国来说，亚洲显然就是一个充满机会的地区，而且美国对外投资和贸易额的一半以上都在亚太地区。东亚地区的经济合作日益出现了一体化趋势。由于东亚合作带将出现类似欧元区的前兆，这让美国产生了可能会被亚太地区边缘化的忧虑。近十年来，中国成为世界经济复苏与增长的重要引领者，周边国家对中国都存有分享“红利”的期待，都有搭利益顺风车的诉求。中国与东盟国家在经贸方面相互依赖程度日益提高，亚太地区“区域全面经济伙伴关系”（RCEP）谈判的启动，将进一步密切中国与亚太国家之间的联系。这让美国非常担心亚太国家经济依赖与安全依赖出现两面性，对美表现出“离心化”倾向。于是，美国在地缘政治和军事战略上遏制中国，在地缘经济上谋取经贸发展的好处和防止其盟友“离心”倾向，成其为“重返亚太”的理由，同时也找到了“重返亚太”的时机。中国要保持持续快速发展，尽快从区域大国成长为世界大国，能源问题就必须得到彻底解决。美国欲扼制中国发展，确保其世界霸主地位，在能源问题上，必然会与中国竞争，有机会就出难题，发生争端就制造麻烦。这些状态将极有可能成为随时发生且无法回避的事实。

美国在 2012 年 11 月日均生产 1165.4 万桶包括石油、汽油和液体生物燃料在内的液体燃料。沙特阿拉伯在同期的产量是每天 1125.2 万桶液体燃料，这几乎全部来自原油。页岩技术的不断成熟，已帮助美国超越沙特阿拉伯，成为全球最大液体燃料生产国。与美国相比，中国的液体燃料自给率太低，因而能源供应安全形势日趋紧张。然而，中国拥有非常丰富的可燃冰、页岩气等新型能源资源，是世界上仅次于俄罗斯和加拿大的第三大冻土大国，冻土面积达 215 万平方公里，具备良好的天然气水合物即可燃冰赋存条件和资源前景。页岩气可采资源潜力为 25.08 万亿立方米（不含青藏区），与中国陆域常规天然气相当，与 24 万亿立方米的美国页岩气潜力水平相当。能源独立的关键瓶颈是技术，只有技术攻破了，才会爆发出产业聚变的能量。因此，中国能源战略的长远目标一定是能源独立，所以中国必须在技术和创新上夯实基础，积极研究和跟踪重大能源技术的变化趋势，加大页岩气等非常规能源勘探、开发的科技投入，特别是提升关键技术的自主创新能力。只有这样，才可能为新一轮能源革命提供战略技术储备，实现中国能源战略的长期目标。

中国的原油进口的分布及结构与美国相比也并不理想。2012 年中国十大原油进口国分别为沙特、安哥拉、俄罗斯、伊朗、阿曼、伊拉克、委内瑞拉、哈萨克斯坦、科威特和阿联酋。其中沙特以 5392 万吨居第一，中东诸国合计 1.3 亿吨，几乎占了中国原油进口的一半。中国原油进口与美国相反，高度依赖中东，与其他同样高度依赖中东原油的进口国存在较大竞争性，且中东原油出口易受地缘政治影响。除中东外，其他原油进口来源分散，运输距离过远，如安哥拉、委内瑞拉都在地球另一半，上万公里的运距大大推高了原油的成本。除了安哥拉属低硫外，其他基本属于高含硫石油，原油品质也不高。尽管如此，纵观中国石油进口的形势，近期还必须明确中东这一主渠道，必须树立大能源观，进一步加强与东亚地区能源进口国合作，争取共同开发周边国家如中亚、俄罗斯的石油天然气资源，共同开发中东地区油气资源，共同开发输油输气通道和战略管线，增加多元化能源供给，在“中东向东”的大格局下，打通中亚和中东的陆上通道，增强全球能源供给能力。

随着中国经济的快速增长，能源供应不足必将成为制约国民经济发展的瓶颈，能源供给的安全与否直接影响国家经济安全。而美国“能源独立”和“重返亚太”战略导致的全球能源格局和战略布局调整，也将使中国能源发展和安全面临更为严峻的挑战，中国必须打破能源封锁链，实施能源突围战略。

由于世界三大央行——美联储、欧洲央行、日本银行，执行“无限制”量化宽松的货币政策，大规模流动性注入已不会实现对它们各自实体经济的拉动，也不会有利于资金负债表的修复和结构性改革。在它们所到之处，下一次危机必然会接踵而至。“无限制”的量化宽松已不能制止危机，而是制造危机了。

量化宽松何时休 *

在世界经济因为全球金融危机而触底之后的四年里，量化宽松几乎成了各国对抗危机的标准操作程序，大行其道。

尽管大规模的流动性注入，对于解冻信贷市场和制止危机的恶化是有效的，比如美联储在 2009 ~ 2010 年度推出的第一轮量化宽松 (QE1)。然而，此后的量化宽松努力却连哪怕是正常的周期复苏都没有带来，可见其功效是靠不住的，量化宽松的影响始终是极不均衡的。可是，量化宽松的热度还是日益增加，最终在 2012 年达到了高峰。与前两年的量化宽松相比，2012 年的量化宽松最大的特点就是逐渐进入“无限量”时代。美联储和欧洲央行的购债计划几乎进入了“无限”购债周期，日本央行

* 本文写作于 2013 年 1 月 8 日

也是不断加码，各大央行不管是否正式启动，“无限购债”的意愿都是满满的，从而使得世界主要央行的资产负债像滚雪球一般不断扩大。

2012 年 9 月，美联储先推出 QE3，主要内容是每月购买 400 亿美元机构抵押贷款支持债券（MBS），加上之前扭转操作的每月购债金额达到 850 亿美元。与前两轮 QE 以及扭转操作不同，QE3 并没有明确的到期日，美联储只是进一步表示了对于就业市场的担心，不过 QE3 所要实现的就业率目标却没有明确表示。据市场预测，QE3 要持续至 2013 年底，以使美国失业率降至 7% 以下，若果真如此，那美联储购买的国债总额将达到 6000 亿美元。2012 年 12 月 13 日美联储再推出 QE4，并且明确在年底扭转操作到期后，将以每月 450 亿美元的进度购买长期国债，同时维持 QE3 时代每月 400 亿 MBS 购债项目。伯南克称，将密切关注未来几个月的经济和金融数据，如果就业市场前景没能显著改善，将继续执行购买国债和抵押贷款支持证券的操作，并合理利用其他政策工具。但是这个“明显改善”指的是怎样的幅度？伯南克并没有明示。正因为这些无限敞口，QE4 也被市场戏称为“永远的 QE”。美国数年来的年度赤字都超过了 1 万亿美元，国债也已突破了 16 万亿美元。美国一系列的专门小组和委员会都建议通过增税与削减开支相结合的方法偿还债务，奥巴马和众议院议长共和党人约翰·博纳也曾就减债努力做成“大交易”，然而这一努力在相互的指责声中已经破产。美国联邦存款保险公司（FDIC）理事会前主席希拉·贝尔和耶鲁大学管理学院的资深经济学家斯蒂芬·罗奇在兰德公司和汤姆森路透社集团共同发起的讨论全球风险的大会上发言指出：“美联储试图通过著名的量化宽松政策来刺激经济增长，而这无异于正制造另一场金融泡沫。”“美国即将遭遇金融危机，其规模人们在六年前房地产市场崩溃时曾领教过，但是这次是因为投资者在其他资产类别中寻求更高和风险更大的回报造成的。”美联储低利率和量化宽松的政策是在延缓“一枚已启动的滴答作响的定时炸弹”的爆炸，美国即将再度遭遇重创。

欧洲央行行长德拉吉与美联储主席伯南克相比毫不逊色。两轮长期再融资操作（LTRO）加上直接货币交易（OMT），使德位吉成就了欧债危机的“拯救者”。自2011年11月任职以来，不断颠覆游戏规则，采取了多项充满争议的货币政策工具，为欧洲央行开辟了一块前所未有的新战场。2012年2月29日，欧洲央行推出了第二轮3年期LT RO，共向800家银行注入5295亿欧元资金，超出2011年12月21日第一轮LTRO时的4890亿欧元。2012年9月7日宣布实行无限制冲销计划，即直接货币交易（OMT），在成员国提出购债申请并符合条件后，欧洲央行将在二级市场上购买该国债券。据欧洲央行定义“无限”的含义主要有三个方面：一是OMT操作的持续时间完全由央行理事会决定；二是不会对债券收益率设置上限；三是对于购债规模不设上限。尽管西班牙迟迟未向欧洲央行提出购债申请，但随着德国、意大利政局因大选出现新变化及欧元区整体经济不景气，市场预期西班牙甚至意大利都有可能向欧洲央行提出购债申请，届时，OMT将被正式激活。尽管规模空前的两轮LT RO向欧元区银行业注入超过1万亿欧元的流动性，避免了一场严重的融资危机，但银行业高度参与LTRO也提醒人们，欧洲银行业的健康状况堪忧，并由于可能助推通胀而引发一定争议。然而，更引来无数非议的还是OMT，这一极具颠覆性的计划将允许欧洲央行在欧元区二级国债市场无限量购买期限为1～3年的短期国债，并完全冲销。只要其成员国申请援助并服从严格监督及救助条件，欧洲央行就启动OMT，从而降低其贷款成本。德国央行行长魏德曼对OMT持反对意见，甚至认为OMT超出了欧洲央行的使命范围。

与美联储和欧洲央行相比，日本央行QE基本上是一种亦步亦趋、步步紧跟的状态。2012年2月14日，日本央行的议息会议决定，推出总规模高达65万亿日元资产购买计划，之后频频加码。在2012年最后一次议息会议上，日央行的资产购买计划已经扩大到 101 万亿日元，增幅达 50% 以上，尤其是 2012 年 10 月份以来，每次议息会议都包含有扩大资产购买计划的内容。值得注意的是此种现象在安倍上台后更加明显，日本央行承受的宽松压力更大。安倍的竞选口号之一就是进一步宽松货币政策，压低日元之汇率，促进出口，以实现 3% 的名义增长率。竞选期间就曾约谈日本央行行长白川方明，要求日本央行“无限制”地放宽货币政策，并且调整日本央行货币政策的盯住标的从 1% 的通胀水平提高到 2%。在这种背景下，一旦确定 2% 的通胀目标作为央行货币宽松政策的盯住标的，日本央行持续宽松将“绵绵无绝期”。但是，由于日本央行货币宽松政策的效果不理想，日元贬值空间有限，再加上钓鱼岛事件，加大了日本各地区的投资和出口压力。即便是宽松的货币政策，恐怕也难解日本衰退的难题。安倍晋三促进日本经济增长的政策效果前景莫测，何况利益相关国家对此不会袖手旁观。华盛顿方面已经对安倍的政策开始感到担忧。奥巴马提出了将美国的出口五年内翻一番的目标。日元和人民币的贬值将会削弱美国的竞争力，对美国的目标不利。美国产业界对日元贬值已表示强烈不满。安倍曾表示：“强化日美同盟是外交重建的第一步。”然而，对经济前景感到担忧的美国却有可能在经济方面向日本提出各种各样的要求，绝不会允许安倍“无限宽松”，任由日元贬值的。引导日元贬值和加强日美同盟之间似乎很难鱼和熊掌兼得。2008 年金融危机爆发后，中国一直在将超过 3 万亿美元的外汇储备的一部分，一点一点地转化成其他货币。特别是在欧元因希腊债务问题而陷入危机之际，增持了相当一部分日本国债等日元资产。若任由日元贬值，无疑会导致中国的日元资产缩水。日本要重建经济，就需要改善与中国的关系，争取巨大的需求，所以中国有机会也有能力于此发挥作用。目前摆在安倍面前的是一道经济和外交错综复杂的难题，不顾及他国的路是走不通的。

由于世界三大央行——美联储、欧洲央行、日本银行，执行“无限制”量化宽松的货币政策，大规模流动性注入已不会实现对它们各自实体经济的拉动，也不会有利于资金负债表的修复和结构性改革。这么做只会使大量多余的流动性泛滥于全球资产市场，在它们所到之处，下一次危机必然会接踵而至。“无限制”的量化宽松已不能制止危机，而是制造危机了。

英国央行行长此前曾发出警告：太多国家正在试图通过干预汇市来压低本国货币，以抵消全球经济放缓带来的冲击，接下来“货币战”的趋势可能还将激化。在美联储推出无限量 QE4 后，中国香港第一个作出回击。香港金管局接连三度抛售港元干预外汇，抑制本币升值。在此次干预后，香港银行体系结余将升至 2320 亿港元。自 2012 年 10 月 20 日以来，已经向市场注入了价值 107.56 亿美元的港币。无独有偶，瑞士银行与香港同期也宣布，准备无限量购买外汇，以抑制本币升值。继美联储、英国央行、日本央行和欧洲央行的相继宽松后，瑞士银行也加入了 QE 的大潮之中。各大央行的宽松又都会使对方承受更大宽松压力。如此大规模的“印钱”行动，对新兴经济体的货币造成了上行压力，对这些国家的出口也将造成伤害。

从之前美国推出量化宽松政策的经验来看，每次美国加速印钞，都会有些热钱扑向中国。尽管具体规模尚不能准确测算，但当前美国利率维持在 0 ~ 0.25%，如果加上通胀率基本处于负利率，而中国一年期利率是 3.25%，由此可见，中美利差确实存在。量化宽松的负面作用主要是加大了国际市场上的流动性，这些流动性会给中国带来“热钱”流入的压力，有加大通货膨胀的风险，特别是加大资产市场价格的风险。然而，观察这两年美国推出量化宽松的经验看，主要经济大国实施货币宽松政策之后，已不再发生恶性的通货膨胀。如此一来，包括 QE4 对中国的冲击或许不会有想象中的那么大。尽管如此，依然会使中国的货币政策陷入两难境地。总体判断，2013 年中国的货币政策维持审慎是基调，资金维稳是主调。

塞浦路斯危机对中国的警示之一在于，保护储户的利益，存款保险制度不可或缺；之二在于对全球离岸金融中心资本大进大出的金融风险，必须高度警惕。

塞浦路斯危机的警示*

塞浦路斯的危机已经告一段落，但塞浦路斯危机发出的警示却正在引发人们的深思。

2013 年 3 月 25 日，在几经周折之后，欧元区财长会议批准了欧盟——IMF 解决塞浦路斯银行系统危机问题的计划。3 月 26 日，塞浦路斯与欧盟、欧洲央行和 IMF 组成的“三驾马车”达成协议。根据这项规模 100 亿欧元的救助计划，塞浦路斯第二大银行大众银行（LaiKi) 将被关闭，该行 10 万欧元以下存款将转移至第一大银行塞浦路斯银行。该行 10 万欧元以上，未受保险担保的银行账户将被强制减记。虽然塞浦路斯名义上避免了存款税，但最终上述两家银行的大额储户仍要承担重大损失。

在计划和协议的商讨过程中，塞浦路斯与欧盟、欧洲央行和国际货币基金组织（IMF）的谈判达到了白热化的程度，塞浦路斯总统阿纳斯塔夏季斯甚至威胁要辞去总统一职。最终，会谈还是就一些关键性问题达

* 本文写作于 2013 年 4 月 8 日

成了一致。塞浦路斯第一大银行塞浦路斯银行将保留，而第二大银行塞浦路斯大众银行将被立即清算，并被折分为一家“好银行”和一家“坏银行”，“坏银行”将逐步关闭。大众银行低于10万欧元的存款将被转移至塞浦路斯银行，用于组建“好银行”，这一新银行将承担90亿欧元的欧洲央行紧急流动性援助（ELA）负债。新银行中未受保险担保的（高于10万欧元的）存款将被冻结，用于解决债务问题，目前这些资金的减记规模未定。其优先债券持有人也将承受损失，这是欧元区主权债务危机爆发以来的首次。3月16日，塞浦路斯政府曾与欧元区达成救助协议。依据协议，塞浦路斯需自行筹集58亿欧元资金，以换取100亿欧元的金融救助。塞浦路斯政府向银行储户征收一次性存款税，10万欧元以上存款税率为9.9%，10万欧元以下存款税率为5.6%，同时宣布塞浦路斯银行关闭一周，将于3月26日恢复营业。但该方案于3月19日遭议会否决。若此方案真正实施，将严重冲击泛欧存款保险机制。这一存款保险机制是欧洲在2008年后，为了重建信心，对存款金额低于10万欧元储户做出的保护承诺。此后，塞浦路斯政府向俄罗斯求助的努力也以失败告终。欧洲央行3月21日向塞浦路斯发出“最后通牒”，要求必须在3月25日前按照救助协议要求筹集资金，否则将切断对塞浦路斯的紧急流动性救助。一旦如此，塞浦路斯银行业将无法按计划在3月26日恢复营业，该国金融业也将迅速瘫痪，并有可能被迫退出欧元区。此次最终方案与原先协议主要区别在于，这次只有10万欧元以上存款承受损失，只有大众银行和塞浦路斯银行受影响，不需要再获得塞浦路斯议会批准。欧元集团称，这样的措施“符合欧盟规定，保护了所有未满10万欧元的存款”，并再次确认，将向塞浦路斯提供100亿欧元的金融救助。目前还在塞浦路斯的IMF工作小组和欧洲伙伴将敲定技术细节。基于最终协议，将于数周后就金融援助提出建议。塞浦路斯财政部长表示，在落实了能够从国际债权人获得救助之后，塞浦路斯已经避免了破产的可能性。

塞浦路斯危机对中国的警示之一在于，保护储户的利益，存款保险制度不可或缺。

存款保险制度是一个国家重要的金融基础，是金融安全网的重要组成部分。存款保险制度始于20世纪30年代的美国，美国著名经济学家弗里德曼对美国存款保险制度给予了高度评价：“对银行存款建立联邦存款保险制度是1933年以来美国货币领域最重要的一件大事。”利率市场化以后，如果没有存款保险制度，银行业经营和存款人将面临较大风险。目前，全球建立存款保险制度的国家和地区已超过了100个。从全球范围来看，一国的存款保险制度主要有四类。一是纯粹的“付款箱”型，仅负责对受保存款进行赔付。二是“强付款箱”型，除了负责对受保存款赔付外，还适度参与风险处置，包括向高风险银行提供流动性支持，为银行重组提供融资等。三是“损失最小化”型，存款保险机构积极参与处置决策，并可运用多种风险处置工具和机制，实现处置成本最小化。四是“风险最小化”型，存款保险机构具有广泛的风险控制职能，既有完善的风险处置职能，又有一定的审慎监管权。美国、日本等大型经济体存款保险制度主要采取“损失最小化”型和“风险最小化”型，新加坡、荷兰等中小型经济体或者长期未发生大规模金融风险的国家主要采取“付款箱”型和“强付款箱”型。

一直以来，中国并没有建立存款保险制度。在中国，银行存款由政府负责，是以国家信用、中央财政信用作为担保，由中央银行和地方政府承担个人债务清偿。20世纪90年代中期以来，全国有几百家中小金融机构退出市场或者难以为继，主要靠人民银行再贷款来保障存款人利益。长期以来，在经营不善的金融机构退出市场过程中，往往是由中央银行和地方政府承担个人债务的责任，这种隐性存款保险制度模式不仅给各级财政带来沉重负担，而且导致中央银行货币政策目标扭曲。目前制约民营金融机构发展的一个现实问题是缺乏公平的竞争环境，这与国家尚未建立存款保险制度密切相关。在没有存款保险制度的情况下，只能通过政府隐性担保来保障存款人利益，政府隐性担保往往更倾向于国有银行和大型银行，这就必然导致民营金融机构和中小金融机构在竞争中处于不利地位。中国一直缺乏金融机构的市场退出机制。在储户传统观念中，银行存款有政府负责，不存在损失的问题。可是现在利率市场化已经启动，这种状况还能继续下去吗？一般而言，一国推进利率市场化，普遍会出现金融机构大量倒闭的现象。以美国为例，美国实行利率市场化后，从 1980 年开始，众多的小银行开始倒闭，1987 年至 1991 年，平均每年有 200 家小银行倒闭。而这种倒闭必将危害到储户的利益，在这种情况下，存款保险制度就显得十分重要。在美国，正是从 1934 年 1 月 1 日开始就提供存款保险服务的联邦存款保险公司发挥了重要作用。各国往往在利率市场化改革之前或者改革进行的过程中建立存款保险制度，为利率市场化改革的顺利进行提供制度保障。而从目前的实际情况看，中国利率市场化改革的步伐似乎跑在了存款保险制度之前。2012 年，央行实质性重启利率市场化进程：金融机构存款利率浮动区间的上限调整为基准利率的 1.1 倍，贷款利率浮动区间的下限调整为基准利率的 0.7 倍。而截至 2013 年 2 月末，全国本外币存款余额已高达 96 万亿元。在此形势下，加快建立存款保险制度，为多层次金融安全网加设一道屏障非常必要。在这次国际金融危机中，特别是塞浦路斯危机中，存款保险制度在防范、控制和处置风险中的作用得到了进一步的验证和肯定，中国当吸取教训，加快建立存款保险制度，以防患于未然。

塞浦路斯危机对中国的警示之二在于，对全球离岸金融中心资本大进大出的金融风险必须高度警惕。

塞浦路斯危机表明，在本国面临严峻危机挑战的情况下，以避税天堂和隐私保护著称的离岸金融中心也会不惜以牺牲其长期建立的市场信誉为代价，避免国内金融体系的崩溃，并将维护本国小储户权益的优先级置于维护外国大储户权益之上。由于全球四大离岸金融中心中，冰岛和塞浦路斯均已爆发危机，而新加坡和瑞士银行规模均为 GDP 规模的七倍左右，其高杠杆状态下的资产管理和业务经营也容易受到危机冲击。因此，塞浦路斯危机从根本上动摇了市场对离岸金融中心的信心。短期内，在塞浦路斯资本管制松动之后，国际资本可能将大幅撤离塞浦路斯，转而流向其他离岸金融中心或金融体系相对稳定的经济体。长期内，全球离岸金融中心对国际资本的吸引力可能将不断削弱，在多元化投资背景下，国际资本流动将更加趋于频繁，波动性风险将显著加大。一些习惯于将大额资金存放于离岸金融中心的企业或个人若对此没有警惕，造成巨额损失的可能将会随时发生。

塞浦路斯危机的警示或许更多在于对欧盟、欧元区、欧洲一体化方面的风险揭示，对于中国远不如前述两条更直接更重要，故而本文不再赘述。塞浦路斯就像被撞开的一扇小门，在存款税、银行重组、资本管制和团结基金引发的震荡之中，这扇小门的破碎，对世界经济大厦的影响可能微不足道，但从这破碎的门洞中探究进去，全球经济运行中的诸多风险却一览无遗。

黄金 30 年一遇的暴跌，动摇了全球所有的金融市场。人们在心有余悸的同时，都在窥探此次暴跌的真正根源。然而，金价暴跌的内在逻辑却完全隐没在当前复杂多变的世界经济背后，扑朔迷离。市场分析众说纷纭，真相难辨。

金价暴跌的内在逻辑 *

国际黄金期货从 2013 年 4 月 12 日开始大跌，4 月 15 日、16 日再次暴跌，纽约商品交易所 6 月主力黄金合约 15 日跌 140.30 美元，跌幅高达 9.3%，是 1983 年以来的最大单日跌幅；收于每盎司 1361.10 美元，是主力合约 2011 年 2 月以来的最低收盘价。

黄金 30 年一遇的暴跌，动摇了全球所有的金融市场。人们在心有余悸的同时，都在窥探此次暴跌的真正根源。然而，金价暴跌的内在逻辑却完全隐没在当前复杂多变的世界经济背后，扑朔迷离。市场分析众说纷纭，真相难辨。

追溯本轮黄金牛市，货币超发一直是金价长期稳定上涨的重要保证。不仅是黄金，包括其他大宗商品真正的起涨点应该从 2001 年开始。当时，互联网科技泡沫破裂，格林斯潘开始长达八年的低利率及弱美元政策，

* 本文写作于 2013 年 4 月 23 日

以刺激经济，加上中印等新兴国家的经济发展，全球大宗商品稳步上涨，黄金由2001年的每盎司250美元上涨到2008年的900美元。黄金在此阶段与其他资产类商品无本质的区分，如与美元的负相关关系就极为典型。2008年金融危机爆发后，以伯南克为主导的美联储过度解读次贷危机对经济的影响，率先推出量化宽松货币政策，以拯救经济，欧洲、中国等国家亦史无前例地共同采取一致性宽松货币政策及积极的财政政策。数据显示，2007年至今，美国的M2增长了40%，欧元区增长了22%，中国增长了14 6%。全球货币供应量急剧上升，货币主导资产类商品名义价格成为2009年以后经济的一大特点，具有金融避险属性的黄金价格进入百年新高，凯恩斯主义主导的政府经济治理模式此时起到主导作用。进入2013年，全球范围内的货币超发状态并未改变。2013年以来，美国和日本相继推出新版的量化宽松政策。虽然从金价的实际运行状况来说，这些政策短期内并未对价格形成有效的支撑，不过，如果把时间放得更长一些，过量发行的货币，必将使得货币本身存在贬值趋势，而黄金则还是目前最好的规避货币贬值风险的工具。这是人们对现实的基本认知。

然而以这样的认知，却根本不能说明此次金价的暴跌。在黄金暴跌的这些天内，美元并没有明显的大幅升值，甚至早在几个交易日前，美元就呈现出阶段性回落的态势。宏观面上，全球经济增长也都弱于预期，一度恢复表现甚好的中国刚刚公布的季度经济数据也低于市场预期，美国的一系列经济数据无一例外地弱于预期，而深陷债务危机的欧洲更是承受着巨大的增长压力，朝鲜半岛的战争风云也给区域经济涂上了阴影。一切看上去都应该是推升黄金避险的需求，然而事实却是金价暴跌。

当从宏观的基本面上不好找到原因时，"阴谋论"的解释试图揭开真相，然而也是徒劳无益，因为事实上，美、欧发达经济体是黄金的最大持有者。有资料显示，至2012年元月，美国、德国、意大利和法国分别持有8133、3396、2452和2435吨黄金储备，黄金储备占其外汇储备比例分别高达 76.9%、74.2%、73.9% 和 73.7%。而中国和印度的黄金储备仅为 1054 和 558 吨，各自占外汇储备的比例仅为 1.8% 和 10%。金价暴跌给欧美造成的账面损失显然会更大，美国策划金价暴跌明显是不可能的。

至于说德拉吉对塞浦路斯施压，引发了黄金的抛售，此说就更不靠谱。塞浦路斯卖出区区 4 吨黄金还债，从体量上讲，根本就不具有使金价如此暴跌的能力。

那么黄金此次暴跌的真实内在逻辑到底是什么呢？分析不难发现，人们的认知被局限在以往历史之中，即 M2 广义货币规模在一定的条件下，市场有效，依然处于自由调节状态，美元与黄金负相关。例如，美元指数自 2001 年 122 点下跌至 2007 年的 75 点，黄金呈现较为稳定的涨势。而 2009 年以后的形势发生极大变化，M2 广义货币无限制滥发，已经突破了市场有效的前提条件，导致大类资产表现为同涨同跌，泡沫化程度极为明显，商品供求关系主导价格反而降为其次，黄金与美元负相关关系也产生偏差，比如 2009 年就出现过美元与黄金同涨同跌的现象。在这样的情势下，当美联储在前期会议中考虑退出宽松货币政策而产生了紧缩预期，美元似乎升值开始，大宗商品普跌，黄金泡沫化程度高居。而实际经济的最新迹象却表明，经济复苏的基础并不牢固，提前获知前期会议纪要的投行发现了这个可能致命的错误，于是索罗斯们进而唱空黄金，而后续的是各国经济羸弱被不断公布的数据证实，政策冒进错误被市场逐步感知，对高估值市场的唱空最终演化为集体做空，黄金价格暴跌的大戏便集中在数天之内集中上演，就成为现实而且情理通顺。然而，这只是由现象梳理得出的逻辑关系，而真正的本质还在于全球经济已经进入了一轮长周期的低通胀、低增长时代。而“低增长”的背景主要与新兴国家的经济减速有关。中国经济结构性调整已经启动，未来房地产投资将锐减，其他投资很难顶上。中国经济的减速，对全球经济弱复苏趋势能否持续是个大考验。目前欧债危机没完没了，欧元区经济在 2013

年很难正增长，日本稍好些，2013 年可望实现增长 1.6%；美国增长 3%，中国增长 8%，全球经济增长 3.3%。总之，全球经济低增长预期已经形成。低通胀、低增长预期不改变，黄金就不可能真正出现大牛市。2012 年美联储释放出 QE3 后，金价没有突破 1800 美元，那时已经发出了强烈的调整信号，可惜并没有引起人们的关注。相反，市场主力借助 QE3 包括后续到来的日本央行的超宽松，试图让更多的人接盘。结果，黄金本轮下跌的时点恰恰发生在日本央行宣布 14000 亿美元超宽松措施之后。

有意思的是，虽然黄金 ETF 和投资大佬在 2012 年第四季度就开始出售黄金，但是全球央行并未这样做。全球央行 2012 年第四季度购金量创 48 年来新高，并在 2013 年第一季度继续增持，尤其以新兴市场国家最为明显。根据国际货币基金组织（IMF）2013 年 3 月底报告，2013 年 2 月，俄罗斯连续第四个月增持黄金，土耳其连续第三个月增持黄金。另外，哈萨克斯坦、阿塞拜疆、白俄罗斯、吉尔吉斯坦、蒙古和乌克兰也纷纷在 2 月份买入黄金，作为官方储备。在过去十多年时间内，随着美元国际储备货币地位的下降，黄金在央行储备中的比重在不断增加。根据世界黄金协会数据，2012 年全球黄金需求量同比下降了 4%，至 4405 吨，但是全球央行黄金净购买量却达到了 535 吨，各国央行持有的黄金总量达到了 31694.8 吨，创历史新高。尽管这一轮金价暴跌，使各国央行成为最大受害者群体，导致全球黄金储备价值缩水 5600 亿美元，可是，世界黄金协会投资部董事总经理郭博思日前依然强调称，影响金价长期走势以及支撑价格的因素依旧没有改变，且全球央行购买黄金的条件和动机依然存在。这里所说的购买黄金的条件和动机是什么呢？正是黄金的储备功能。塞浦路斯抛售黄金筹资一旦成功，这种方式将完全可能被其他负债国效仿，黄金的储备功能则更为突显。

去货币化是一个漫长的过程，仅据目前形势就断定黄金会很快步入熊市还为时过早。黄金的名义价格在很长的一段时间还会维持在 1200

~1400美元高位区间，这是由于滥发货币与商品兑价使然，也就是通常所说的商品价值二次重估时代的特征。其次，尽管全球经济步入复苏时期，但不确定因素还有很多。如地缘政治与领土的争端，欧洲一体化进程的变数，市场需求弱化等因素，使得全球经济在相当长一段时间还会争端不断，摩擦不断，全球经济还会处于不确定状态中，甚至还有可能由于紧缩政策，导致社会混乱现象的出现。近期IMF调低世界经济增速0.2个百分点，已经说明经济预期回落的本质，事实上未来各国政府在去货币政策的制定过程中，还会更加谨慎。只要经济不是实质性复苏，政府没有完全退出市场管制，美元没有有效的结构性升值，人们对经济的信心就会依然不足，对风险与不确定性的担忧还会促使对黄金的需求不断增长。此次随着金价的下跌，全球突然掀起的一波黄金抢购潮，从中国到印度，从欧洲到美国，黄金价格的暴跌令投资者融入了黄金市场，就是一个最有力的证明。

然而，黄金作为实实在在的投资品，在黄金市场中，有人赚钱，也有很多人赔钱。因此，黄金市场一定会有逼空行情，也一定会有暴跌行情。而主力一旦获利弃守后，不经过相当长的调整期，一般投资者是很难脱套的。今后的黄金市场或许波动更频，从而使得机会和风险频现，普通投资者要格外警惕。

去货币化是一个漫长的过程，仅据目前形势就断定黄金会很快步入熊市，还为时过早。黄金的名义价格在很长的一段时间还会维持在1200~1400美元高位区间，这是由于滥发货币与商品兑价使然，也就是通常所说的商品价值二次重估时代的特征。其次，尽管全球经济步入复苏时期，但不确定因素还有很多。

安倍经济学的起点是日元贬值，其最直接的考量是通过促进出口，带动日本经济。其推出同时，让一些贸易国感到了货币战争潜在的威胁。

安倍经济学成效初现 *

近时，有一个新创的专有名词“安倍经济学”很热。这一专有名词是用日本首相安倍晋三的姓氏“安倍”和“经济学”组成的，用于代指日本为治疗经济长期通缩的一揽子经济政策。安倍经济学的主要内容包括激进的货币政策、灵活的财政政策和深化结构性改革三方面。由于自2012年11月起一直引发猜想和议论，而在经济学界热火。

一季度GDP数据是安倍晋三上任后的第一个完整季度数据，也被视为是日本经济复苏计划的第一份综合成绩单，让人们第一次有机会窥见安倍经济学的初步效果。据2013年5月16日日本官方公布的数据，日本第一季度国内生产总值（GDP）较前一季度增长了0.9%，超出市场普遍预期，年化增长率高达3.5%，为2012年一季度以来最好，也高于美国的2.5%和欧元区的–0.9%的经济增速。一季度经济增长主要受到消费者支出增长和出口攀升带动，意味着安倍经济学开始见效。

---

* 本文写作于2013年5月23日

安倍经济学的起点是日元贬值，其最直接的考量是通过促进出口，带动日本经济。据日本财政部数据，2013 年一季度日本出口总额为 1790 亿美元，进口总额为 2100 亿美元，同比分别下降 12% 和 6%，经常账户赤字增幅 4300 万美元。如果将上述数值折成日元，并将汇率变动因素考虑在内，那日本 2012 年出口额为 16.4 万亿日元，进口额为 18 万亿日元，而 2013 年 3 月分别为 17 万亿日元和 19 万亿日元，同比上涨分别为 3% 和 8.1%（采用的汇率：2012 年 3 月日元兑美元大致汇率 80；2013 年 3 月日元兑美元大致汇率 95）。短短半年，日元对美元贬值幅度约有 30%。毫无疑问，这带动了出口行业的复苏，使得出口相关板块大幅上涨，带动日本股市轻松跃上 15000 点大关。通过购债以及扩大基础货币供给，压低长期融资成本，扩大投资和消费，是安倍经济学紧接着的第二步。4 月 2 日的日本央行会议决定实行“质、量宽松”政策，宣布自 5 月份每月购债 7.5 万亿日元，两年内将基础货币翻番，同时日本零利率政策继续执行。受政策的影响，日本基础货币投放量以及市场流动性持续增长。日本央行数据显示，4 月份日本基础货币月度环比增加 82.3%，而流动性同比增长 1.5%，同时银行贷款持续稳步增加。日本央行公开数据显示，3 月份日本银行贷款同比增加 1.9%，2 月份同比增速为 1.8%，连续 18 个月正增长，其中区域性银行和二线银行月度增速为 2.5%，城市银行增速为 1.2%，上月增速 1.1%，显示增长稳健。区域性银行继续增加对当地公共机构的贷款，同时大型公司并购基金规模增加，定额存款和存单同比增长 3.4%。受益于日本央行大规模宽松政策的影响，日本家庭工资水平和就业率也在小幅提升，加之股票市场带来的财富效应，日本家庭消费和投资在一季度持续增长。

综合一季度各方面的指标，受益于安倍经济学的大剂量刺激，日本经济复苏迹象初现，随着政策挂上快挡，日本经济未来还将进一步走强。鉴于此，就断定安倍经济学是日本经济复苏的灵丹妙药，未免为时尚早。

在安倍经济学已踏出的两步中，反馈也不全是积极信号。值得注意的是，尽管银行贷款在增加，企业投资目前增加却有限。一般而言，订单需求是企业投资增加的先行指标，从新增订单的角度去看，日本整个一季度环比不及2012年四季度，可见日元贬值给日本带来的积极影响有限。据日本央行3月份经济调查报告，2013财年日本的资本支出仍然比较有限。其二是从价格增长水平去看，4月25日公布的数据是全国范围内的CPI为–0. 9%，比上月进一步下行，而东京地区的增速为–0.7%，在上月–1.0%的基础上上行，离日本政府设定的2%仍有很大距离。其三是日元贬值在提升日本出口产品竞争力的同时，也增加了日本进口价格的压力。日本是一个能源进口大国，进口品种最大的压力来源在于能源在日元快速下行过程中，进口价格的快速上涨，如果日元加速下行，这种压力对于日本将更加明显，日本政府将不得不采取干预措施，从而动摇日元贬值策略。最后一点是自日本央行宣布执行新一轮货币宽松政策以来，各主要期限日本国债收益率均大幅上涨，波动加大。过高的债券收益率将影响日本政府付息以及日本政府财政改革的努力。日本财务省5月10日发布的数据显示，截至3月末，日本国债规模已达991.6万亿日元，而根据国际货币基金组织（IMF）的预测，2013年日本政府债务在国内生产总值（GDP）中所占比率将达到245%。不断上涨的国债收益率，将显著提高日本政府的融资成本，从而对日本的财政安全造成负面影响。

安倍经济学的影响不仅只是在日本，它的推出同时让一些贸易国感到了货币战争潜在的威胁。在这种汇率竞争性贬值的预期下，安倍上台的半年内，其政策的外溢效应已有诸多体现，比如欧元等货币脱离经济基本面，快速升值。2013年以来，在包括二十国集团（G20）等大型国际会议上都有日本央行的官员出场，对安倍经济学作解释。虽然这些会议并未指明安倍经济学将引发竞争性贬值，但是，日元的大幅贬值已然让一些国家从开始关注走向了实际行动。5月以来，韩国、澳大利亚、越南、欧洲等央行纷纷降息，此举除了应对自身的经济发展以外，与日本等外围发达经济体的近乎无限规模的量化宽松政策（QE）不无关系。4月13日，美国财政部发布报告，公开警告“日本勿让日元竞争性贬值”。对此，路透社刨根道：“自2000年，日元贬值与美国PPI水平呈现出紧密关系。2000年日元开始下行，2001年底，美国PPI开始下行；2005年夏，日元对美元汇率再次下行，2006年底，美国PPI开始下行”。之所以如此，是因为日元贬值，以美元计价的出口产品价格下降，竞争力提升，一方面可以通过压低向美国出口产品价格，主动拉低美国的PPI，另一方面日本“物美价廉”的出口产品也会对美国出口产品形成压力。而长远来看，如果日元持续贬值，会对其他国家带来通缩的效应。迄今为止，日元对美元汇率已经贬值约30%，亚洲国家中除了韩国之外，并没有其他经济体针对日元贬值做出货币或财政政策调整。正因为现在日元贬值还未引发区域性货币竞相贬值趋势，对美国的利益影响不大，美国尚能容忍，目前也只是警告。若日元贬值超过了美国的容忍度，美国采取措施压制日元升值是可以预见的。

安倍经济学中关于深化结构性改革，促进私有部门的经济转型，包括去监管化和创新等增长强化政策至今尚未揭开面纱，难予置评。已走出的两步，本质上都是量化宽松一类招式。量化宽松应当说是日本的发明，在日本是有渊源的。1985年日本政府宣布“广场条约”后，日元大幅升值，令当时以出口为主导的日本经济大受打击，房市股市皆明显下跌。作为应对策略，日本央行在1996年开始推出了超低息的政策，当时还没有量化宽松这样的说法，但日本其实已经这样做了。在1998、1999年的时候，日本政府又推出了高额的政府公债这样非传统型的货币政策。日本央行在20世纪90年代中期偿试加大市场融资力度，令日元贬值，资金泛滥下迫使银行借出过剩的资金刺激经济，摆脱通缩。在过去20多年的时间里，根据日本的标准，日本的经济实际上并不理想。直到2001

年 3 月日本采取的这些措施，才被定义为“量化宽松”政策。日本用了 20 多年时间做了一个实证性试验，使人们看到非传统的货币金融政策达不到人们的预期，也没能像政策设计制定者所期望的那样发生作用。“量化宽松”在过去 20 多年使用不灵，今天再次启用就一定灵光？此话不好讲。要实现真正的经济增长，生产率的提高，光靠这些量化的货币政策是不够的，必须要考虑到技术水平、人力资本的投入等等。安倍经济学是否管用？只有其深化结构性改革的政策和措施推出并落实后，最终才能得出结论，这是不言而喻的。

日本之于中国是一家关系非常特殊和重要的邻居。这不仅是因为特殊的历史关系，重要的地缘政治关系，即在经济方面关系依然特殊和重要。因此，关注日本的经济发展，对于中国经济发展依然特别重要。

第二辑

中国经济战略调整

DI ER JI ZHONG GUO JING JI ZHAN LUE TIAO ZHENG

调整或许是痛苦的，但唯有调整才有出路，调整得越快，经济发展也将越快。积极推进结构调整，加快经济发展方式转变，不论是应对国际金融危机、跨越中等收入陷阱，还是保持经济长期发展，都是必须的。

中国经济增速放缓，不仅是大势所趋，更应是长远发展的自觉。其实，不必过于担心中国经济“硬着陆”，但防范中国经济“硬着陆”却十分必要。

增速放缓是大势所趋 不必担心经济“硬着陆”*

当前，世界经济又到了一个新的节点，关于未来走势的判断，呈现出异常复杂的局面。美国多个经济指标低于预期，经济复苏势头明显减弱，多个行业出现刹车迹象，高失业率，房地产止赎数量居高不下，债务高企的警报并未解除。尤其是2011年5月份，非农业部门失业率再次攀升至9%以上，使得各方面不断减弱对美国经济的信心。在刚刚结束的美联储议息会上，美联储主席伯南克也不得不承认，拖累美国经济的因素可能长期存在，美联储不得已下调了2011年美国经济增长预期。

在欧洲，经济前景亦不乐观。持续难以改善的失业问题，缓慢的预算赤字削减进程，经济增长前景低迷，显示出欧元区经济的疲弱。欧洲经济何时能走出这种低迷状态，目前也少有明显的信号。

2010年还在为高增长欢喜的新兴市场国家，现在却被高通胀搅得头

* 本文写作于2011年7月8日

痛不已。巴西 2011 年前 5 个月通胀率累计达 3.71%，并有望在年内上升到 7% 以上，大超政府预计的 4.5%。印度的总体通胀（WPI）同比增速飙升到 9.1%；而俄罗斯的 5 月份 CPI 同比上涨 9.6%，2011 年累计上涨 4.8%，俄央行则预计 2011 年全年通胀水平将保持在 7% 左右。与此同时，增长之忧隐现，巴西 5 月份制造业采购经理指数 PMI 为 50.8%，与 4 月份的 50.7% 基本持平，经济活跃势头在四五月份已较第一季度有显著下降；印度一季度 GDP 同比增速从上一季度的 8.2% 下降到 7.8%，低于预期；澳大利亚经济也较上季度收缩了 1.2%；而菲律宾经济增速为 4.9%，同样低于预期。

中国亦是如此。5 月份 CPI 同比涨幅达 5.5%，创下 34 个月以来新高，而从 2010 年 5 月份以来，中国的 CPI 同比涨幅始终维持在 3% 以上。中国 GDP 增速从 2010 年一季度达到 11.9% 的峰值后，逐渐开始平稳回落。2010 年二季度 GDP 同比增长 10.3%，三季度 9.6%，四季度 9.8%，而 2011 年一季度为 9.7%.。而此前 5 月份，中国的 PMI 环比回落 0.9% 至 52%，释放中国经济放缓的信号。

国际上，这样的现实图景是否就说明了欧美两大经济体真的将“二次探底”？答案恐怕不是如此，至少如此判断为时尚早。其实，许多经济指标表明，尽管总体上美国经济近期表现纠结，但并没有改变美国经济复苏的趋势。而欧债危机也有望在三季度进入相对的平缓期，德法首脑会晤，也已为希腊新一轮救援计划扫清了障碍。

短期来看，中国的经济确实存在一些不乐观的指标。5 月份的经济数据显示，通胀攀升至 34 个月的新高，而受外需减弱、“电荒”、去库存、宏观紧缩政策等因素的影响，5 月份无论是工业增长还是消费增速，都低于预期，经济呈现回落态势。尤其是一些先行指标，似乎更不乐观。宏观调控政策及短期库存调整，正在造成需求降温。此前媒体亦不断报道，部分中小企业的经营环境恶化程度，已经堪比 2008 年金融危机时期，甚至出现“倒闭潮”，这难免唤起人们对中国经济“硬着陆”的担忧。

其实，对于“硬着陆”的担心，既是缘于对现实的推断，更是对历史经验的思考。2008年上半年，我们曾经经历过类似的情形，当时美国次债危机已经导致全球经济增速放慢，但我们仍然沉醉于国内紧缩政策，结果下半年经济增长迅速放缓。可见，中国的紧缩政策缺乏预见性。在2010年通胀压力稳步上升之时，宏观政策部门基本没有采取什么宏观手段，2011年CPI一超过5%，却又手忙脚乱。考虑到政策的滞后性，如果一直紧缩CPI回落到3%左右，那么实际经济可能已经冷却过度。

目前，全球政策开始紧缩和经济效益放慢，将从两个渠道对中国的通胀局面发生影响，一是国际经济需求放慢，二是大宗商品价格疲软。尽管通胀的风险依然存在，但总体已呈可控状态，预计6月份通胀将出现可能达到6 ~ 6.2%左右的峰值高点，三季度始，通胀有可能回落。因此，不必过于担心中国经济“硬着陆”，但防范中国经济“硬着陆”却十分必要，因为中国经济到了放缓调整的关节点上。

经济的发展不是一门精密的科学，经济高增长的势头不可能始终得到保持。这一点，资本主义体制不能成为例外，任何体制都不能成为例外。历史上还没有出现过经济只增长而不调头向下的先例。在对第二次世界大战结束以来40个国家的发展历程进行深入研究之后，美国加利福尼亚大学经济历史学教授巴里·艾肯格林等三位经济学家发现，当一个国家的人均国内生产总值GDP超过16740美元后，经济增长就将放缓。

法国及其欧洲邻国早在20世纪70年代便遵循了这一法则。以法国为例，1973年是一个转折年：这一年，法国的人均GDP达到了16904美元。在此前的七年间，法国GDP的增长率达到了4.6%。此后七年间，增长率下跌到了2.2%，跌幅达到了2.4个百分点。美国的这一转折出现在1968年，跌幅为2.5个百分点。除了人均GDP达到16740美元这一门槛之外，三位经济学家还提出了另一个概念：当一个国家的GDP与最发达国家的国内生产总值（指的是美国）比值超过57%的时候，这个国家就将在“技术边界”徘徊。事实上，每个国家所走过的历程几乎是相同的：在重建期内，生产率的迅速提高带来了繁荣与发展，但这样的时期不可能持续存在。农民变成产业工人，国家依靠引进新技术，提高生产效率。然而，一旦这些方法用尽，就必须找到新的增长途径。

就目前情况看，中国虽然离这两条标准还有一定的距离，尤其是中国的GDP大约只相当于美国的19.7%（2007年）。如果中国继续保持目前10%的增长速度，那么中国人均GDP将在2014年达到16740美元的界限。巴里·艾肯格林预言：“中国经济增长的步伐将很快出现明显的放慢”。

这一段话可以有如下三条结论：一是任何体制的国家经济发展达到一定程度时都会放缓增速，二是中国目前经济发展尚未进入调头回落的阶段，三是只有新的发展途径才能带来新的增长。

中国今天遇到的问题和20世纪70年代西方经济的困境，机理上是相似的。多年持续的货币超量，累积了一个很大的经济泡沫，经济成本都上去了以后，创新型和价值型因素没有形成，经济高速增长是不可能持续的。只有成本下来了，竞争力才能恢复。

30年前，中国开启改革开放大幕，向外国资本和贸易打开大门时，还是一个资源尚未充分利用的经济。如今，劳动力、土地、资源和环境尚未充分利用的时代已经结束了，在未来十年，试图仍然维持过去的快速增长将是危险的。在很多领域，中国已是在向未来借资源来补贴今天的生产，比如，环境将需要花费甚至超过中国外汇储备总额的资金来进行保护。不保护，就是为了GDP而牺牲人民的健康。中国劳动力市场正在面临蓝领工人短缺，大学毕业生过剩的问题，而推动增长，无法解决这一问题，反而只会增加对蓝领工人的需求。只有脱离建设，转向服务的经济再平衡，才能解决大学毕业生的就业问题。未来增长将主要取决于生产力（全要素生产率），其次取决于资本深化。

中国年均全要素生产率大约为4%至5%，维持这一速度将是非常困难的。20世纪80年代初，前美联储主席保罗·沃尔克是通过大幅加息，把通胀和泡沫打下去后，制造了一个小型衰退，然后才有里根的结构性供给疗法的功效。现实和历史告诉我们，中国现在调整是合适的，放缓增长速度是必要的。

2011年是“十二五”开局之年，与往年规划相比，“十二五”规划有两点明显不同：一是“十二五”规划提出GDP增速预期目标为7%，往下调了；二是规划提出，居民收入增长不低于国内生产总值GDP增长预期目标，改善民生的目标明确具体了。

放缓速度，不等于不发展；放缓速度，是为了寻找新的发展途径；放缓速度，是为了可持续高质量的发展。经济放缓，仍然可以使中国在2020年到2022年间，成长为世界最大的经济体。如果体系设置合理，到了2020年，中国的增长率可能降低至5%，而如果质量较高，5%也是一个比较理想的增长率。如果其间不发生经济“硬着陆”和货币贬值，其时中国的名义GDP仍将是现在的三倍，达到18万亿美元，基本相当于美国的GDP总量。由此可见，“可持续”比速度更重要。

中国经济增速放缓，不仅是大势所趋，更应是长远发展的自觉。

总体看，目前的经济局面是主动采取紧缩政策调控造成的，局面可控、主动权在把握之中，只要政策不摇摆、不反复，中国经济实现“软着陆”的预期目标不成问题。

中国经济“软着陆”不成问题 *

国际金融危机的震荡余波未消，先是美债危机及信用评级被下调，接着是欧债危机接踵而至，并呈现恶化态势。世界经济如此之糟，远远超出人们的预期，IMF 总裁称：“全球经济已进入危险的新阶段”。与此同时，新兴市场资产暴跌，全球经济二次探底的风险明显加大，中国经济如何独善其身“软着陆”？颇费思量。

早些时候，宏观当局十分警惕单纯靠扩张财政，去支撑经济高速增长的不可持续性，产能过剩，重复建设及投资回报率低等问题，已采取了紧缩货币的政策。因为，当西方世界建立在全球化基础上的需求泡沫一旦被危机挤破、塌缩，极端的投资率就会逐步演变成通货膨胀，政府债务膨胀，银行坏账，实体经济部门的利润不断被政府挤压和含有泡沫的资本稀释，而致使经济内生动力枯竭，故不得不防。但问题还是一定程度地发生了。

* 本文写作于 2011 年 11 月 8 日

从实际投资增长看，剔除固定资产投资价格指数后，中国在1994 ~ 2002年与2003 ~ 2010年两个时间段，实际投资增速相差了一倍。1994 ~ 2002年间实际投资平均增速为11.9%，而2003 ~ 2010年间实际投资平均增速为23%。目前的实际投资增速已经回落至18%，如果坚定既有的方向，抑制资金流向政府经济活动，长期来看，实际投资增速应该平稳回落至1994 ~ 2002年的平均水平12%左右。如果投资价格指数也随之回落至2%（目前是6%），那意味着目前25%的名义投资增速有可能还要下滑10个百分点左右至15%。换言之，目前紧缩尚未到位，银根不能放松。2009年和2010年，中国新增人民币贷款规模分别为9.6万亿元和7.9万亿元，2007年和2008年，这一数字分别不过3.6万亿元和4.9万亿元，而2011年中央的贷款规模底线是7.5万亿元，相比之下，2011年的信贷并不算紧缩。央行数据显示，截至2011年9月末，人民币贷款余额46.28万亿元，同比增长18.5%，前三季度人民币贷款增加6.30万亿元，同比少增2.36万亿元。市场上之所以感到钱少，是因为9.6万亿元的银行信贷和10.7万亿元余额的政府债券，铺的摊子太大了。要想把这么大的摊子继续全额完成，每年都得以十几万亿的信贷投入来接续。不紧缩、不降温显然是不行的。

执行“紧缩政策”的效果究竟如何？能够实现“平稳降温”、平稳的“软着陆”吗？9.7%、9.5%和9.1%，中国经济在今年前三个季度，缓步走上了一条有别于以往超高速发展的轨道。目前，不少机构纷纷预测四季度GDP增速可能放缓到8%。中国经济的“三驾马车”正在加速换挡。国家统计局日前发布的数据显示，初步测算，前三季度GDP总量达到320692亿元，按可比价格计算，同比增长9.4%。其中，三季度GDP增速为9.1%，已是连续三个季度放缓。GDP增速放缓的主要原因在于外需和投资。海关总署发布的数据显示，9月份中国出口增速为17.1%，较8月份增速回落了7.4个百分点。此外，固定资产投资进一步放缓，前三季同比增长 24.9%，扣除价格因素，实际增长 16.9%，较前八个月回落 0.1 个百分点，连续四个月出现回落，同比上半年回落 0.7 个百分点。由此可计算得知，前三季度“三驾马车”对经济增长的拉动分别为 4.5%、5% 和 –0.1%。2011 年 9 月份，中国的 CPI 同比上涨了 6.1%，已经从 7 月份最高点 6.5% 的高位大幅滑落。受全球大宗商品价格下降的影响，9 月份 PPI 同比上涨 6.5%，低于市场预期及 7 月 7.3% 的水平，预计四季度物价有望回落。综合以上分析可知，2011 年以来中国经济增速持续放缓，除了外需减弱影响外，主要是宏观调控的结果，这对管理通胀预期，加快结构调整是有利的，也是非常必要的。在四季度，中国经济的增速即使降到 8%，实现“软着陆”的目标也是可以实现的，“硬着陆”的风险基本已被规避。

然而，企业生产经营的环境同时在不断恶化，对经济增长的不利因素在进一步发展，这是必须警惕，并需着力克服的。由于货币政策持续紧缩，人力成本上升，原材料价格上涨，人民币升值等多重因素，使得中小企业经营困难局面日趋严重，而且这种情况正在开始由沿海外向型经济省份，向全国更多的地区蔓延。中国物流与采购联合会发布的 10 月份中国制造业采购经理人指数 PMI 为 50.4%，环比回落 0.8 个百分点。仍处于 50% 之上的 PMI 预示，中国经济在适度放缓增长，但不会“硬着陆”。2011 年下半年以来，制造业 PMI 中的新订单指数回落较为明显，平均回落 2 个百分点左右，10 月份出现明显下降，下降 0.8 个百分点，回落 50.5%。其中新出口订单指数、积压订单指数、进口指数这三项放在一起，显现中国实体经济所面临的内外需增长风光不再。PMI 中的产成品库存指数，最近两月也出现连续上升，最近四个月来首次上升到 50% 以上。两指数走势变化均显示出国内需求增长势头不足。受此影响，10 月生产指数与新订单指数同步下降，下降 0.4 个百分点，回落到 52.3%，处在相对较低水平，反映在需求增长相对不足情况下，工业生产很难保持单边上扬。目前企业新建原材料库存成本还很高，接下来去库存的过程，利润受需求因素的影响，还会进一步下滑，对应企业股票同样会承受这样一段压力。但利润拐点应该出现在下一个补库存阶段，这个时间点在 2012 年中期。2012 年的第一季度，出现一个盈利的低谷是大概率事件。如何保持社会需求稳定增长，避免工业生产增速进一步回落，特别是警惕和避免经济增长由主动调控放缓，转变为被动大幅下滑，进而导致中国经济进入长期下降通道，是对今后宏观调控的巨大考验与挑战。

面对这一困难局面，市场上也存在着一种颇为流行的悲观说法：4 万亿元财政、10 万亿元信贷后，政策面弹尽粮绝；2012 年平台债、影子银行、房地产和基础设施泡沫、人民币升值趋势扭转等矛盾可能集中爆发；外部经济环境持续恶化，出口不振；中国因积极应对金融危机而导致危机。这种预期的主导，再加上外部市场环境震荡配合，无组织无纪律、一盘散沙状的内地股市溃不成军。其实，关于 2012 年，笔者以为相对应当是乐观的。国内外多数机构判断，中国 2012 年经济增长可能继续保持在 9% 左右的预期增长水平，通胀则可能下行至 4% 以下，这是一个相当合乎意愿的状况。政策层面当前不仅没有弹尽粮绝，恰恰相反，经过一年的量化紧缩，货币操作已形成可观的政策空间，具备相当强的弹性调整能力。财政持续大幅增收，可以继续实施更有针对性的积极财政政策。平台债的总体债务仍在可控范围，中央财政实力雄厚，外汇储备充足，可以在不破坏货币财政原则的前提下，通过转换，用于应对违约个案，覆盖可能出现的银行损失。总体看，目前的经济局面是主动采取紧缩政策调控造成的，局面可控、主动权在把握之中，只要政策不摇摆、不反复，中国经济实现“软着陆”的预期目标实现不成问题。

前不久举行的国务院常务会议，分析了当前的经济形势，并部署了近期经济工作。尽管这是一次常规的会议，但其中透露出的不少信息，值得财经界回味琢磨。尤其是在宏观调控方面，会议明确了，从宏观经济的整体健康运行出发，既要保持政策的连续性和稳定性，也要“适时适度进行预调微调”。从金融的角度看，保持货币信贷总量的合理增长以及优化融资结构，应当是方向。毕竟，过于强调控通胀，会牺牲经济增长速度，可能会产生失业率较高的问题，在物价拐点显现时，把握好货币政策的力度与节奏，相当重要。另一方面，中小企业当下的融资困难，不仅仅是因为银根的收紧，更在于金融体制改革的滞后。深化国有垄断金融体制的改革，促进金融对中小企业的哺育，解除金融领域不必要的管制，承认和推动民间充满生机与活力的金融成长，都应从中国经济发展的大局出发，予以推动并加速改革。这就意味着，从宏观经济的总体形势来看，未来一段时间里，货币政策应当基本保持稳定，同时相机抉择“预调微调”。而宏观政策可以发力的重点，是依靠财政政策调整，主要的是推动结构性减税的加速与力度。目前，面对纠结复杂的经济现实，货币政策缺少挖掘空间，但财税政策却可有作为，即通过结构性减税，涵养税源，减轻企业和居民税负，促进企业投资和居民消费。这不仅关乎税负的公平，也将大大增强微观经济活力，最终促进中国经济的健康发展与稳步增长。

人民币升值对中国经济的影响是多层面的。现实中，市场对汇率的判断都是基于对资金流向的判断和假设。现实市场中利差对汇率的影响，就是资金流向高利率货币，流出低利率货币，其自然结果是高利率货币升值。如果人民币在短期内被急速推高，就要警惕国际炒家的推波助澜。

人民币“升”势浩大 *

2011 年 8 月，人民币兑美元中间价在 23 个交易日中，11 次创下汇改以来新高，从 7 月最后一个交易日的 6.4442 一举升至 8 月 31 日的 6.3867，升值幅度为 0.86%。以 2005 年 7 月宣布汇改时的汇率 8.11 计算，人民币兑美元升值幅度达 27%。2011 年以来，人民币升值幅度已达约 3.7%。

人民币短期内的快速升高，首先和美国释放的重头消息有关。标普调降美国主权评级，一度导致美元走低，8 月中旬的美联储议息会议抛出“两年内维持超低利率”和“可能会推出 QE3”两大利空美元的消息，也使得货币政策选择通过人民币升值来抑制输入性通胀。中国已经公布的 7 月 CPI 数据为 6.5%，创 37 个月新高，而此前大部分机构观点还乐观预计

* 本文写作于 2011 年 9 月 8 日

CPI 将于 6 月见顶。在未来一段时间，抗通胀仍是中国经济发展的第一性问题。适度抬高人民币兑美元汇率，可以从控制外汇规模和进口资源产品两方面帮助缓解通胀。人民币升值后，央行用以对冲源源不断的外汇增量而投放的基础货币就会减少，这可以从流动性层面缓解通胀压力。此外，人民币升值了，进口资源产品的相对价格就会降低，这也可以缓解国内通胀。减少进口成本意义重大，因为中国进口种类繁多的消费品、设备和原材料。事实上，中国每年的进口总额达到大约 1.4 万亿美元，接近国内生产总值的 40%。由此可见，在存款准备金率已经加至较高水平，接下来只能加息的情况下，抵御通胀，人民币升值是不得不升的原因。

其次，国际市场看好人民币未来升值的潜力在于根本上看好中国经济发展的基本面，认为中国经济发展的基本面是推动人民币升值的本质原因。中国具有全球第一的 GDP 增速，中国的经济发展也比美国更有活力。与中国经济基本面形成对比的是美国经济的不景气。除了前面提及的美联储议息会议抛出的“两年内维持超低利率”和“可能会推出 QE3”两大信息对美元利空外，美国国债收益率下跌，美国经济复苏步履蹒跚，都是推高人民币兑美元中间价的重要原因。中国的增长势头和 2010 年以来紧缩的货币政策，都使得中国的债券收益率更高，这也使得中国资产对海外投资者更具吸引力，因此海外资产仍会通过官方或非官方的渠道持续进入中国，间接起到推高人民币的作用。

与加息政策相比，人民币升值也会更广泛和更有效地缓解需求压力。随着中国增长方式的转变，增加国内消费，尤其是家庭消费的计划，显得愈发重要，“十二五”规划关于民生的一个重要目标就是要让家庭收入和消费支出的增长速度要超过 GDP 的增长速度。家庭消费增长与现有的出口水平交汇，肯定会使现有的产能紧张，从而导致国产商品的价格快速增长。要为消费支出的增长腾出空间，就必须允许人民币升值并减少出口。

依然有不少专家坚持认为，人民币升值将会打击中国的出口。但是，现在也应当看到，中国的出口行业对于人民币升值已更加具有适应能力。人民币升值从市场角度倒逼出口企业转型，淘汰低端产品和企业，推升高端产品和企业，正在促使出口企业由低端向高端的“脱胎换骨”蜕变。人民币升值的节奏和幅度适当，是不会影响出口企业发展与成长的。海关总署8月10日公布的数据显示，7月份，中国贸易顺差达314.9亿美元，创下近30个月的新高，其中出口规模仍然刷新了历史纪录。这为人民币升值创造了条件，也进一步增加了人民币升值的压力。

如果说，以上这些都是人民币升值的内因的话，人民币的确也面临着外部压力而“被升值”。国际货币基金组织（IMF）一个多月前公布了对中国的2011年第四条款磋商报告。报告重申了该组织在人民币汇率问题上的立场，即“人民币汇率仍显著低于与中期基本面相一致水平”，还称以三种方法计算得出人民币汇率低估幅度，分别是3%、17%和23%，并再度督促人民币升值。这项评估主要依赖三个方面：一是外汇储备的增速；二是经常账户的盈余；三是人民币实际有效汇率。国际货币基金组织亚太部高级顾问奈杰尔·查克此前也表示，虽然人民币名义汇率在过去一年相对美元有所升值，但人民币实际有效汇率，即中国相对所有贸易伙伴的实际汇率水平，经通胀因素调整后实际上是贬值了。国际清算银行（BIS）公布的资料显示，截至2011年6月，人民币实际有效汇率指数为116.31，环比下降1.63%，2010年6月，该指数为119.03。同期人民币名义有效汇率指数为112.07，环比贬值1.51%。

大家都知道，汇率反映的是两种货币的相对价格，所以关于汇率的理论也是围绕着货币的种种相关因素展开的，如利率、货币的购买力、货币的供给、资产的相对价格等。但基本所有汇率理论最大的问题都是实用性缺乏，它们大多只适用于理论层面，对于现实中的汇率预测没有什么实际作用。中国在继续改善汇率形成机制方面已经取得进展，不同意根据未来经常账户的不确定预测，来评估币值低估程度。中国强调人民币汇率正在向均衡水平靠拢，并预期这一过程在中期内将持续下去。关于均衡汇率，有很多种方法可以用来测算。从国际收支基本平衡角度来看，即外币流入一个国家的规模和这个国家购买外币的需求基本平衡，这样汇率就基本稳定。如果进来的钱远远大于出去的钱，汇率就面临升值的压力。从中国不断增加的外汇储备可以看出，目前中国国际贸易的收支是不平衡的。在当前的汇率下，中国的出口企业仍相对具有优势，但通过出口获得美元并不是最终目的，最终目的是用美元再去国际市场上进行购买。所以，人民币的升值过程会是动态的，不断自我调节的，其目标发展方向应当是"国际收支的动态平衡"。据此可以判断，只要对外收支大幅盈余不改变，未来几年内人民币兑美元的升值势头也不会改变。

也有用购买力平价理论来判断的。用增长率即两个国家经济增长的差异来判断的，用两个国家生产率增长差异来判断的，还有用实际有效汇率和历史平均值的差异来判断，即现在比过去十年要高多少低多少。每一种方法都有它的道理，也有它的弊端，有些不太适用于中国目前的情况，比较而言，还是用国际收支平衡的方式比较好。这也是国际组织和多数政府判断一个国家汇率是否接近均衡的主要标准。中国也公开提出了，我们不追求贸易顺差，中长期要走向平衡等等，由此可见，平衡已经成为宏观政策的一个重要目标。

人民币升值对中国经济的影响是多层面的。首先是对贸易顺差的影响。有学者在近期的研究中假设人民币每年保持 3% 的升值幅度，加上其他结构性的变化，比如人口老化带来的劳动力下降、工资成本上升和养老金改革、医疗改革、资源价值体系改革等因素加在一起，中国的贸易顺差在五年之内可以降到零，这可以说是对经济的重大影响。从更深的层面来分析，削减顺差是中国和全球经济结构调整的重要标志。对于中国而言，减顺差一般伴随中国出口增速下降，这样有利于中国结构调整，使得中国经济更多地由消费来拉动；即便是国际经济出现大幅度的波动，中国也能减少因为过度依赖出口而出现国内经济大幅度波动的情况。

如果人民币升值幅度有限，则对中国整体经济的影响不大，依然在可控范围内。但是，中长期积累起来的效果还是会很大的。升值过不过头，关键是看对人民币有没有高估。一方面，人民币汇率会上升，但另一方面，如果劳动生产率上升，就有可能化解升值幅度。比如，从2005年至今，人民币升了20%～30%，但是中国的贸易顺差和外汇储备仍然很大。这从某种程度上来说，人民币升值不算偏大，否则应该是有大量的贸易逆差才成立，而现在却不是这种情况，所以升值是否影响经济和就业，还需要用实际的数据来说话。看升值影响大不大，具体要用实践检验，要看国家有关贸易顺差、外汇储备和国际收支等情况。

外汇市场不仅是所有资本市场中最大的市场，而且是最特殊的市场。市场有其与理论并不相同的逻辑。外汇市场极其复杂但又极为简单，它的唯一目标是逐利。市场永远是实用主义；资金总是流向盈利预期大的国家，而逃离可能会有损失的国家。所以现实中，市场对汇率的判断都是基于对资金流向的判断和假设。现实市场中利差对汇率的影响，就是资金流向高利率货币，流出低利率货币，其自然结果是高利率货币升值。如果人民币在短期内被急速推高，就要警惕国际炒家的推波助澜。

目前的中国经济极易受到外部的影响，汇率问题尤为重要。此后路子很长，尚须步步小心踏实。

人民币汇率保卫战 *

2011 年 12 月 16 日，人民币兑美元询价市场上，此前连续 12 个交易日触及交易区间下限的态势突然终结了。

中国外汇交易中心数据显示，央行公布的人民币兑美元中间价为 6.3352，较前一日的中间价 6.3421 上升了 69 个基点。而在人民币即期询价市场上，人民币兑美元为 6.3484，较前一日的即期询价 6.3735 大幅反弹 251 个基点，即期汇价盘中创 2005 年汇改以来的新高。为稳定汇市，打击国际资本的投机，央行抛出大量美元，和世界多国央行一样，打响了汇率保卫战。

正常情况下，弹性汇率，涨跌是应有之义。纵观中国汇改以来，人民币除了个别极少数时段以外，整体趋势就是升值。可这一时段连续 12 天，在即期交易中出现了人民币触及交易下限的情况。触及交易下限或是中国外汇交易管理制度形成的，因为这个区间过窄，上下仅千分之五的幅度。但深入了解以后，对问题的看法恐怕就不止如此简单。在即期

* 本文写作于 2011 年 12 月 23 日

汇率贬值压力出现之前，离岸汇率已经出现贬值。其实，在人民币兑美元即期汇价连续 12 个交易日触及跌停之前，早在 2011 年 9 月份，离岸市场汇率就出现了较为显著的贬值，说明本次贬值压力并非事发无因。离岸汇率与即期汇率之差在 10 月份显著扩大，最大时离岸汇率比即期汇率便宜 1.9%，这主要是因为人民币汇率预期发生了变化。无论是即期汇率的跌停，还是离岸汇率的贬值，都说明市场对人民币预期有较为显著的变化，从升值预期转向贬值预期。

人民币汇率预期变化，从市场因素看，一是与近来全球的避险情绪上升相关。在欧美债务危机反复冲击下，国际金融市场持续动荡，投资者投资偏好下降，资本大量撤出包括中国在内的新兴市场，流向美元等安全资产。而 2008 年 10 月、2010 年 5 月、2011 年 9 月等全球金融危机加剧的时间点上，中国资本流动和金融市场的走势已经证明，中国市场并非出现全球危机之时的避风港。作为与人民币的一个自然比较，日本无论是货物贸易还是经常账户都有顺差，这与中国的情况相似。但是，在过去亚洲金融危机、世界金融危机及近期欧债危机期间，全球避险意愿强烈，日元都出现了先小幅贬值，然后大幅升值的情况。造成人民币汇率与日元汇率在外围避险情绪高涨时，一个贬一个升的原因，主要在于非政府部门的资产跨国配置的差别。虽然两国都拥有大量的对外净资产，但两国的非政府部门的资产跨国配置则大不相同，日本是净资产，中国是净负债。目前，估计中国净负债 1.2 万亿美元。所以，一旦国际金融市场出现大幅波动，净流量上通常会表现为资本净流出，因此危机期间人民币有贬值压力。其次是与跨境套利行为反向相关。中国经济增长减速、地方政府债务平台、民间借贷、房地产调控等因素，导致市场做空人民币的力量集中渲泄。外资机构对中国的做空像是一场接力赛，先是从 2010 年开始悄悄抛售在中国的房产；至 2011 年 9 月，黑石将所持有的上海物业转卖时，引发人们对这种趋势的关注；其后，很快发现，友邦、中德安联等外资也频繁抛售在华房产。2011 年 11 月，美国银行和高盛大幅减持中国银行股，与此同时，境外资金也悄然撤离股市。11 月 16 日，A 股大跌、资金净流出约 239.1 亿元；半个月后，股市再度出现“自杀式”暴跌，A 股下跌 3% 以上，B 股更是重挫 7%。从基本面上看，国内并未公布重大利空数据，欧美股市隔夜表现也比较平稳，A 股暴跌的原因就是因为境外资本撤离所致。与外资做空中国楼市和股市相配合的是国际机构，今年国际机构无一例外地调低中国经济增长的前景预测。西方媒体唱衰中国，《华尔街日报》不断提醒投资者“当心中国软着陆失败”。与此同时，越来越多高端美资制造业正在从中国的实体经济中悄然撤退，热钱逃出迹象也很明显。中国 2011 年 10 月份外汇占款余额为 25.49 万亿元人民币，环比下降 248.92 亿元。中金公司报告称，10 月份热钱流出 1800 亿元。接着的动作就是做空人民币，于是有了本文开头的一幕。2011 年 9 月底以来，境内外人民币汇率出现倒挂。由此，境内企业套利行为由先前境内结汇、境外购汇，转为境内购汇、境外结汇，人民币跨境收付也由前期净流出转为净流入。最后，是与境内美元套利平仓相关。由于母国资金吃紧，欧美机构和企业纷纷变现境外资产，市场流动性趋紧，中国企业加速对外偿还债务。9 ~ 10 月份，境内企业贸易项下，跨境收支顺差小于海关进出口顺差累计为 204 亿美元，而前 8 个月为顺差大于逆差，累计达 458 亿美元。

当人民币连续六年不断升值的时候，中国的出口企业承受了较大的压力，人民币升值也承受了压力。美国国会参议院于 2011 年 10 月 3 日程序性投票，通过了《2011 年货币汇率监督改革议案》立项预案，对人民币汇率不断指手划脚。而事实上，全球不平衡问题原因众多，中美两国贸易不平衡的主要原因不在于人民币汇率。中美投资和贸易的结构不同，中美储蓄和消费率不同，各国在经济全球化形成的产业链分工不同，国际货币体系的不合理等，都可能是比汇率更重要的因素。更何况，中国经常项目顺差占 GDP 的比例稳步下降，2007 年该比例为 10.1%，2009 年、2010 年分别降至 5.2% 和 5.2%，2011 年上半年为 2.8%。2010 年重启汇率形成机制改革以来，人民币汇率灵活性显著增强，如果考虑国内通胀因素，人民币实际汇率已大幅度升值，并趋近均衡水平。中国贸易结构所带来的总量数据往往给人错误的信息。加工贸易本身是一种“生产顺差”的贸易形式。实际上，中国的一般贸易已经逆差很久了，2010 年累计逆差为 472.5 亿美元；2011 年前十个月的一般贸易逆差为 734 亿美元，同比扩大 1.1 倍。在这种情况下，通常人们会担心人民币升值过快，所以，普遍会认为这几天的交易状态没有什么，人民币如果不再升值也是正常的，从而忽略了国际投机资本做空中国数年来的设局。当一旦中国经济被做空而步入下行轨道，那时的觉悟也只能是一次惨痛的教训，而于当下的经济无补了。

做空中国的目的，是为了让资本从中国流出，既可以遏制中国的快速追赶，又可以帮助他们正在缓慢复苏的经济。比较一下当年的日本和眼下的中国，或许真能惊出一身冷汗。资本流出将从不同渠道影响货币政策。央行的汇率政策会防止人民币大幅的单向变动，尤其是贬值。汇率下跌预期具有自证性的反向泡沫效应，一旦预期形成，将导致资本流出。而这个结果又将助推汇率下跌，导致预期的自我实现，并带来进一步的人民币贬值和资本外逃。而资本外逃往往与非政府部门风险偏好降低、变卖资产相联系。所以，短期内，大规模的资本外逃，对实体经济冲击会很大。

一个不可忽视的事实是，美元依然维持着世界霸权的地位，美元体系给美国带来了巨大的益处。虽然美元在 2010 年贬值了 9%，而只要加息，美元的强劲地位很快会显现，最近美元指数已经突破 80。而美国只有维持强势美元，才能维持人们对美元的信仰，美元体系才能得以继续运行。新兴市场国家货币对美元普遍贬值，是去年全球金融市场的突出现象。欧债危机升级、日本经济疲软、新兴市场经济体不确定性上升的形势，驱使市场参与者逃向美元，令美元强劲升值。因此，未来几个月里，美元的避险效应仍将凸现。未来国际金融将反复动荡，跨境资本大进大出的异动风险会长期存在。中国必须加快健全投融资体系，提高储蓄转化投资的能力，减少对外资的依赖。要加快发展多层次的金融市场体系，不断提高市场深度和广度，增强抵御跨境资本流动冲击的能力。在世界经济经历深刻的结构调整，国际货币体系重建的过程中，实现藏汇于民，是中国应对外部冲击的重要武器。要进一步简化行政审批手续，在坚持市场导向的原则下，加大对外直接投资建厂和收购海外战略资源的政策支持力度。在国际金融动荡中，外汇市场形势瞬息万变。要建立健全跨境资本流动双向监测预警体系，摸清资本来源和去向，把握资本流动规律，预测跨境资本流动的发展变化。要根据不同情形，制定和完善应急预案，不断充实政策储备，防范异常资本流入和流出的冲击。

对中国老龄化的危言耸听，势必引导对就业形势判断产生错误，对中国经济发展判断产生错误。中国经济发展有其自身的规律，绝不是别人说要“撞墙”，就真的会“撞墙”。

老龄化无碍中国经济发展转型*

2011 年 8 月 16 日，中国发布了《2010 年度中国老龄事业发展统计公报》。公报显示，2010 年中国 60 岁以上老年人口已达 1.7765 亿，占总人口的比重是 13.26%，与 2000 年第五次全国人口普查相比，上升了 2.93 个百分点。于是，有关中国“人口红利消失”以及老龄化危机的认识思潮席卷而至。

人口问题其实始终是影响中国经济社会发展的重要因素。如果说 20 世纪下半叶中国的人口问题是人口增长过快，那么 21 世纪上半叶中国的主要人口问题会是老龄化过快吗？此前，美国的兰德公司预计，未来中国的老龄化将使中国劳动力短缺，劳动红利丧失，经济“撞墙”。国内也有不少人对此表示担忧，呼吁调整退休年龄和人口政策。

为了说明问题，有必要对老龄化理论和人口红利学说作一简单剖析。

本人曾于 2010 年 3 月 4 日撰文《“民工荒”预示着什么？》对此做过

---

* 本文写作于 2011 年 10 月 8 日

介绍。老龄化将导致劳动力短缺的理论和认识，是西方学者对西方社会老龄化的预计和分析。西方学者的分析从逻辑上看严密且很系统，已成体系且在很大范围内具有影响，但这种预计至今尚未得到西方经济发展的证明。比如，1970 年以来是日本老龄化发展最快的时期，1995 年日本劳动人口就已开始负增长，但同期日本国内失业人数由 20 世纪 70 年代以前的 70 万左右，到 2000 年达到了创纪录的 350 万，金融危机前仍有 270 万。即使高度老龄化的西欧，就业也一直是社会最难的问题之一，20 世纪 90 年代以来失业率长期达到 8% 以上，经常在 10% 左右。发达国家经济增长日益不依赖乃至排斥劳动力增长的趋势非常明显。目前日本老龄化水平已达 23%，德、意等国达到 20%，但并未看到日本、德国等国家经济“撞墙”。就西方整体而言，相对其他因素，老龄化问题迄今并未对各国经济产生明显影响。中国 2050 年老龄化的水平大致相当于今天日本、西欧老龄化水平。目前中国已成新的世界工厂，人均 GDP 接近 5000 美元，劳动成本上升在逼迫经济转型。劳动力供给短缺恐不足为虑，倒是上述日本等发达国家经济调整，失业增加趋势今后会在中国如何表现，值得关注。

经济学中所谓的“人口红利”，是指一个国家的劳动年龄人口占总人口比重较大，抚养率比较低，为经济发展创造了有利的人口条件。而当社会进入老龄化后，劳动年龄人口比例下降，则出现与之对应的“人口负利”。

日本是亚洲最早实现人口转变和经济腾飞的国家，“人口红利”也出现得最早，大约开始于 1930 ~ 1935 年，结束于 1990 ~ 1995 年，持续了 60 年左右的时间。其他亚洲国家和地区包括中国、韩国、新加坡、泰国、马来西亚、印度尼西业、菲律宾和越南等在内，差不多在晚于日本 30 年后出现“人口红利”，目前这些国家正处在“人口红利”期。“人口红利”必然带来经济增长吗?

观察上述处于“人口红利”期的国家，不难发现，这些国家在经济发展水平方面差异巨大。最富裕的国家为新加坡，人均 GDP 超过 3 万美元，而最穷的越南人均 GDP 在 2005 年仅有 600 多美元。相同的“人口红利”期所导致的经济增长的不同结果意味着，“人口红利”并不必然导致经济增长。而事实上，“人口红利”更像一个机会，只有抓住这一机会并加以很好的利用，才能使“机会”转变为“红利”。从这个意义上讲，“人口红利”只是经济增长面临的一个有利条件：在一定时期内，劳动力资源非常丰富。而这一“有利条件”或者说“优势”能否转变为实实在在的经济成果，关键还在于丰富的劳动力资源是否能得到充分利用，即充足的劳动力供给是否利用在了经济发展的实处。

由此可知，老龄化问题的核心是，由于老龄化，使得劳动力供给不足而影响经济发展；所谓“人口红利”丧失，问题的核心亦然是错失了劳动力供给丰富的机会，即劳动力供给不足，影响经济发展。持有“人口红利消失”以及老龄化危机认识思潮的这些人，只是从这样的概念出发，盲目类比，而完全背离了中国的现实。事实是 2000 年 ~ 2010 年，中国 60 岁以上老年人是从 1.7765 亿增长到了 2.1690 亿，占总人口比重从 13.26% 上升到 16.19%；GDP 从 89404 亿元增长到 397983 亿元，翻了两番；但城镇登记失业率却没有因为老龄化人口增长而降低，反倒从 2000 年的 3.10% 增长到了 2010 年的 4.10%，增长了 32.2%。更有学者统计分析，1957 年中国耕地达到峰值，农业劳动力仅 1.9 亿，至今耕地减少数亿亩，化肥、农药、机械已大量使用，但农业劳动力当前近 5 亿，其中一产劳动力 3 亿。假设以粮食为主的农业，1957 年以来生产率仅提高一倍，当前一产劳动力仅需 1 亿。加上城镇下岗者数千万，不难估计出当前中国剩余劳动力不少于 2 亿。由此可见，中国的劳动力供给问题，不是不足而是有剩余。近年的“民工荒”问题，以前也做过专题分析，主要是企业弃用 40 岁以上城乡劳动力的结果，非但不能说明劳动力短缺，反而恰恰证明劳动力有剩余。中国经济规模目前相当于美国、德国、日本之和的1/6，而劳动力为三国总和的3倍。假设中国经济转型使得高端产业达到今天日本的经济规模，按日本水平仅涉及6000万劳动力；再内生一个美国经济，涉及劳动力也只有1亿多，另外还会有7～8亿劳动力，怎么办？中国转型如何走出这种状态，是一个全新的问题，任何一个国家都不曾遇到过，对劳动就业的影响尤其需要观察分析、研究，寻找解决的途径。中国的老龄化与西方国家不同，会是老龄化和剩余劳动力问题并存，且是较长时期的基本特征。在西方，日本老龄化迄今与失业增加相伴随，说中国很快会出现劳动力供给短缺，真是杞人忧天。真正值得关注的问题恰恰相反，是在有大量剩余劳动力的条件下，经济转型必将使近30年农业劳动力快速转移的时代面临转折，中长期就业形势仍然严峻。所以，任何无视庞大人口在当前和今后对中国发展的不利影响的思想都是不可取的。

对中国老龄化的危言耸听，势必引导对就业形势判断产生错误，对中国经济发展判断产生错误。中国经济发展有其自身的规律，绝不是别人说要“撞墙”，就真的会“撞墙”。中国和西方发展的比较优势，不是一般的劳动力资源丰富造成的用工价格低廉。如果可以比较中印，那么中国劳动力价格比印度高很多。（当然，这也正是目前国内外一些人热炒印度将因人口红利超越中国的理由。其实，低收入时不明显的人口规模效应随着经济、城市化发展、人均消费水平提高，影响将成倍放大，日、韩即是如此。）中国真正的发展经验，或者说内涵性具有的比较优势，是客观上已经长期化了的城乡二元结构体制，产业集中的城市作为“资本池”而风险度集中，幅员辽阔的农村作为“劳动力池”来弱化城市资本内生的高风险，共同构成中国高速增长的基本条件，形成了中国独有的以内部化机制，化解外部性风险的特殊社会结构。这样说，并非要在道义上认同任何不公正、不合理的二元结构，而是要客观地判断中国发展真实的经验过程，探寻解决中国老龄化和剩余劳动力并存问题的出路与办法。2009 年，遭遇世界金融危机，中国 2500 万农民工失业，这在世界上任何国家都有社会解体的危险。2500 万人失业，大致相当于城市就业人口的 10%，这个失业率水平和遭遇危机的美国、欧洲差不多。中国之所以没有出现剧烈的社会动荡，主要在于国家的新农村建设战略。恰恰由于城乡二元结构体制下有一个很大的空间，得以用政府主导的投资方式，来转移产业过剩压力。2005 年政府决定大规模开展新农村建设投资，危机前四年期间大约投资了 2 万多亿元，平均每 1 万亿元能够拉动 1500 万人就业。2500 多万沿海打工的农民工失业回到内地，大多数在家门口得到了就业机会。此外，还有政府操作的补贴转换，过去出口退税补贴 13%，意味着国家财政补贴国外消费者。在危机条件下，国外企业不给中国下订单了，那政府将这个补贴转移到农村，把出口补贴转变为农民消费补贴，只要农民买了汽车、电器，都有 13% 的补贴率，这样农村消费就大量增加，把中国过去很高的对外依存度部分转移回内需为主上。这一经验非常值得汲取，非常值得解析。由此推而知之，丰富与发展新农村的建设战略，将一定会为中国的社会经济转型，提供更为广阔的空间。

辛辛苦苦经营一个工厂，还不如投资一两套住房赚钱来得快、来得容易。于是，过去很多非常勤恳做实业的企业家，慢慢开始把实业作为副业，把炒房地产做成了主业，这样带来的负面影响和美国的虚拟经济繁荣的后果是一样的。

实业兴国 构筑增长新基础 *

当前中国经济正处于双重转型过程，即宏观经济政策从危机应对向常规转变，经济发展方式从粗放和数量扩张为主向集约和更注重质量效益，更注重控制发展代价方向转变。

当前面临的主要问题是，在政府力量逐步撤出后，市场需求增长的基础尚不稳固。一方面，世界经济形势空前复杂，发达经济体经济有可能陷入长期低迷，中国外贸出口增长变数增大；另一方面，市场支持的投资增长也有较大不确定性。从微观层面看，企业转型升级活动面对很多困难，实体经济可持续增长的基础尚不坚实。预计中国经济增长率将继续回落，发生较大波动的可能性不能完全排除。应对这一复杂形势，不宜再次依靠总量政策扩张。至为关键的是要在经济增速回调过程中，着力发展实体经济，加快构筑增长的新基础。这对当前和中长期经济发

---

* 本文写作于 2012 年 1 月 8 日

展都是最为重要、最为紧迫的任务。

国家间的经济实力较量，在微观层面上，最终是企业实力的较量。实业强邦，中国确实走了太长的路子。1830 年的中国制造业产值曾占全球的 30%，但随后爆发的鸦片战争，却将该成就打入谷底，到 1900 年，中国制造业产值额度降至占全球约 6%。之后，中国用了 100 多年来实现追赶。

依据联合国的统计数据，按 2011 年年初的汇率计算，中国制造业产值为 2.05 万亿美元，而美国制造业为 1.78 万亿美元。依据美国研究机构 HIS 测算，2010 年世界制造业产出达到 10 万亿美元，其中，中国占世界制造业产出的 19.8%，略高于美国的 19.4%。而制造业世界第一的“宝座”，美国从 1895 年一直占据至 2009 年。

2011 年，中央经济工作会议提出：“牢牢把握发展实体经济这一坚实基础，努力营造鼓励脚踏实地、勤劳创业、实业致富的社会氛围”。目前中国已经是世界第一大制造国，为什么中央经济工作会议还要把实体经济提到前所未有的高度？这不仅仅是因为中国发展历史所给予的经验，更主要的是还须从今天国际和国内两方面去看。

从国际看，主要是教训。近几年，以美国为首的发达经济体，过度地发展了一些虚拟经济，特别是金融衍生产品的发展，而虚拟经济活动过度的结局是导致全球金融危机。以美国为主的发达经济体忽视实体经济的恶果，对中国来说是一个很大的启发。从国内看，实体经济已经有了很大的问题。首先是中国形成了一个巨大的资产泡沫。虽然中国是一个制造大国，搞虚拟金融不及美国，但在炒作房地产方面，实际却比美国强得多。近些年，人们不难发现，很多踏踏实实从事实业的人，辛辛苦苦经营一个工厂，还不如投资一两套住房赚钱来得快、来得容易。于是，过去很多非常勤恳做实业的企业家，慢慢开始把实业作为副业，把炒房地产做成了主业，这样带来的负面影响和美国的虚拟经济繁荣的后果是一样的。资产泡沫形成后蕴含着巨大的风险，前两年广州最大的玩具厂破产，去年温州老板“跑路潮”，还有民间借贷高利贷等，都是已发生或还在发生的实证。这种过度对虚拟经济的偏好，是产生经济泡沫、促使投机活动的根源。如果一个国家大多数人都去炒作、去投机，其实比亏点钱、赚点钱，甚至经济危机更可怕。其次，是中国的制造业面临资源环境和成本上升的巨大压力，产业利润率明显偏低。英、美、日在充当“世界工厂”角色的时候，基本掌握国际分工的主动权，国际资源充足而廉价。“美国制造”和“日本制造”是建立在每桶只有几美元的廉价石油基础上的，而中国却遇上了油价从每桶几十美元飚升至一百几十美元的时代，油价高企成为常态。再比如，中国在铁矿石贸易谈判中，总是被资源垄断巨头联手盘剥，导致目前钢铁全行业可能面临亏损。还有劳动力成本的大幅度提升等。第三是入世以来，“中国制造”成为世界贸易保护主义攻击的头号目标。中国已连续 15 年成为遭受反补贴调查最多的成员，2009 年全球 35% 的反倾销、71% 的反补贴案件涉及中国。在国际竞争中，昔日作为“世界工厂”的英、美、日等国处于国际分工链的高端，拥有近乎傲视群雄的地位。然而，今日作“世界加工厂”的中国，不仅需要“瞻前”，而且还要“顾后”，前面有发达国家的贸易壁垒与技术鸿沟，后面则有印度、墨西哥与东欧低成本地区的追兵。第四是国家设备（装备）制造业还远不能满足发展的需要，距离国际先进水平尚有较大距离。反映一国制造业能力的关键是国家设备（装备）制造业，但受到外资和进口设备的严重冲击，中国全社会固定资产投资中，设备投资有 2/3 依靠进口。其中，光纤制造设备的 90% 以上，集成电路芯片制造设备的 85%，石油化工设备的 80%，轿车、数控机床、纺织机械、胶印设备的 70% 是进口的。从一般劳动密集型升级到熟练劳动、资本密集，再到技术密集，中国在产业升级路径上继续发挥比较优势，但目前“遇到国际资本的技术品牌垄断”。通过对中国 7 个产业（程控交换机、数控机床、芯片、软件、钢铁工业、轿车）的技术创新战略研究发现，合资方给的技术，总是成熟期、开始衰退的技术，因此，以市场换技术，是很难培养自主开发能力的。其实，就产值规模来说，中国成为全球最大的制造商并不稀奇，关键在于技术水平及相应的利润分配，“中国制造”远远达不到“美国制造”的地位。这样的结论，看看苹果手机的产业链分布就很清楚了。对中国实体经济中存在的问题分析透了，看清楚了，就不会为“中国制造”世界第一的虚名所累，对“牢牢把握发展实体经济这一坚实基础”，就会认识明确、落实有力。

针对以上问题，当前一个重要命题，即是要多管齐下，引导资金“回归”实业。政府需要采取系列对策，要深化金融体制改革，构建与企业构成相匹配，与企业需求相适应的融资体系，切实缓解中小企业融资难，为中小企业构建稳健可持续的融资渠道。促使民间金融阳光化、规范化、合法化，对民间融资不是打击取缔而是规范，不是“并轨”而是“多轨”，形成多层次的融资体系，发挥民间资本积极的巨大的作用。同时实施多层面突围，一是打开实体经济盈利空间，主要通过破除垄断，来保护实体产业的生产积极性。二是挤压“炒”的空间，如中央经济工作会议强调要坚持楼市宏观调控，便是推动实业回归的一个前题。三是大力提倡企业转型，变“中国制造”为“中国创造”。现实中，有人反对自主开发，理由是投资太大，认为不如合资，而实际上中国在开发方面现在是很有优势。比如蜂窝式移动电话，国外开发用 8 亿美元，中国只用了 7000 万元人民币；国外开发程控交换机用 1 亿美元，中国只用了 1000 万元人民币；“长三甲”火箭开发费用，中国也只是国外的几十分之一。中国制造业的一大优势是门类齐全，再加上人力资本低和“后发展优势”，若引导利用得好，体现在技术和研发层面，企业实现由“中国制造”到“中国创造”是指日可待的。四是为实体企业发展创造好的有利的市场环境，一个讲法治的“好的市场经济”环境。中国制造可以走“两条并行不悖的道路”，遵循市场经济规律，加速目前劳动密集型产业升级；同时，利用国家力量，支持以国防产业为核心的“超级产业”，包括核、航空、航天、船舶、电子等，支持关乎国家命脉、战略的大型企业，长期扶植具有独立知识产权的战略产业。只有中国的制造业创新、制造能力、水平、收益等完全第一的时候，“中国制造”才是真正的世界第一。

经济学家巴里·艾肯格林说过：“目前金融的黄金时代已经终结。”

世界银行首席经济学家林毅夫指出：“从历史上看，除几个石油出口经济体外，所有国家都是通过工业化才变富裕的。因此，现在应该把注意力全部集中到我们经济的实体行业上。面对笼罩在欧洲的全球金融危机阴霾，世界各地的政治领导人逐渐意识到了一个残酷的新现实：除非发达国家不再过度依赖金融交易并开始东山再起，否则他们将无法保持目前的生活水平。”

着力发展实体经济，加快构筑增长的新基础，将成为普遍共识。工业化的黄金时代到了。

根据HIS数据，2010年，美国制造业有1150万工人，而中国制造业有1亿人，美国的劳动力生产率比中国高近10倍。技术上，美国制造业仍遥遥领先于劳动密集型的中国。

制造业加速转型与升级是大势所趋*

2010年，中国制造业总产出首超美国。2012年，中国货物进出口总值高达3.87万亿美元，超过美国的3.82万亿美元。中国一跃成为全球头号货物贸易大国，制造业功不可没，其历史意义被媒体广泛关注，但问题也随之而来。

因为这一根据传统算法得出的结论，未能反映出中国在加工贸易中对产品提供的增加值非常有限的现实。事实上，这种以国境线为统计基础的算法，在全球贸易之初，即以最终产品贸易为主的时代，较能真实反映国际贸易状况。但在全球化不断加深，跨国投资、产业转移带来的中间品贸易所占比重越来越大的现实情况下，它往往导致重复计算，不仅扭曲了中间品贸易的本质，更夸大了全球贸易失衡的严重性。全球贸易失衡一直被定义为最主要的全球失衡，加之对汇率的问题、就业问题，乃至2008年金融危机责任论的延伸，全球贸易失衡问题实际上是近年国

* 本文写作于2013年6月8日

家间经济外交的主要角力场。

2012 年，经济合作与发展组织（OECD）和世界贸易组织（WTO）共同开发出了“贸易增加值统计体系”，这一算法与传统算法的区别主要体现在统计口径上。比较而言，传统算法以各国海关统计的出入境数据作为统计基础，任何一项出口货物每出入一次边境，就会作为进口或出口进行一次计算；而新算法计算的是商业流动在垂直贸易链条中每一步骤的净额，仅计算一国参与全球产业链中的真实增值部分，在这种情况下，一项出口货物的增加值应是货物总值减去直接或间接投入。按照传统算法，2012 年中国贸易总额为 3.87 万亿美元，美国为 3.82 万亿美元，中国进出口总额是美国的 1.01 倍。而按照增加值法计算，美国仍将占据第一的位置。全球真实增加值贸易规模也仅为传统统计方法的 60%。中国 2009 根据增加值法计算的出口额 9460 亿美元中，有 3975 亿美元属于外国的附加值，占到总出口额的 42%，也就是说，中国出口额中有近半数是外国的附加值。用同样的方法计算，德国外国附加值在出口额中占比为 35%，韩国占 30%，日本 17%，美国为 13%。该占比基本反映了各国在全球产业链上的位置，越是处于下游，外国附加值在本国产品出口额中占比越高。“OECD–WTO”的增加值统计方法不仅揭示了全球贸易规模被高估，贸易失衡被高估，同时也证明了，中国对外贸易量大利薄的现状是由中国的对外贸易结构所决定的。在“OECD–WTO”数据的单个国家评论中，“OECD–WTO”表示，中国作为最终组装者，太过于依赖从美国和其他国家进口的高附加值中间品和服务，因此导致自己在高附加值产品的加工贸易当中顺差结构被扩大。根据商务部的数据，中国出口中有 60% 是加工贸易，主要是进行零部件组装加工，然后出口至国外。这部分出口产品需要大量的中间品为基础，即需要经过多层价值增加后，产品才会进入在中国的最后一道程序——组装，之后出口到其他国家。在加工贸易中，中国对整个产品实际提供的新的增加值非常有限。由此可见，加工贸易的利益大小，关键在于制造业的效率高低。这一点，通过对中美制造业进行对比分析，会看得更清晰明了。产量上，中美制造业并驾齐驱。据美国机构 HIS 的计算，2010 年世界制造业总产出为 10 万亿美元，其中，中国占 19. 8%，略高于美国的 19.4%。中美制造业虽然产量相近，可效率却相差甚远。根据 HIS 数据，2010 年，美国制造业有 1150 万工人，而中国制造业有 1 亿人，美国的劳动力生产率比中国高近 10 倍。技术上，美国制造业仍遥遥领先于劳动密集型的中国。

制造业的振兴，对于国家经济的升级至关重要。中国在 20 世纪八九十年代，成功地承接了全球第一次经济大转移，并通过 30 多年的发展，成为全球第二大经济体。期间，中国沿海城市的发展成为空间经济的主要特点，东部板块发展迅速，相应带来了劳动力的转移，并以上海和香港为龙头，形成了长三角、珠三角区域带和三大城市群。制造业飞速发展，中国成为名副其实的“世界工厂”。2009 年 4 月，奥巴马在华盛顿特区乔治敦大学发表演讲时提出，在国民经济各行业中，只有制造业抗危机冲击能力最强，对保持国民经济稳、保证就业，具有举足轻重的作用。因此，重振美国制造业，应作为美国经济长远发展的重大战略。建立基于美国制造、美国能源、美国工人技能及美国价值观复兴基础上的经济，是奥巴马“四个美国”蓝图的核心内容。2012 年 1 月 24 日，奥巴马发表国情咨文再次强调，为了让美国经济“持续强劲增长”，需要重振制造业。而欧盟经济持续低迷的现实，促使欧盟重新检讨和调整自己的产业政策，“增强型工业革命”已经被提上了议事日程。2010 年，欧盟委员会制定了《全球化时代的统一产业政策》，提出了未来工业政策的基本框架。2013 年 4 月 7 日开幕的德国汉诺威工业博览会，主题是“融合的工业”，“借助信息技术对工业或产业流程进行彻底的改造”。在蒸汽机、规模生产和自动化之后，发达国家已经站在迎接第四次工业革命的潮头。

制造业的快速发展，对于促进国家的经济实力提升，乃至综合国力的提升作用是不言而喻的。发达国家对此尤为重视。早在2009年12月，美国就公布了《重振美制造业框架》，强调“那些劳动力高度密集的耗费原材料的制造业并不适合‘美国制造’”。美国要“抓住未来制造业的机会”，如清洁能源产业、生物工程、航空航天、纳米技术，等等。2010年8月，它公布了《制造业促进法案》，重振计划的目标是调整结构，强化优势，促进就业，保持领先。重点领域包括钢铁、汽车、生物工程、航空工业、空间技术、纳米技术、智能电网、环保节能等。其战略重点是要加速高端制造业和新兴产业发展，依托科技进步和发挥既有优势，抢占全球制高点，主导全球经济，支撑未来经济发展。2012年2月，美国总统执行办公室国家科技委员会发布了《先进制造业国家战略计划》的研究报告，从投资、劳动力和创新等方面，提出了促进美国先进制造业发展的五大目标及相应的对策措施。《先进制造业国家战略计划》明确了三大原则：一是完善先进制造业创新政策；二是加强“产业公地”建设；三是优化政府投资。五大目标：一是加快中小企业投资；二是提高劳动力技能；三是建立健全伙伴关系；四是调整优化政府投资；五是加大研发投资力度。四年后的今天，美国制造业已经逐渐回归本土，复兴在即。

目前，专家较为一致的观点是，美国制造业转型对“中国制造”影响有限。首先是发展阶段不同，中国仍处在工业化、城市化的发展阶段，美国早已进入后工业化阶段；其次，中国目前的制造业处于中低端层次，靠规模化取胜，而美国制造业更趋向高端化。虽然影响有限，但市场留给中国制造的时间也许并不多，现在我们更需要的是居安思危和虚心学习。我们的量值并非第一，质级还差一等，我们没有丝毫的骄傲资本。而且面临的是前有发达国家的围堵与限制，后有发展中国家的快速追赶的严酷形势。中国制造业加速转型与升级真可谓是大势所趋、大势所逼啊！在此制造业加速转型升级的关键时期，面对来自发达国家对技术、市场的封锁和发展中国家以更低生产成本承接国际产业转移的“双向挤压”，我们只能自强不息，变压力为动力，不断虚心进取。美国《先进制造业国家战略计划》对中国加快发展先进制造业，促进制造业升级是很好的借鉴。美国加强顶层设计，制定《先进制造业国家战略计划》；完善先进制造业创新政策，提升企业创新能力；加强“产业公地”建设，完善产业集群创新政策；统筹推进政府和社会各方投资；壮大先进制造业人才队伍的经验和措施，应是我们借鉴和学习的内容。

金融危机导致世界进入第二次经济大转移阶段，为中国经济发展提供了新的动力。中国通过30多年的发展，对全球化经济运行有了基本的经验，同时中国的劳动力效率和高储蓄率使成本更低，体制改革的积极作用也将释放出新的经济发展能量。中国在承接第二次经济大转移的过程中，必将工业继续深化发展，成为耐用消费品的全球工厂；在西方各国经济低迷的情况下，中国还可能出现世界级的高增长；中国的产业结构将发生变化，资本密集的重工业和化工业以及现代机械工业、环保工业和新能源工业将崛起；金融业及高端服务业将快速扩大。从生产模式角度看，中国的“世界工厂”角色已经结束，但从产品、生产额和附加值角度看，中国新型制造业的发展必将崛起。

金融危机导致世界进入第二次经济大转移阶段，为中国经济发展提供了新的动力。从生产模式角度看，中国的“世界工厂”角色已经结束，但从产品、生产额和附加值角度看，中国新型制造业的发展必将崛起。

2011 年四季度外汇占款出现了净减少，三个月共减少了 1500 亿，连续三个月减少的情况大约近 10 年不曾出现过。2012 年全年的流动性肯定要比 2011 年宽松，不过也可能不会太宽松。2012 年 5 月下旬至 6 月，央行下调存准率的可能性已经明显加大，但基准利率调整目前尚无可能。

货币政策从实际偏紧转向实际偏松 *

中国的货币政策通常标准描述是“稳健”二字，但在实务操作中会有不同。

从货币供应量和贷款增速情况来看，2011 年央行实施了名义稳健、实际偏紧的货币调控，通过存款准备金率、贷款规模、存贷比等行政和市场结合的手段，使中国的货币增速出现了大幅度的回落。之所以如此，是因为中国为了应对此次国际金融危机，在 2009 年和 2010 年两年大量投放货币，两年中广义货币供应量 M2 增加 25 万亿元，投放的力度前所未有。因此，2011 年的货币政策首要目标就是抑制通货膨胀。2011 年社会融资总量有比较大的收缩，成为中小企业融资难、融资成本提高的客观因素。2011 年融资总量比上年减少了 1.44 万亿元，贷款总量是

* 本文写作于 2012 年 5 月 8 日

收缩的。从利率水平来看，2011 年 5 月份以后，银行间市场同业拆借的月加权的平均利率和债券回购的月加权的平均利率突破 3%，这是一个很高的水平，说明了银行间市场资金是相当紧的。

2012 年的货币政策会是名义稳健、实际偏紧，还是名义稳健、实际回归中性，或是名义稳健、实际偏松，其实不仅是全社会的关注点，更主要的是央行“摸石头过河”的智慧选择。

眼下“摸”到的突出问题，一是基础货币的投放渠道发生了变化。过去相当长的时间内，央行主要是通过外汇占款来投放基础货币的。2011 年四季度外汇占款出现了净减少，三个月共减少了 1500 亿，连续三个月减少的情况大约近十年不曾出现过，这是个新问题。2012 年 1 月份外汇占款增长 1400 亿，同比少增 3600 亿。目前欧洲的经济形势依然艰难，银行为了自救，有可能抽回资金。在欧洲资金可能回流的情况下，中国全年的外汇占款不会有很高的增长。央行通过外汇占款来投放基础货币的渠道变窄了，央行要实现 M2 增长 14% 的目标，只能选择增加贷款投放等办法了。

二是外部宽松的货币环境和内部大量的货币存量，仍然有可能产生通货膨胀的较大压力。从外部看，在当前欧债危机影响下，在全球经济增速缓慢、通胀高位回落的背景下，全球央行的货币政策开始向宽松倾斜。对于新兴市场国家而言，在经历了控制物价而进行的多次加息后，它们有充足的“弹药”去释放流动性；而美国、日本等发达国家，则会选择“零利率”继续维持宽松，暂不退出的方式来刺激经济。从内部看，2009 年到 2011 年，中国净增的 M2 是 3.65 万亿元，标志着国内的货币存量非常大。钱多了，通货膨胀的压力就会增加。2011 年 12 月 CPI 是 4.1%，全年是 5.4%，看起来不是很高，但实际的感觉却并不低。CPI 是消费物价指数，并不是真正衡量一个国家物价水平或物价上涨程度的指标，真正用来对此衡量的指标是 GDP 平减指数。有学者作过计算，2011年应是10%左右，这个水平其实并不低，和人们的感受是吻合的。2012年CPI逐月为4.5%、3.2%、3.6%，并不能确定CPI进入下行。在这种形势下，央行在考虑货币投放时，通货膨胀会是挥之不去的顾忌。

三是2012年潜在的金融风险有可能在局部暴露。比如房地产市场去年已经出问题了，典型的如鄂尔多斯的民间借贷市场的风险暴露，就完全是因房地产市场调整而揭开的。随着房地产市场调整的继续深入，调控力度如不发生放松，其他地区的借贷风险也将会暴露出来。与此相关的担保机构的风险也会进一步暴露，因为去年担保业有的机构做得太火了，大量的钱通过他们，直接或间接贷给了房地产的企业。此外，个别地方融资平台的风险也有可能暴露。局部的问题肯定比全局的问题更加严重和突出，不可能不影响全局的计划和安排。

四是实体经济的资金需求量有可能下降。反映实体经济活跃程度，从生产组织角度去看，分析用电量增长多少，往往非常客观真实。2011年用电量增长了将近12%。国家电监会有一个预测，2012年用电量会放缓到8.5%。从实际情况看，1月份全社会负增长7%，湖南负增长5.4%，浙江负增长23%，这种情况也是近年来非常罕见的。而且在很多省份，第二产业制造业的用电量出现更大幅度的下降。在生活用电和第三产业用电增加的同时，这种情况只表明实体经济活动在减缓。这对金融领域来讲，会对贷款的需求结构产生影响，实体经济、民营部门贷款的需求会下降。而现在的政府部门有很大的资金需求，但它的融资平台的资金已经没剩多少了，后续的在建项目和保障房大量缺钱，而银行又不愿意贷给政府融资平台。2012年融资难和贷款难是并存的。

货币政策的走向从实际出发，为2012年稳中求进的总方针服务进行调整是肯定的。关键看经济情况，经济情况比较好，货币政策就不会放得太松。反之，经济情况不好，货币政策就会放松。2012年1月和2

月的时候，悲观的情绪多一些，尽管 PMI 一月是 50.5%，2 月上升了 0.5 个百分点，达到 51%，但在全球经济依然低迷的大形势下，中国的经济要想很好，也是很困难的。货币政策名义稳健、实际偏松，自然而然地成了政策的选择。

央行公布的 3 月金融统计数据显示，3 月新增贷款时隔一年之后，再次跃升至 1 万亿以上，达到 1.01 万亿；广义货币（M2）同比增长 13.4%，比上月末高 0.4 个百分点。两个数据双双大幅超出市场预测。从一季度来看，3 月贷款激增，拉升一季度新增贷款规模 2.46 万亿元；一季度社会融资规模也达到 3.88 万亿元。对此，央行持肯定态度，贷款逐月增加，一季度同比多增 2170 亿元，对国民经济的支持力度明显加大。3 月份货币信贷增速的回升，符合央行货币政策委员会在一季度例会公告中所提出的“保持货币信贷适度增长”的政策目标。

中国物流与采购联合会和国家统计局服务业调查中心 5 月 1 日所发布的 4 月份中国制造业采购经理指数（PMI）为 53.3%，比上月上升了 0.2 个百分点。该指数经历了连续五个月回升之后，已经高于 2011 年同期水平。从 11 个分项指数来看，同上月相比，生产指数、新出口订单指数、供应商配送时间指数上升，其中生产指数上升幅度较大，达到 2 个百分点；从业人员指数持平；其余七个指标下降，其中新订单指数、采购指数降幅较小，在 1 个百分点以内。经历了一季度密集开工后，企业在 4 月份进入了生产旺季。在 3 月新订单指数大幅上升的带动下，4 月生产指数升至 57.2%，为 2011 年 1 月以来的最高点，是 4 月 PMI 提升的主要动力。从行业看，金属制品业、非金属矿物制品业、电气机械器材制造业等 18 个行业高于 50%；石油加工及炼焦业、汽车制造业和有色金属冶炼及压运加工业 3 个行业低于 50%。总体分析看，4 月份 PMI 指数继续提高，但幅度明显减小；新订单指数回落。这些情况表明经济趋稳的迹象逐步明显，但仍有一定的不确定性。订单反映市场需求状况，一季度出口、投资、消费增速都较2011年同期明显降低，4月份PMI指数中的产成品库存指数回落1.3个百分点，采购指数回落0.4个百分点，表明库存活动仍在继续。受需求变化影响，预计未来经济增速仍有继续降低的可能。稳定投资增速、稳定需求增速成为稳定经济增速的关键。就在PMI发布之前，国家统计局发布的1～3月份工业企业利润也确认了同样的趋势。规模以上工业企业利润负增长，曾在一季度引发了市场对实体经济发展的担心，从3月份的情况来看，规模以上工业企业利润由降转升；价格变动对利润增长的下拉作用有所回升；工业企业营业外净收入由前两个月同比下降转为大幅增长。但现在还难言企业会恢复到2011年上半年那样的高速增长，因为产品销售增长乏力、制造成本和期间费用上升一直困扰着实体经济。推而广之，实体经济当前的状况尽管有诸多积极迹象，但仍难言十分乐观。

2012年全年的流动性肯定要比2011年宽松，不过也可能不会太宽松。道理上，在最近几个月外汇占款不出现较大反弹的情况下，银行还要多次下调存款准备金率，否则货币供应量的增长是有困难的。现在20.5%的高存款准备金率世所罕见，进行下调再所难免。降低存款准备金率的预期实现推迟，是因为央行依据市场采用重启逆回购工具，进行票据融资等多种手段进行预调微调的结果。5月下旬至6月，央行下调存准率的可能性已经明显加大。但基准利率调整目前尚无可能。

2012年央行货币政策，名义稳健，实际偏松。

在利率管制下，银行业利润过高，且对管制性利差依赖性较大，不仅损害了存款人利益，也大大增加了其他行业的成本。民间市场利率与管制利率差，还导致地下金融泛滥，造成民间借贷呈现范围广、利率高、数额大的特征，潜伏着很大的社会风险。

利率市场化改革势在必行 *

从计划经济到市场经济转轨的一个核心内容，就是按照市场经济的要求，重新建立金融体系。20 世纪 90 年代的金融改革虽然实现了专业银行向商业银行的转变，但仍未有效缓解银行体系资产质量问题，国有四大商业银行的不良债权一度高达 2 万亿元。2003 年，新的一轮银行改革启动，国有四大商业银行先后完成财务重组、注资和股份制改造，成功上市。银行业体系的财务状况明显好转，存量风险得以基本化解。如果没有这场银行改革，中国恐怕很难抵制本轮金融危机的严峻冲击。

2012 年 4 月 14 日，中国人民银行宣布，从当月 16 日起，扩大人民币兑美元汇率浮动区间，由 0.5% 扩至 1%。此举距离 1994 年人民币汇率改革已有 18 年，在此期间，人民币汇率缓步升值，终止临近均衡。随着

* 本文写作于 2012 年 5 月 23 日

均衡点的接近，资本流动以汇率波动的双向性日益明显，人民币单边升值的压力及其可能引发的负面效应亦渐趋缓解。汇率形成机制的改革水到渠成，人民币国际定价的主导权将由管控进一步让位于市场。

相较于汇率自由化改革的突围，利率市场化改革进一步推进也已是势在必行。

利率市场化是指存贷款利率均按照市场供需定价，完全由市场调节。按照中国目前的利率管理制度，存款利率可以下浮但不能上浮，贷款利率下浮空间有限。利率说到底是资金的价格（国内价格），如果继续维持行政管制，势必造成价格信号的扭曲，对资金的有效使用、资源的合理配置以及金融资源的有效利用都会形成不合理导向。近几年来，金融脱媒之势迅猛，债券市场发展迅速，银行理财产品已成为银行存款的重要替代品，银行信贷在社会融资总量中的占比明显下降，直接融资比重上升。这一配比的变化，反映出利率管制空间的压缩，市场化力量的扩容。近年来民间借贷的“野蛮生长”，被视为金融压抑下，新一轮民间自发的货币价格闯关，如同20世纪80年代的价格双轨在完成其孕育市场化力量的过渡性使命后，终将走向并轨。这一切应已在决策者的蓝图设计之中。

利率市场化改革的道理简单清晰，然而改革的实践却一直停滞不前。实际改革远比理论复杂，障碍主要源于银行、财政和金融监管方面。

首先，是银行方面。中国国有商业银行等多数金融机构迄今仍延续传统“吃利差”的盈利模式，国内银行的净息差普遍在250 ~ 300个基点（2.5% ~ 3.0%）。这构成了银行的主要收入来源。稳定的利差收入，导致商业银行缺乏动力告别争夺存款规模的经营模式，难以实现高度专业化。这既抑制了金融机构的活力和韧性，又潜伏较高系统性风险：这些银行的财务和风险管理一直薄弱，应对系统性风险和新型金融风险的能力不强；银行体系存贷款增长幅度长期高于同期GDP的增长幅度，但配置资金的能力不强；金融服务实体经济的动力和能力不强。随着利率市场化改革的推进，银行之间的竞争会越来越激烈，存款利率可能会提高，贷款利率可能会下降，这一定会触及银行的核心利益，商业银行对利率市场化改革会出现消极应对是很自然的。二是财政方面。如果全面实施利率市场化改革，存贷款利率上升，一方面会加重政府的债务利息负担，另一方面可能会引起政府向银行体系强制融资问题。截至2010年末，中国地方政府债务总额约为10.77万亿元，高额的地方债务是中国经济运行的一大风险，推进利率市场化改革，必然会进一步加重地方政府债务的还本付息压力，使债务的正常周转面临考验。三是金融监管方面。由于利率市场化将不可避免地引起银行存款成本上升，银行往往会扩大贷款规模，并且追逐风险更高的贷款项目，因而需要更加完善的金融监管来保障银行的稳健经营，包括法律制度和金融基础设施等。

但是，在当前，中国金融监管因不能摆脱行政干预而缺乏超脱性和真实性，监管标准、手段和技术也不能确保监管的信息质量，无法使金融机构采取稳健和审慎的经营原则，这已成为制约利率市场化的一大障碍。

利率市场化改革停滞还有另一个重要原因，就是风险补偿机制的缺失。

在国家的“十二五”规划中，有关金融改革方面，提出关系金融稳定要建立金融安全网三道防线——审慎监管、最后贷款人制度、存款保险制度的建立与完善，这些将是深化利率市场化改革的重要保证。一辆车不上保险就上路，开车的人和坐车的人都会感到不安全。实行利率市场化后的银行，如果没有保险制度托底，与此情形就会毫无二致。现在问题的要害就在于一些金融机构的改革尚未完成，相关保障制度如存款保险制度还未建立起来。一个不容忽视的现实是，在整个金融体系这一盘大棋中，由于各个金融主体还存在着各种各样的差别，要求它们站在同一起跑线上进行利率的“自主定价”，的确是一个难题。这一现实问题其实已在监管层的考虑范围。

近日，央行行长周小川接受媒体采访时也表示：“一个可选择的方案是，允许符合财务硬约束条件和符合宏观审慎性政策框架要求的合格金融机构，扩大自主定价权；以建立健全对竞争秩序的自律管理作为过渡，让上述机构开始实行利率自主定价。”他同时称，继续培育市场基准利率体系，健全中央银行利率调控机制，引导金融机构提高利率定价能力。建立存款保险制度，可完善金融机构准入退出机制，而建立存款保险制度，采取市场化的风险补偿机制，可以使问题金融机构顺利实现市场退出，并将其对金融体系的负面影响减小到最低程度。

据了解，在目前的制度设计中，更倾向于所有银行都纳入保险范围。

利率市场化改革的停滞与利率管制，扭曲了资金资源的配置方向。在利率管制下，银行业利润过高，且对管制性利差依赖性较大，不仅损害了存款人利益，也大大增加了其他行业的成本。民间市场利率与管制利率差，还导致地下金融泛滥，造成民间借贷呈现范围广、利率高、数额大的特征，潜伏着很大的社会风险。

利率市场化改革停滞，造成股票和债券市场直接融资占比极低的格局。目前国内企业的融资 80% 以上来源于间接投资银行贷款，股票和债券融资比重仅占 10% 左右。直接融资比重过低，间接融资比重过高，导致了金融体系结构失衡，降低了金融体系资源的效率，加大了金融风险发生的可能性。利率市场化改革提出已有多年，现在改革已是势在必行。

中国的改革是系统性体制转轨，对整体配套关系的要求比较高。中国金融体系改革形势紧迫，已成业界共识。改革不一定需要所有条件都成熟了才可能进行，关键是方向要正确，措施要得当。利率和汇率改革一样，本质上都是价格改革，意味着给金融企业的自主定价权。推进利率市场化改革完全可以分步进行，已有学者建议：稳定短期存款利率，扩大贷款下浮幅度 30% ~ 50%；放宽长期大额存款上浮幅度 30% ~ 50%；最终全部放开存贷款利率。过渡期控制在 1 ~ 3 年完成为好。

一旦利率市场化，银行的中间业务马上就会受到很大冲击，其经营理念就会发生很大变化，迫使它们推出更加多元化的金融产品和服务，真正变成服务型银行，不再依赖利差。而贷款企业的观念也会发生改变，因为贷款成本提高，产业选择投资项目时就会更加谨慎。利率市场化也会从根本上保证国家现行的房地产调控，扶持中小企业发展等宏观政策取得理想效果。

由于利率的管制，带来大量资金进入到低水平发展行业，最为突出的就是房地产行业。由于资金的匹配，很多央企凭借对资金的垄断性优势，获取大量低成本贷款，从而造成房地产行业的畸形繁荣。与之相反，长期的负利率以及金融系统的行政化取向，使得银行和国有企业享受了巨大的制度红利，经济体中最需要融资的部分中小企业贷款却年年难以得到满足。归根结底，这些都是与利率没有市场化有关，而利率市场化可望使这些问题成为历史。

“稳增长”意味着什么？意味着2012年乃至更长阶段的中国经济形势不容乐观。以宏观调控的角度来看，需要调控者增加推力，“把稳增长放在更重要位置”。

推动改革“稳增长”*

2012年5月23日，温家宝总理主持召开国务院常务会议，分析经济形势称，世界经济复苏的曲折性、艰巨性进一步凸显；国内经济下行压力加大。要把稳增长放在更重要位置。

压力来自于4月份热钱再度外流：在外贸顺差184.2亿美元、实际使用外资84.01亿美元的情况下，外汇占款却减少600亿元人民币；人民币存款减少4656亿元。同时，4月份银行贷款增加仅6818亿元，同比少增612亿元，明显低于市场预期。已经公布的4月份多项宏观经济数据低于预期。中国物流与采购联合会发布的官方数据显示，5月份中国制造业PMI为50.4，较上月53.3有明显收缩。未来经济下滑趋势亦很明显。

很多时候，经济问题既是政治问题，也是社会问题。为求发展质量，GDP增速放缓，不意味着就是坏事。但是，如果是急剧下滑，那就大有问题。比如，一旦经济下滑对就业产生严重影响，就会很麻烦。

* 本文写作于2012年6月8日

世界银行5月23日将其对今年中国经济增长率的预测，由先前的8.4%调低到8.2%。这其实差别不大。8%左右是高增长还是低增长？比过去10%以上的增长确实是低增长，但比欧美，即使比目前世界上经济状态最好的东亚地区的7.6%（世界银行预期值）来说还是高增长。但是10%以上的增长对于中国来说，就会是经济过热，是过热增长，是一个质量并不好的增长，非正常增长。以过去20年的统计数据看，经济增长速度超过9%就会产生通货膨胀，超过10%就一定会是通货膨胀和资产泡沫，或者是房地产泡沫，或者是股市泡沫同时发生。过低了，7%以下也不好，7%以下会出现通货紧缩。所以说8%左右，至少在这个阶段，对中国经济是一个比较合适的增长速度，一种正常的增长。所谓“稳增长”，就是要经济增速稳定在这样一个水平上。

其实，理解“稳增长”不难，难的是如何去稳。过去的经验教训一再说明，中国经济过多依赖投资拉动，已产生了很多弊端，也留下了不少后遗症。有些重大项目，到了最后成了重大浪费，这种例子实在不是个别。从目前的动向来看，很多人还是习惯于重走老路，喜欢用轻省的办法解决危机。比如，最好是加速项目审批，大上快上各种投资项目。最近，各大媒体以“吻增长”为名，报道了湛江市市长在国家发改委门前“亲吻”钢铁项目上马批文的照片，看后却无论如何都无法令人高兴得起来。中国企业眼下为什么亏损面会不断扩大？其中一个重要原因就是产能过剩，就在于库存太大，而这个问题在钢铁行业中得到了集中体现。1～5月，中国钢铁日产量超过了200万吨，实际产能则超过了300万吨，目前在建的产能还有一亿吨（年产产能），客观地说，实际产能与当前实体经济能够消化的产能之间大约有三分之一的过剩（产能）。而在这种情况下，审批大上钢铁项目，如何让人能高兴得起来？中国之所以会出现严重的产能过剩，恐怕和“跑部‘钱’进”的模式及产生这种模式的体制有关。

湛江市市长可能高兴得太早了，因为今天的情况与2008年底、2009年初已大不一样。那时候有了发改委批文，银行会争相贷款，资金与项目同时落实。而现在的情况则是，虽有发改委批文，商业银行却可能拒绝贷款，因为绝大多数商业银行已从2009年的投资热潮中吸取了极大的教训，不可能明知钢铁行业已经严重产能过剩，还争先恐后地为这些项目发中长期贷款。上项目是必须的，但重点应放在短期能够见效的项目上，尤其是能够消化过剩产能、去库存的建设项目上。如果继续走2009年的老路，上一大堆过剩产能项目，这不会是化解危机之路，而只能会制造出以后更大的危机。从表面成绩看，投资拉动的增长见效快，地方官员也有成绩可以列入考评报告中。但要提醒的是，快上项目也好，加快审批也罢，还得警惕"非常力度"下，可能伴随着的诸多乱象。项目审批提速时，尤其要担心高污染、高耗能项目混入其中。"稳增长"绝不能再是依靠质量低下的经济增长。

从长远来说，要确保可持续发展，中国经济的发展方式必须调整，这早已是共识。未来的"稳增长"应当主要依靠扩内需和稳定外需来保证。

稳定外需，主动权不完全在自己手上。整个世界经济是一盘棋，要想稳定外需，还得期待外部环境尽快好起来。现在西方经济很不景气。美国的情况好于欧洲，不至于出现2009年那样的衰退，今年会有2%的增长。日本的增长预期是2.2%。意大利、西班牙和"欧洲五国"的国家问题比较大，尽管欧元区17国其它国家都在实行财政紧缩，应当说还是不错的，但是欧债危机比美国等其他国家的危机更严重。欧元区的国家没有独立的货币和汇率政策，很可能出现所谓的短板效应，最终是最差的国家决定整个欧元区的表现。从危机的规模来看，欧债危机是一个迅速扩大的过程，和去年初相比扩大了十多倍。去年初，欧债危机中的希腊等三国的GDP加起来，占欧元区GDP的5%，现在把那三国和西班牙、意大利、法国加起来，则达到50%以上。就是说，当时95%的欧洲去救

5% 的欧洲或许是容易的，现在要用这一半去救那一半，而且是较大的那一半，可行性肯定下降了。欧债危机将以什么方式来演进，还有很大的不确定性。所幸好的一点是，现在世界上 50% 的世界 GDP 增长来自新兴市场国家和发展中国家，80% 的 GDP 来自新兴市场国家。现在基本估计是新兴经济体能够有 5% 的增长，世界经济就会有超过 3% 的增长，世界经济也不会差到哪儿去。总体而言，当前世界经济复苏的曲折性、艰巨性正在进一步显现，复苏基础还很脆弱，且存在较大不确定性。外需方面的工作必须努力，但对外需稳定难以确保这一点，一定要有清醒的认识，切实的政策和措施准备亦是不可大意的。

扩大内需，则要想方设法增加民众收入，也要解决民众消费的后顾之忧，这就必须依赖改革的深化。欲增加民众收入，应在落实保就业目标的基础上，通过结构性的减税举措等，让利于民，并逐步深化收入分配制度的改革，将国民收入的一部分通过政府的转移支付，让渡给中低收入阶层，进而刺激基本消费需求。在尊重市场机制、尊重效率的前提下，强调对社会公平与正义的追求，意味着将有一场深刻而系统的社会变革。直接明了地说，扩大内需的关键之一，就在于深化改革。没有改革的突围，扩大内需，特别是消费性需求很可能只是一句空话。比如，目前较为突出的一个现实是，在教育、医疗等领域，依旧是一些特权过多地不当地占有社会资源，这样的状况若得不到改革，基本公共服务的公平提供必然落空，又怎么能言及提振内需呢？这其中许多问题从 2009 年起，就一直为全社会所关注，比如说收入分配制度改革，发改委已做了大量的调查研究工作，改革方案也早已在讨论了，现在应当说是适时出台的时机了。“稳增长”需要改革，推动改革才能实现“稳增长”。

现在令人担忧的是，一说到“把稳增长放在更要位置”，便“唯增长马首是瞻”，一大批项目匆忙间获批，银行势必被裹挟进去，政府追着去配套贷款，前面的平台问题还没有解决，新的热潮又至。过去在投资拉动的惯性中，固定资产投资规模过大是通胀的推手。经过两年多的货币紧缩，虽然 CPI 下来了一些，但物价总水平仍处于高位，物价形势并不乐观，这时如果货币闸门重又放水，新一轮固定资产投资热潮再起，通胀必然再度抬头。到时候再出台政策打压，政策急速摇摆，会加剧经济的不确定性风险，结果使中国经济陷入不管是出现通货膨胀还是通货紧缩都会受害的不利局面。

在经济困难的时候，最能体现一个国家的创新精神。现在的当务之急是继续在投融资领域、居民收入分配体系、社会保障体系、财税体制改革方面迈出改革的关键步伐，把经济增长模式转向真正依靠内需增长来驱动，注重增长质量，稳步前进。“稳增长”的目标，应在推动改革中逐步实现。

随着中国利益越来越向能源消费国集团及发达国家阵营靠拢，因人均国民收入过低而远没有达到发达国家标准，中国在进入混合经济体这一特殊阶段后，调整经济发展战略特别是能源战略是一项十分重要的任务。

调整能源战略 为稳增长加注动力 *

2009 年，中国能源消费首次超过美国，成为全球第一。2010 年，中国经济总量超越日本，成为全球第二。2011 年，长期作为世界煤炭第一生产、消费大国的中国，成为全球第一大煤炭进口国。

到了 21 世纪初，虽然美国逐步意识到了来自中国快速崛起的压力，却由于美国 2001 年后陷入“9·11”事件的泥潭，无暇东顾。中国很好地把握了这段难能可贵的窗口期。现在美国政府决定从阿富汗及伊拉克战争中抽身，实施重返亚太的战略，而此时的中美关系已经成为 21 世纪国际社会最重要和最复杂的双边关系。一方面，中国的快速崛起，对美国的全球领导地位形成了重大挑战；另一方面，全球化的浪潮早已使得中美经济紧密到了休戚与共的地步。未来几十年内，中美关系会在竞争性合作及合作性竞争之间周期性波动。如果中美双方的领导层有足够的政

* 本文写作于 2012 年 7 月 8 日

治智慧，他们将不但完全能够避免两个国家未来在全球范围内爆发重大冲突，而且还有不小的可能性，最大化双方的共同利益。

美国国际能源事务特使帕斯卡尔在参加了 2012 年 5 月（北京）第四次中美战略与经济对话会议后，就中美两国能源合作，做了如下介绍与评价："在此轮对话中，美中两国重申了《中美能源安全合作联合声明》中的承诺，表示美中作为世界上两个最大的能源生产国和消费国，在维护能源安全方面拥有共同利益和责任，同时也面临共同的挑战。美中两国承诺，将在稳定国际能源市场、建立应急反应机制、确保能源供应多元化、合理高效地利用能源等方面加强合作与对话，以及信息交流。2009 年，美中两国签署了一份合作备忘录。在此轮战略与经济对话中，美国国务院和中国能源局举行了一场有关能源安全的分会。与会双方重申，将在合作备忘录的框架下，就负责任地开发非常规天然气展开合作。通过'非常规天然气技术交流项目'（UGTEP），美国国务院和中国国家能源局同意，将在与非常规能源资源开发有关的监管和环境问题上，继续拓展交流合作渠道。"

变是绝对的，不变是相对的。随着两国经济及利益诉求的不断改变，各自的发展战略会不断调整。随着中国利益越来越向能源消费国集团及发达国家阵营靠拢，因人均国民收入过低而远没有达到发达国家标准，中国在进入混合经济体这一特殊阶段后，调整经济发展战略特别是能源战略是一项十分重要的任务。

十多年前，有鉴于国际上发达国家普遍推行电力市场化改革，国内因西南一座非国家电力公司的大型水力发电厂弃水的激烈社会争论，引发了中国的电力市场化改革。十年过去了，现在普遍认为中国的电力市场化改革原地踏步，没有实质性的进展。之所以如此，是因为最初改革设定的关键任务和目标没有完成和实现。电力市场化改革，关键任务是要建立发电侧竞争上网的发电侧市场，建立用户侧用户可以择优选择供电零售商的用户侧市场，通过两侧的市场化，实现服务优化，电价下降。而此十年正是中国抓住美国无暇东顾，快速发展的十年。能源是快速发展的动力。以电力为例，中国在这十年快速发展期，全社会用电量从2000年的1.34万亿度发展到2011年的4.7万亿度，增长了2.5倍。而电力供给经常还是有缺口的。电力紧张引发了火电建设的大发展，火电建设的大发展引发了煤炭业的大发展。有统计显示，全国三种类型煤矿2011年1～8月总产量24.61亿吨，比2000年的总产量12.5亿吨翻了一番。煤炭价格也是打着滚地上涨。以秦皇岛5500大卡的山西优混煤价为例，2000年是145元/吨，至2011年已升至850元/吨，增长了近五倍。与此同时，不仅石油进口增长，而且煤炭进口乜不断扩张，至今已成为世界第一大煤炭进口国。燃料成本一般占据发电成本的45%左右，由于燃煤的涨价，上网电价也只能不断提升。煤电轮番涨价，导致社会平均电价从2003年0.438元/度上涨到2011年0.583元/度，提高了33%。主导电力市场化改革的发改委，大部分精力都用于电煤矛盾疏导、电煤价格平衡，其结果是按下葫芦浮起瓢，最终还是发电企业普遍亏损，电价不断提高。短缺的电力商品何来竞价上网？价格不断提升何来优质服务？电力改革刚刚启动，伴随着的就是缺电，就是涨价。在这样一种形势下，怎么可能建立起竞价上网的发电侧市场和可以选择零售商的用户侧市场？事实很清楚，电力市场化改革是需要充足能源供给为前提的。随着中国经济的快速发展，能源对外依存度越来越高，随着地缘政治冲突的频发与激化，中国的能源安全隐患日益显性化。作为世界第一大经济体和能源消费大国的美国，曾经严重弭患“中东石油依赖症”。为了根除这一病患，美国对自己开了一剂“能源独立”的战略处方，从2005年美国通过《能源政策法》始至今，已取得了很大的成功。2012年2月，位于波士顿的美国北星电力公司将其商业电力客户的电价下调了34%，从8.5美分/千瓦时调降到5.5美分/千瓦时。从7月1日起，该公司的民用电力价格也将调降 16%。据统计，现在美国东北部马萨诸塞等六个州电力零售价格只有以往水平的一半，2 月份，这个地区零售电价仅 3 ~ 4 美分 / 千瓦时。而电价的下调，并不仅仅发生在美国东部，美国很多地区的电力价格都正经历 2 ~ 3 美分 / 千瓦时的下降，这无疑为美国经济复苏注入了新动力。这一切与美国的天然气市场变化密切相关。随着页岩气开采技术不断进步，美国天然气总产量不断增加，2011 年美国天然气产量同比增加了 8%，达到 6539 亿立方米的新纪录。而不断增加的供应，在很大程度上导致了天然气价格的降低，从 2008 年夏天的 14 美元 /mmbtu（百万英热单位）下跌到当前的 2.5 美元 /mmbtu。燃料价格的变化，对电力价格有着显著的影响，因此天然气的低价格也意味着更便宜的电力价格。2012 年 3 月 27 日，美国政府出台了其有史以来第一个限制新建电厂温室气体排放的法规，燃煤发电在美国的发展前景受到更多来自政策上的挑战，燃煤电厂无法达标的必须退役。美国电煤需求预计在 2012 年会下降 5%，为 8.84 亿吨。2009 年到 2011 年底，美国煤炭出口增长了 57%。燃气发电的发展，不仅影响到了燃煤发电，也对再生能源、尤其是风能和太阳能产生了复杂影响。美国政府对清洁能源的财政支持，已经从 2009 年的 443 亿美元回落到 2011 年的 307 亿美元，预计到 2014 年只剩下 110 亿美元。缺乏更多财政支持，单独的风能、太阳能发电项目很难盈利，投资者的热情亦可能转向燃气发电。包括页岩气在内的非常规油气资源对美国经济的影响，已经不局限于油气领域，电力作为重要生产要素，基本上涉及了国民经济的所有部门。美国能源独立战略已经开始显现其对经济加注动力的强大功能。

中国需要属于自己的能源独立战略，以保证可以持续不断地为中国经济稳定增长提供动力。今年以来，中国由于经济减速，发电量的增长速度也随之回落到个位数，相比去年同期的两位数增长，明显进入了低谷，尤其是占发电量八成以上的火电，2012 年 4、5 两个月甚至分别出现了 0.4% 和 1.5% 的同比负增长。煤炭价格也自 5 月起再度下跌，至 6 月中旬出现加速下跌态势，环渤海动力煤综合平均价格（5500 大卡）至 6 月 13 日已跌至 752 元 / 吨。产生这种局面还有一个重要原因，就是进口煤数量增长很快。统计显示，2012 年一季度，进口煤炭总量达到 8655 万吨，增幅达到了七成。进口煤的价格优势明显，如美国主产区煤炭到中国口岸价格较国内价格低 55 美元。这样的形势，客观上不仅为能源战略的调整提出了要求，也为能源战略调整提供了契机。与美国的页岩气储量相比，中国的页岩气储量更丰富，尽管中国的页岩气赋存条件远逊于美国，但中国具有技术的后发优势，还可借鉴美国成功的商业经验，用 3 ~ 4 年的努力，在非常规油气开发和利用上取得突破是完全可能的。

对美国能源独立战略，中国不必复制，但可以借鉴和学习。中美能源安全合作框架对于中国能源战略的调整，提供了一定的便利。中国为了给目前的“稳增长”和长远的持续稳定快速发展加注动力，就必须调整能源战略。

只有加快转变经济增长方式，下定决心调结构，才能“稳增长”，构筑好中国此后中长期稳定发展的新格局；只有眼前服从服务于长远，中国经济长期平稳快速发展才是真正有保障的。

调结构 稳增长 构筑长期稳定发展新格局 *

2012 年 7 月 13 日，国家统计局公布了上半年的经济数据。初步测算，上半年国内生产总值（GDP）227098 亿元，同比增长 7.8%，符合市场预期。其中，二季度 GDP 同比增长 7.6%，低于此前的预测值 7.7%，是近 12 个季度以来首次“破 8”。

2012 年以来，中国经济增长延续了下行态势，且降幅有所扩大，并创 1992 年以来季度累计同比增速回调时间最长纪录。这既是多重周期因素交织，内外需求叠加的结果，也在一定程度上反映了中国经济由高速向中速增长阶段的转换。

上半年进出口总额 18398.4 亿美元，同比增长 8.0%。其中，一季度的进出口总额逾 8500 亿美元，同比增长 7.3%，创下自 2008 年四季度同比增幅 9.2% 以来的季度新低，且前两个月曾出现同比负增长；而二季

* 本文写作于 2012 年 7 月 23 日

度进出口总额较一季度环比增长了 14.1%，同比增速也回升了 1.3 个百分点。4 月、5 月、6 月的进出口增幅分别为 6.1%、11.5% 和 12.4%，月度连续回升，显示外贸数据温和反弹。固定资产投资方面，上半年不含农户的总额为 150710 亿元，扣除价格因素，实际增长 18.0%，与一季度持平。其中，6 月份固定资产投资（不含农户）增长 1.71%；在稳定投资的财政政策下，二季度基建投资增速回升，同比累积增速由一季度末的 1.8% 升至 8.3%，可见投资亦逐步回稳。而消费方面，上半年社会消费品零售总额 98222 亿元，同比名义增长 14.4%，扣除价格因素，实际增长 11.2%，增幅也比 2011 年同期收窄，但 5 月、6 月社会消费品零售总额环比增长分别为 0.84% 与 1.08%，增幅有所扩大。从进出口、固定资产投资、社会消费品等对经济影响颇大的关键数据来看，上半年整体经济下行，但二季度亦已呈现出低位回稳的姿态。不可否认，目前经济正处于下行通道之中，但从各项指标数据来看，整体经济并无“硬着陆”之虞。

在复杂严峻的国内外经济环境中，二季度中国经济能够实现 7.6% 的增长，是很不容易、很不错的。从全球范围而言，这仍然是比较高的速度。金砖五国中，二季度印度经济增速预计 5% 左右，巴西增速预计 1.2% 左右；发达国家中，欧元区二季度经济预计负增长 0.3%，美国二季度预计增长 1.6%。尽管国际上唱衰中国的声音又高了起来，但对于经济增速低于 8%，其实不必恐慌。虽然中国从 1978 年 ~ 2010 年的 32 年间，经济年平均增长 9.9%，此前连续七年，中国把年度经济目标设置为 8% 左右，但 8% 绝非当今中国经济增长的“红线”。

2012 年上半年 GDP 增幅是 7.8%，可总量已是 2005 年 GDP 总量的 1.246 倍，况且 2012 年初已经把目标下调为 7.5%。之所以如此，是因为经过了 30 余年的高速增长后，中国经济基本面正在发生变化。快速的人口老化或未富先老；劳动力供求关系从供过于求转变为供求基本平衡和低端劳动力短缺，工资快速上涨；技术引进、消化、吸收的空间缩小；

基础设施投资的潜力和空间下降；区域增长格局发生变化，东部发达地区经济增长明显回落等。

再从国际比较看，经济增速逐步下降，符合追赶型、压缩式经济发展的一般规律。日本、韩国、德国在相似发展阶段，都曾出现过经济增长大幅下降的情况。与之相比，中国是一个发展极不平衡的大国。2010年贵州省的人均 GDP 仅相当于上海市的 17.7%，可见中国经济增长的潜力依然较大。2011 年，中国城镇化率仅为 51.27%，比上年提高 1.32 个百分点，城镇化提升的空间仍然广阔。在东部率先达到增速下降的收入窗口的同时，中西部地区正处在工业化、城镇化快速推进阶段。所以，中国有条件把经济增速的降幅控制在 20% ~ 30%，从而在中长期保持 7% ~ 8% 的中速增长。

长期以来，中国人口众多，就业压力大，宏观经济政策强调稳增长，其实就是稳就业，而稳就业就是保稳定。近年来，农业劳动力向非农业转移速度明显下降，“民工荒”、“招工难”也反映了劳动力供求格局正在发生转变，就业压力有所减轻，宏观经济政策为保就业、保增长的压力明显缓解。

从目前的就业和收入情况看，7.6% 的增速并没有形成大的冲击。上半年全国城镇新增就业 600 万人左右，外出农民工增长了 2.6%，就业保持稳定；城镇居民人均可支配收入实际增长 9.7%，农村居民人均现金收入实际增长 12.4%，增速均高于经济增速。从经济增长与就业、社会稳定的关系看，短期宏观调控放弃高增长目标，容忍经济增长的适度回落，并引导经济增速逐步回归到中长期潜在增长率水平。显然，2012 年经济增长预期下调为 7.5% 是合适的，也有利于逐步与“十二五”规划确定的 7% 的经济增长预期目标相衔接。

经济增长阶段的转换，表面上看是增长速度的调整，实质上则是经济结构、增长动力和发展方式的转变。就宏观政策与增长阶段转换的关系而言，宏观政策要顺应而不是抵触增长阶段的转换，特别要防止过度放宽宏观政策，而使经济重回以往高增长轨道的倾向。从日本、韩国的经验看，一旦潜在增长率下台阶，扩张性政策并不能拉高增长速度，反而会推动经济泡沫化，积累新的风险。经济增速的适度下行，有利于结构调整和发展方式的转变、发展阶段的转换。应当把经济下行压力尽可能转化为调结构、抓改革的动力。在当前市场竞争激烈，企业经济压力较大的情况下，企业会有更加迫切的动力，推动技术改造和产品升级换代，社会各界也应当抓住并充分利用好深化改革的机遇。

然而，在具体的经济部门要做到这一点，其实并非易事。尽管宏观数据显示，经济虽处低位，却已初步企稳之势正在形成，但若从企业相关数据来看，却是另外一种情形。上半年，全国规模以上工业企业产销率仅 97.5%，同比下降了 0.6 个百分点，且数据在二季度连续下降。采购经理指数（PMI）二季度平均 51.3，虽然在临界值之上，但从 4 月的 53.3 到 5 月的 50.4，再到 6 月的 50.2，总体呈现下行趋势。企业利润恶化情况持续，1 ~ 5 月份，工业企业利润累计增速为负的 2.4%，已是连续 5 个月处于负增长状态。宏观数据与企业数据呈现分歧，主要是由于本轮经济减速根源在于经济结构失衡与实体经济扭曲，虽然信贷扩张和基建投资加速，令短期数据有所好转，但结构失衡的问题并未解决。

2008 年金融危机过后，由于 4 万亿经济刺激计划的出台，不仅没让过剩产能淘汰，反而令产能进一步扩张，而现在却要将高价买入的库存割价卖出，利润必然受到挤压。经济刺激计划出台后，企业转型停滞，资本流向虚拟经济，圈钱引发泡沫，随后实体经济逐渐呈现空心化趋势，从而加重了这一轮的危机。经济下滑，各级政府就不断强调要稳增长。稳增长是必要的，但稳增长绝不能指望再一轮的信贷膨胀。要知道，上一轮信贷膨胀带来的产能过剩与通货膨胀仍未完全消化，且已大大延误了结构转型的时间。

长期以来，政府、企业、市场和社会适应和习惯于高速增长的环境，但现在则必须理性看待经济增速放慢，正确对待中国经济在改革开放30多年高速增长后，正从快速增长阶段向中速增长阶段转变。经济增速放缓后，对经济增长的质量和效益要求更高，这要求必须加快经济结构调整，从过去依靠土地、资金、资源、环境以及劳动力等要素投入，转向依靠效率和创新来促进经济增长。

调整或许是痛苦的，但唯有调整才有出路，调整得越快，经济发展也将越快。积极推进结构调整，加快经济发展方式转变，不论是应对国际金融危机、跨越中等收入陷阱，还是保持经济长期发展，都是必须的。中国经济发展方式转变较慢，在于支撑经济快速发展阶段的体制、机制、政策甚至管理方式，现在不足以支撑国民经济向更高阶段发展，这也要求必须加快转型。只有这样，下定决心调结构，才能“稳增长”，构筑好中国此后中长期稳定发展的新格局；只有眼前服从服务于长远，中国经济长期平稳快速发展才是真正有保障的。

收入分配体制改革总体方案应针对分配调控体系和资源配置体系存在的缺陷，针对国民收入贫富差距、地区差距、城乡差距、行业差距不断扩大的趋势，重在实现效率与公平的均衡。

应尽快推动收入分配制度改革*

国务院总理温家宝在2012年两会上作政府工作报告时强调，当前和今后一段时间，要深入推进重点领域改革，深化收入分配制度改革，努力提高居民收入在国民收入分配中的比重，提高劳动报酬在初次分配中的比重，尽快扭转收入差距不断扩大的趋势。接着在3月13日的全国人大记者招待会上，温总理进一步表示，在他任职的最后一年，政府要做几件困难的事情，第一件就是制定收入分配体制改革总体方案。

8月29日，国家发改委主任张平受国务院委托，向全国人大常委会报告了2012年以来国民经济和社会发展计划执行情况，在讲到下半年要认真落实2012年深化经济体制改革重点工作意见时表示，将抓紧制定收入分配体制改革总体方案。

消息一出，立即引起了各界的关注与热议。

改革开放以来，中国经济高速发展，经济发展成就举世瞩目。但与

* 本文写作于2012年9月8日

此同时，国民收入差距问题越来越突出，社会成员之间收入差距扩大化趋势成为一个事关发展全局的重大经济社会甚至政治问题。

基尼系数是国际上衡量贫富差距的重要指标。据联合国有关机构研究，从城乡居民基尼系数分析，目前中国基尼系数已经由1978年的0.16上升到2011年的0.514，基尼系数所显示的居民贫富差距状况，不仅超过了国际上公认的0.4警戒线，也远远超过发达国家平均水平和多数发展中国家状况，中国已成为全球贫富两极分化最严重的国家之一。据国家统计局抽样调查数据显示，2010年中国高低收入人群（各占调查总数的20%）的收入差距是22倍，而印度是14.6倍，俄罗斯是13.5倍，美国是9.8倍，日本是7.6倍，这说明中国居民收入差距远远高于这些发达和发展中国家。目前中国居民收入差距拉大，突出表现在城乡居民之间、地区居民之间，特别是高低收入人群之间，这种趋势如果得不到有效遏制，将会严重影响社会公平公正，影响社会和谐稳定，影响中国经济持续快速健康发展。

改革开放后，中国基本经济制度发生了重大变革，由此导致国民收入初次分配制度也发生了巨大变革，改变了生产要素在不同单位和个体间的分配格局，造成了生产要素占有的差异和分配结果的差距。换言之，中国国民收入初次分配收入差距拉大，是在社会经济全方位转型过程中逐步形成的。

在全社会经济全方位转型过程中，生产力得到了极大的释放，经济高速发展，居民收入水平也显著提高。但由于政策滞后，市场发育不全，分配制度有缺陷，造成了居民收入在国民收入分配中占比小，劳动报酬在初次分配中占比小和国民收入分配差距不断扩大。1979 ~ 2010年间，中国城乡居民收入年均增长7.3%，明显低于同期国内生产总值年均增长9.9%的速度，更远低于同期中央财政收入年均增长18.7%，地方财政收入年均增长12.4%的速度。事实说明，中国城乡居民收入没有与经济发展保持同步增长，更低于中央和地方政府的收入增长，居民收入在国民收入中比重过低。有关研究表明，中国劳动者报酬仅占国内生产总值的 45%，政府税收约占 15%，资本收益约占 40%。而劳动者报酬比重，在发达国家一般在 50% ~ 65% 之间，在发展中国家平均为 55% 左右。1978 ~ 2010 年，中国城镇职工年收入增长 76 倍，同期国内生产总值增长 110 倍。1978 年城镇单位就业人员工资占国内生产总值 15.5%，2010 年城镇单位就业人员工资占国内生产总值下降到 8.5%。事实说明，在国民收入初次分配中，劳动者报酬占比没能与经济增长保持正向递增关系，劳动者尤其是体力劳动者的社会平均工资水平增长缓慢。居民绝对贫困状况是反映一个国家发展状况的重要标尺。截至 2011 年年底，中国农村居民人均纯收入不足 2300 元，贫困人口有 1.2 亿人。城镇居民年人均收入达不到地方最低生活保障标准的绝对贫困人口有 5000 万人以上，全国城乡绝对贫困人口合计超过 1.7 亿人。如果用世界银行每天生活费支出不足 1.25 美元的全球贫困标准来估算，2011 年中国年人均生活费支出低于 2900 元人民币的贫困人口超过 2 亿人，约占世界相应标准贫困人口的 20%。这些数据足以说明，改革开放以来，虽然中国反贫困战略取得巨大成就，绝对贫困人口大幅下降，但是城乡贫困问题依然是一个严重的经济社会难题，需要继续努力解决。

收入分配体制改革总体方案应针对分配调控体系和资源配置体系存在的缺陷，针对国民收入贫富差距、地区差距、城乡差距、行业差距不断扩大的趋势，重在实现效率与公平的均衡。不仅要坚持社会主义市场经济改革方向，而且要注重发挥政府宏观调控作用；不仅要解决增量意义上的收入分配不公，而且要逐渐调整存量意义上的财富占有不公；不仅要形成让人民群众分享更多经济发展成果的体制机制，而且要形成有利于促进生产力发展、效率提高的制度体系，推动收入分配制度更加完善，收入分配差距逐渐缩小，收入分配秩序不断规范。其中，最为重要的：一是要深化经济体制改革，完善要素价格形成机制，并健全要素分配制度，充分发挥市场调节收入分配的基础性作用。这是解决收入分配不公的制度基础。二是要实施就业优先战略，强化政府促进就业的责任；完善劳动用工机制、工资决定机制，提高劳动者薪酬水平。这是提高居民收入的基本手段。三是要完善统筹城乡区域发展体制，加大强农惠农力度，促进农业增产、农民增收和农村繁荣；积极稳妥推进城镇化，继续推进西部大开发、中部崛起等发展战略，促进缩小城乡区域收入差距。这是公平收入分配的体制保障。四是要完善再分配调节机制，加大税收政策调节力度，完善财政转移支付制度；加快推进社会保障体系建设，深化医药卫生体制改革。这是公平收入分配的有效手段。

从国内外的情况分析可知，在经历了快速的经济发展之后，革新社会管理将成为至关重要的硬任务。未来一段时期，中国要把贫富分化和固化问题一同解决，尤其要解决正在出现的贫富固化苗头。这既是经济问题，也是社会问题和政治问题。

据相关资料披露，收入分配体制改革总体方案的起草工作于2004年启动，由发改委具体负责。2010年初和2011年12月，发改委两次将方案上报国务院，但均未通过。难怪全国人大常委吴晓灵批评说，收入分配改革喊了八年还没出台！如果说改革开放之初困扰我们的最大问题是思想僵化，那么现在我们面临的最大难题则是利益格局化。深陷于各种利益的博弈，拘泥于少数群体的利益，听任分配改革方案难产，则是很危险的。过去中国经济长期高速增长掩盖了较多社会矛盾，2012年始已开始向中速发展期转变，则必须正视经济增长放缓或衰退时社会矛盾集中爆发的可能。早在100多年前，法国历史学家托克维尔就注意到，社会大动荡往往不是发生在经济长期停滞的地方，而是发生在经历了经济增长的地方；最可能发生动荡的时刻是经济停止增长，开始出现下滑的那个拐点。法国大革命正是发生在这样一个时点。对此，不能不防患于未然。应及早并积极解决正在形成的贫富分化和固化苗头等社会问题，尽快推动收入分配体制改革总体方案出台，尽快推动收入分配制度改革实施。为此，要勇于打破“犬儒主义”对不公平不正义的漠视，打破“存在就是合理”的庸俗哲学，打破既得利益格局和制约，着力营造一种锐意改革、豁然生动的新气象，以解放思想、实事求是的精神，加速推动以收入分配制度改革为突破口的社会管理与创新。

按发改委主任张平的说法可知，收入分配体制改革总体方案最晚能在 2013 年 3 月前制定完成。若如此，恰好可以提交 2013 年 3 月召开的十二届全国人大一次会议审议。若获得通过，改革方案就具有国家立法的性质和不可动摇的法律效力，从而结束八年难题无解、方案难产的改革困局。总之，应尽快推动收入分配制度改革，不可再拖了。

中国的房地产已处于一个非常尴尬的局面，不管是崩盘还是反弹，都会使中国处于危险的境地。有学者研究显示，2004 ~ 2009 年房价上涨了 250%，远远超出了官方指数（2004 ~ 2012 年累积增长 113%）的增长水平。

未来经济可能小幅下行 *

国家统计局和中国物流与采购联合会 2013 年 5 月 1 日联合发布的 PMI 数据显示，4 月中国制造业采购经理指数（PMI）为 50.6%，比上月回落 0.3 个百分点，显示中国制造业恢复进程漫长，经济恢复基础还不稳固，给外部市场对当前经济增长可能出现反复的预期以佐证。

在五个分类指数中，生产指数和新订单指数均出现下降。4 月的生产指数为 52.6%，比上月略微回落 0.1 个百分点，表明制造业企业生产继续保持增长态势，增速略有放缓。在企业生产上，目前大企业的景气情况好于小企业。4 月大型企业和中型企业生产指数高于 50%，但小型企业低于 50%。4 月的新订单指数为 51.7%，比上月回落 0.6 个百分点，连续七个月位于临界点以上，表明制造业来自客户的产品订货量继续增长，但增幅收窄。受生产和订单恢复不佳的影响，企业继续减少原材料库存储

* 本文写作于 2013 年 5 月 8 日

备。4 月份的原材料库存指数为 47. 5%，与上月持平，连续 3 个月位于临界点以下。同时，企业在持续加快去库存，产成品库存指数回落，产成品库存指数为 47.7%，比上月下降 2.5 个百分点。从需求面看，新订单指数、出口订单指数、积压订单指数均在下降。从库存方面看，产成品库存和采购量指数也在下降。这些情况表明，订单水平下降，开始使补充库存转为去库存。4 月份购进价格指数大幅降低，也反映了企业预期向负面的变化。种种迹象预示，未来经济小幅下行的可能性增大。

此前，一季度宏观经济数据的各项指标显示，政府投资和房地产依然是经济增长的主要动力。就增长率而言，基础投资增长近 27%，列各类投资榜首；其次是房地产开发投资，同比增长 20%。与此同时，社会消费的零售额增长有所回落。由此可见，中国经济结构失衡依然突出。发改委从 2012 年至今，批复了数百个投资项目，大多数是各地政府申报的地铁、公路、港口等基础设施建设项目，投资总额达数万亿元。各地政府“积极的财政政策”是一季度基础设施投资增长近三成的主要原因。至于商品房销售额同比超过 60%，更是和地方政府密切相关了。居民可支配收入在国民财富中的比重呈下降趋势，消费能力和消费意愿不足，是问题的另一个方面。统计数据显示，从 1996 年开始，中国居民收入在国民可支配收入中的占比逐年下滑，从 73.29% 一直降至 2011 年的 58.66%，而同期政府和企业的可支配收入则从 26.71% 上升至 41.33%。“国富民穷”是居民家庭消费能力提高较慢的重要原因之一。此外教育、医疗、养老等社会保障的不足也是影响居民消费意愿的重要方面。从分行业数据来看，比较能客观反映开工率和制造业景气度的用电量增长率只有 2.9%，而钢铁、水泥、焦炭及有色金属等行业的增长速度大多接近或超过 10%，远高于发电量的增长。与此同时，季度产销率和生产资料价格指数双双下降，可见产能过剩现象依然如故，产业结构调整的任务依然艰巨。

国际货币基金组织（IMF）4 月中旬在最新一期《世界经济展望》

（WTO）报告中，将 2013 年世界经济增速预测从 2012 年 10 月的 3.5% 下调至 3.3%，并预计 2014 年增长 4%。其中，发达经济体 2012、2013 两年预计增长 1.2% 和 2.2%；新兴市场和发展中经济体的经济活动已经开始恢复动力，预计 2012、2013 两年将增长 5.3% 和 5.7%。IMF 还将中国经济 2012、2013 两年增速下调了 0.1 和 0.2 个百分点至 8 .0% 和 8.2%。其实，就中国经济的发展态势而言，比增长速度减缓更可怕的是增长结构失衡。因为资源投入型增长模式非但长远不可持续发展，而且还会给经济发展带来风险，无论是国外的历史教训，还是中国的现实经验，都能证明这一点。研究发现，金融危机爆发前总会有三个常见征兆，即杠杆率迅速抬升、资产价格迅速上涨、潜在的增长率下滑。中国经济已经呈现出此三方面的征兆，有无发生金融风险的可能，对此三方面进行分析是非常必要的。

以国内信贷占 GDP 比重（以下称 DCG 比率）进行衡量，中国的杠杆水平目前已经达到自 1978 年数据公布以来的历史最高水平。国内信贷是指存款吸收机构的债权，主要是银行和信用社发放的贷款以及其持有的政府债券与企业债券。金融危机前，中国的 DCG 比率为 120.8%，但随着政府实施积极财政政策和宽松货币政策来支持经济增长，并依赖银行贷款为财政扩张提供融资，这一比率大幅上升。然而，这一 DCG 比率只涵盖了来自官方银行系统的信贷，不包括通过债券和股票市场或影子银行系统提供的信贷，即不显示在银行资产负债表上的借贷活动。2012 年中央政府债券发行量为 1.356 万亿元，地方政府债券发行量 2500 亿元，两类债券合计的公共债券发行量比 2011 年上升了 0.4%。而这两类债券只是狭义上的“公共融资”，因为地方政府融资平台发行的债券和信托及承担的银行贷款也应属于政府资产负债表上的负债。还有地下借贷。中国人民银行在 2011 年中的一项调查显示，2011 年民间融资总量是 3.38 万亿，相当于银行贷款总额的 5.8%。综合估测结果显示，2012 年中国综合社会融资总量占 GDP 的比例上升了 62 个百分点，从 145% 增至 207%。其杠杆率的上升速度高于央行公布的社会融资总量，更快于国内信贷占 GDP 比重的增长速度，值得警惕。

在中国，房地产价格破灭风险比股市泡沫破灭风险更大。中国的房地产已处于一个非常尴尬的局面，不管是崩盘还是反弹，都会使中国处于危险的境地。有学者研究显示，2004 ~ 2009 年房价上涨了 250%，远远超出了官方指数（2004 ~ 2012 年累积增涨 113%）的增长水平。这一涨幅也超过了 Case - Shiller 美国住房价格指数，后者从 2001 ~ 2006 年的峰值上涨 84%。此外，土地价格涨幅远远超过房价涨幅。据官方统计，每平方米的土地平均售价从 2003 年的 573 元涨至 2012 年的 3393 元，10 年间涨了 492%。在过去的几年里，先后出台了一系列调控政策，遏制房价上涨。不过这些调控政策出台后，房价一般在最初有所下滑，但随后反弹，表明风险并未缓解。

古典经济学理论认为，潜在经济增长率主要由三大因素决定：劳动力、资本和全要素生产率。由于劳动力和生产率增速下滑，中国也出现了潜在增长率放缓的迹象。市场份额分析表明，中国在 2010 年之前竞争力迅速提升，但此后进展停滞。这主要是因为自 2008 年以来，中国三大主要竞争力因素——人口、被低估的货币和改革红利均有所削弱。联合国预计中国的劳动年龄人口数量将在 2015 年达到峰值。但统计局的数据显示，在经历了 20 年开始首次上升后，中国的劳动年龄人口已于 2012 年开始首次下滑。货币方面，2005 ~ 2012 年人民币兑美元汇率升值 22.9%，实际汇率已累计升值 25.7%，人民币相对部分新兴市场货币的升值幅度尤为明显。劳动力市场偏紧和货币走强对实体经济造成的影响是，在此期间，中国劳动者与印尼劳动者之间的工资差距显著扩大。2000 年中国的平均工资是印尼的两倍左右，2011 年中国的平均工资已是印尼的 3.5 倍。2000 年至 2011 年，中国累计工资涨幅为 473.7%，远高于印尼的 238.6%、印度的 137.2% 和墨西哥的 46.3%。由于中国三大竞争力因素日渐削弱，其对外国投资者的吸引力也在下降。由于中国对公共投资的依赖程度目前超过私人和外国投资，同时公共投资的生产率相对较低，因此整体生产率也面临下行风险。

中国近期主要的风险是金融稳定、通胀和房地产泡沫。如果政策继续保持宽松，容忍金融风险，以换取短期内的经济快速增长，那么未来发生系统性危机的风险将增大。

综合上述，中国经济无论是从客观运行的实际分析，还是从控制风险的主观政策愿望分析，未来经济小幅下行的可能性都在增大。

从 1996 年开始，中国居民收入在国民可支配收入中的占比逐年下滑，从 73.29% 一直降至 2011 年的 58.66%，而同期政府和企业的可支配收入则从 26.71% 上升至 41.33%。“国富民穷”是居民家庭消费能力提高较慢的重要原因之一。

2013 年 6 月 19 日，国务院总理李克强主持召开国务院常务会议。会议要求“引导信贷资金支持实体经济，把稳健的货币政策坚持住、发挥好，合理保持货币总量”。国务院的最新表态，不仅给央行的行为以政策依据，也为当前的货币政策定下了基调，其实际内容就是“稳中偏紧”。

调结构控风险 货币政策稳中偏紧 *

从 2013 年 5 月份以来，金融市场的资金利率全线攀升。以 3 个月国债利率为例，5 月 7 日，其到期利率为 2.59%，6 月 19 日升至 3.39%，升幅高达 30%；银行间隔夜拆借利率更是飞涨，6 月 20 日的拆借利率高达 7.66%，比 5 月 7 日的 2.36% 猛涨 224%。同期固定利率企业债券到期收益率也从 2.35% 陡升到 6.97%，涨了近两倍。期间，甚至传出谣言，有大型银行出现资金违约。媒体上“闹钱荒”的标题频频出现。受此影响，6 月 20 国内股市再次大幅下挫，上证综指收报于 2084 .02 点，跌 2.77%。市场上弥漫着恐慌情绪。

市场分析人士对于突然出现的“钱荒”成因，普遍认为不外乎以下原因：一是资金外流的影响。2013 年以来，美国经济复苏数据日益走强，

* 本文写作于 2013 年 6 月 23 日

美联储官员公开了美国退出 QE 的策略，引发了市场的过度反应，美国对全世界资本的引力陡增，造成新兴市场国家资金外流。中国亦未能幸免。上半年，除 2 月份的季节性原因外，中国银行结汇余额逐月下降，从去年 12 月的 509 亿美元，下降到 5 月份的 104 亿美元。二是严格监管的影响。国家外汇管理局 5 月 5 日发布的《关于加强外汇资金流入管理有关问题的通知》在 6 月底即将实施，迫于外币纳入贷存比考核的压力，一些银行不得不提前买入美元补充外汇头寸，以求达到监管要求标准。这是近期美元买盘力量增大的主要原因，也在一定程度上加剧了银行间资金面紧张状况。同时，20 号文还强调了“对进出口企业货物贸易外汇收支的分类管理”，这实际上是监管层在严查虚假贸易，从而使得国际热钱流入大幅减少，5 月份以来外汇占款增长进一步大幅下降。三是备付金率下降的影响。随着杠杆率的不断放大，商业银行的人民币超额备付金在逐渐下降，3 月末超额备付金率从 2012 年年底的 3.51% 降至 2.58%，二季度，超储率继续下降，业务人士估计已经降到 1.5%，银行体系流动性的边际承受力也因此大大下降。四是年中考核的影响。6 月底之前，银监会将针对 8 号文的落实情况展开检查，迫使银行将表外的非标资产转移至表内同业资产，直接挤压同业拆借额度。以上种种影响都会对金融市场的流动性产生一定的收缩压力。而 6 月下旬关于某大银行的违约传言产生的蝴蝶效应，进一步强化了市场对资金紧缺的猜测和预期，也放大了“钱荒”的恐慌效应。而实际情况是“钱荒”谈不上，“钱紧”是真的。

截至目前，“钱紧”也已持续了一月有余。在此期间，不仅资金面的紧张程度超出了市场预期，央行的“反常”更是市场人士所料不及的。5 月下旬，受外汇占款流入减少，季节性财政税款上缴和月末因素等影响，如前分析，银行间资金利率逐步走高。进入 6 月份，随着端午节前商业银行现金备付压力上升，资金利率持续飙升，隔夜拆借利率逼近 10%。央行并没有施以援手，像以前一样，只要货币市场资金紧张，都会投放、熨平市场波动，而是央票发行与正回购操作照做不误。至于逆回购与短期流动性调节工具（SLO）却只停留在“说”的阶段，打破了市场关于央行节前“放水”的惯性期待。6月19日，国务院总理李克强主持召开国务院常务会议。会议要求“引导信贷资金支持实体经济，把稳健的货币政策坚持住、发挥好，合理保持货币总量”。国务院的最新表态，不仅给央行的行为以政策依据，也为当前的货币政策定下了基调，其实际内容就是“稳中偏紧”。坚持稳健、盘活存量、用好增量，意味着顶住压力，继续调结构、控风险，货币不会放水，反映了新一届政府应对金融风险隐患的坚强决心和强硬态度。

必须清楚地看到，从2000年到2012年，中国各层次的货币供应（基础货币，M1和M2）一直保持高速增长，较大幅度的超过GDP的增速。2013年3月，M2（广义货币）突破100万亿元，中国成为世界上最大的货币供应国。M2/GDP接近200%，超过美国、欧洲和日本等发达国家，也超过印度等发展中国家。出现如此“高货币化”现象，固然有发展中难以避免的原因，但如此大规模的流动性，很难简单的说是一种正常现象，代价已经显现。货币供给过度扩张，隐藏着很大的流动性风险。判断一国货币供给是否过度扩张，一个重要的指标是货币流通速度和货币供给乘数。一般来说，如果货币供给的增长伴随着货币流动速度的上升，至少货币流通速度不变，那么说明货币供给的扩张是必要的，也是适度的，因为货币供给的扩张并没有导致资金使用效率的下降。而“M2/GDP”比率的持续走高，意味着中国的货币流通速度在下降。因此，中国货币供给的不断扩张是以经济增长对资金的利用效率下降为代价的，货币供给的扩张速度已经超出了适度的范围。研究还表明，中国的M2（领先10个月）与通胀的波动步调基本一致，中国货币供给快速增长，对通货膨胀的影响非常明显。货币供给过度扩张引发资产价格泡沫，房地产泡沫是一绝好例证。2008年后，为了应对国际金融危机对中国经济增长的过度冲击，央行实施了宽松的货币政策，以配合国家的经济刺激方案。于是，中国股市快速上涨，在股市受国际股市下跌影响而下跌并保持低位后，中国的房地产价格又开始快速上涨。国家一再调控，至今难以遏制上涨势头。货币供给过度扩张还会导致银行资产负债过快膨胀，隐藏着坏账和挤兑风险。商业银行在基础货币的基础上创造存款货币，扩张负债和贷款等资产。因此，对于银行业金融机构而言，货币供给的持续快速增长，导致其资产和负债规模不断膨胀。到 2011 年底，中国（贷款）金融机构的存款、贷款和资产总额分别为 80.9 万亿元，54.8 万亿元和 91.3 万亿元，分别是 2011 年 GDP 的 1.72、1.16 和 1.94 倍。同时，在中国金融机构发放的信贷结构中，政府部门贷款占比较高，信贷的坏账风险较大。中国地方政府贷款余额占中国金融机构人民币贷款存量的比重，在 2009 年和 2010 年接近 18%。然而，由于中国地方政府收入对土地出让收入的依赖性较大，在房地产调控政策不放松的情况下，地方政府的卖地收入可能难以保证对所借贷款按期还本付息。此外，中国房地产相关贷款占银行体系贷款总额的比例约为 20%。在中国对房地产投资和贷款的严格调控下，虽然房地产价格短期内还降不下去，却也难以快速增长，房地产相关贷款也蕴藏着巨大的风险。国际货币基金组织对中国金融部门的稳定性评估报告就曾指出，中国银行业持有的房地产贷款敞口较为温和，但是间接敞口却高得多，如果房价回调又伴随经济增长放缓，对银行业和金融稳定将会产生严重影响。当潜藏的风险越聚越大之时，控风险就会上升为主要任务。正因为如此，对金融风险的坚决控制，才是近期流动性收紧的主要原因。

2013 年以来，商业银行信用膨胀非常厉害，社会融资规模同比多增加 3 万亿元，积累了越来越多的风险。商业银行表外业务及“影子银行”迅速扩张，亦蕴藏着极大的风险。央行不放水，而坚持收紧的意图，是打压风险偏好，促使商业银行以更加谨慎的方式管理资产负债，特别是控制一些机构流动性错配的风险。毋庸置疑，此举将会导致短期内经济增长面临下行压力。但即使如此，也决不手软，这是因为新政改革措施有利于降低系统性风险，并可能提高中国经济潜在增速。因此，“稳增长”在潜在风险巨增时，要先让位于“控风险”，在长远发展因结构性问题受到扼制时，要先让位于“调结构”。目前，只能是牺牲一点增长速度，“调结构、控风险”，以求长远能够“稳增长”。“调结构、控风险、稳增长”关系的协调，在不同历史条件下会有不同的具体内容和重点。这在整个经济发展进程中都会始终如此。中国当前货币政策稳中偏紧，正是调结构、控风险的必然选择，是当前形势下“调结构、控风险、稳增长”关系的协调结果。国务院及央行此次变招的意义，其实不仅是目前对待潜在风险的态度调整，更是对中国经济长远发展战略的新布局，是加快中国金融业深化改革步伐的信号。今后，利率市场化、人民币国际化等系列改革措施必将会加快推行。

“稳增长”在潜在风险巨增时要先让位于“控风险”，在长远发展因结构性问题受到扼制时要先让位于“调结构”。目前，只能是牺牲一点增长速度，“调结构、控风险”，以求长远能够“稳增长”。

银行间流动性波动事件，一方面凸显了实体部门债务扩大风险和金融体系脆弱性，另一方面也宣示了2012年以来相对宽松货币政策的终结。后“钱荒”时代到来了。

后“钱荒”时代*

通过这场所谓的“钱荒”后，商业银行流动性风险的警示已闹得几乎“地球人都知道”了。从2013年6月24日起，央行公开出手维稳，银行间市场资金利率稳步回落，“钱荒”也走向了尾声。

而此前的6月20日，在央行迟迟不肯“放水”，市场宽松预期接连受挫之后，资金面一度陷入恐慌，当日盘中隔夜与7天利率分别创下了30%和28%的历史最高纪录。

6月24日，央行开始公开推行维稳。央行办公厅发布《关于商业银行流动性管理事宜的函》指出，当前，中国银行体系流动性总体处于合理水平，但由于金融市场变化因素较多，且临近半年末重要时点，客观上对商业银行流动性管理提出了更高的要求。6月25日，在2013年陆家嘴金融论坛新闻发布会上，央行上海总部副主任凌涛就“钱荒”作出回应：从总体看，货币市场利率出现时点和季节性波动，只是一个暂时现

* 本文写作于2013年7月8日

象，一些时点因素会逐步消除。当晚，央行网站刊发题为《合理调节流动性，维护货币市场稳定》的公告称，为保持货币市场平稳运行，近日央行已向一些符合宏观审慎要求的金融机构提供了流动性支持，一些自身流动性充足的银行也开始发挥稳定器作用，向市场融出资金，货币市场利率已回稳。继6月25日央行发布公告稳定市场之后，接续上周央行暂停公开市场操作，由于央票和正回购到期，这一周净投放资金460亿元。

据全国同业拆借中心公布，7月4日，上海银行间同业拆放利率继续全线回调。其中，隔夜拆借利率下跌5.20个基点，至3.3480%；7天期利率下跌30.40个基点，至3. 9380%；14天期利率下跌19. 40个基点，至4. 4640%；1月期利率下跌9. 80个基点，至5.1020%。在银行间债券市场，除隔夜回购利率微涨之外，其余各项利率亦继续下跌。截至7月4日收盘，隔夜、7天、14天与21天利率分别收于3.312%、3.951%、4.447%和4.952%。随着两项短期利率相继回到3%时代，市场基本回归常态。银行间流动性波动事件，一方面凸显了实体部门债务扩大风险和金融体系脆弱性，另一方面也宣示了2012年以来相对宽松货币政策的终结。后“钱荒”时代到来了。

7月5日，银行间市场迎来一次例行的存款准备金补缴，由于年中考核的因素，这一天向来是补缴规模偏高的时点。鉴于前期过于悲观的市场氛围，商业银行基本备足了补缴所需的资金，市场利率并未发生大幅波动。而覆盖了存准补缴日的7天利率一直在下跌，说明了实际资金缺口小于预期。同时，央行未进行大规模的资金投放，表明央行认为市场流动性总体问题不大。尽管如此，因为资本流入维持低位，银行利润分红等因素影响，加上央行维持稳健审慎的货币政策，银行间流动性不可能再回到2013年5月的相对宽松水平。

财政部网站7月4日发布公告，将分别于7月11日和7月18日进行

2013年中央国库现金管理商业银行定期存款第四期和第五期招投标，招投标金额各500亿元，合计1000亿元。而2013年以来，财政部、央行共已进行了三期国库现金定存招投标，分别于4月23日、5月23日和6月20日各投放400亿元，期限均为6个月，中标利率不断走高，分别为4.50%、4.80%和6.50%。财政部与央行选择在这个时点实施国库现金定期存款招投标，释放流动性，维稳意图明显。据Wind资讯统计，7月16日和7月30日，公开市场还将分别迎来1600亿元和850亿元的3年期央票到期，规模合计2450亿元，是2月以来的新高。有必要提醒投资者的是，在三季度经济基本面、政策面均不太可能马上出现大拐点的背景下，月初已出现的资金利率的阶段性回落其实不具有转折点意义，央行的一些维稳举措也绝非是加久期和加杠杆的信号。从新一届政府的思路分析，过去很长时期以来的流动性宽松面临转变。

在出席“陆家嘴论坛”期间，周小川接受媒体采访时就曾经表示：央行对流动性的把握，市场基本上还是正确理解了。“此次货币市场利率的波动，其积极意义在于提示银行，需要对自己的资产业务作出调整。”银监会主席尚福林在“论坛”期间就明确指出，商业银行的同业业务结构存在缺陷。对于金融机构而言，央行及银监会的意图非常明确。然而，如果按照“理性人”的设计，商业银行为了追求利润，只要在业内“吃利差”就能够获得足够高的收益，谁还会去支持实体经济？如果央企、国企能够把贷款额度拿走，又能按时还款，又何必送钱给民营及中小企业？如果“影子银行”业务能够少限制、多盈利，何须吃力不讨好受监管？而此前的经济发展模式，某种程度上放任了银行这种盈利模式，尽管决策层也曾偿试控制这种风险，但在经济下行之时，哪一次也没有真正下得去手，大规模刺激政策、超宽松的货币流动性让一些病症“春风吹又生”。于是，风险便不断累积，一方面，近十年来中国全社会的债务率（杠杆率）已经上升了40个百分点；另一方面，产能严重过剩行业的贷款伤人害己，行业、银行和政府都可能为此付出沉重代价，一些地方项目已经出现烂尾，泡沫塌缩无法避免。或许这些就是这场“钱荒”的大背景，只不过是被外界过度解读、媒体传播、市场焦虑引发恐慌。一些银行的“钱荒”并非不能解决。央行作为最后贷款人，负有维护金融稳定的职能，肯定不会不管，这次只是附带了条件，那就是支持实体经济。如果不能如此，一些过分错配资金的银行就会收获一个教训，商业银行不可避免的先得把规模压下来，降低高风险业务的比重。

要让金融资产向实体经济进军的政策，说起来正确也容易，但落实起来就不那么简单。一方面，大量国有或国有控股的银行在体制上要向市场化看齐并不容易，这种改革必须要朝自己身上动刀子；另一方面，民营银行虽然与市场有着天然的亲近感，但要快速成长起来，还有不少坡坎需要跨越，也需要触动很多利益才能实现。对于同业业务，平安、兴业和民生等股份制银行近年来发展较快。公开数据显示，截至 2013 年一季度末，兴业、民生、平安三家银行同业负债在负债中的占比分别达到 35.08%、26.38%、36.14%。民生银行和兴业银行已先后表态，作为业务亮点，大力发展同业业务的战略不会改变，但会根据市场和监管情况，对业务策略进行调整。6 月 25 日，民生银行在投资者交流会上称：“正在研究下半年同业业务的开展，7 月 20 日前将对超标非标理财产品清零”。6 月 26 日，兴业银行在投资者交流会上称：“市场利率的提升，对兴业银行原来的资产和负债业务产生一定影响，目前重定价部分的同业负债水平利率会上升 100 多个基点，6 月、7 月份各有 1700 多亿元的同业资产到期，资产的重定价很快可以调整。对其中低收益的同业资产业务，到期就退出不做。这虽然对资本回报率贡献不大，但却有助于改善流动性。”由此可以分析，对于商业银行来说，同业存款是收益率较低的业务，这部分业务会先行收缩，而期限错配严重、风险高，收益率相对较低的非标理财产品类资产和业务也会调整，从而实现压缩同业业务规模的目的。

第三辑

中国经济热点问题

DI SAN JI ZHONG GUO JING JI RE DIAN WEN TI

房地产调控正面临新的“十字路口”，国企改革仍处于过程之中，严重的雾霾天气让相关市场变得敏感而火爆，一些新能源企业正在经历着艰难困苦的时刻……转型时期问题频现，诸多经济现象一一解析。

“缺钱”再次成为焦点。全国工商联的调研结果显示，中小企业特别是小型微型企业的状况，可能比2008年金融危机时更为艰难。

中小企业普遍遇钱荒 金融支持势在必行 *

自《中小企业促进法》出台以来，各级政府出台了多项法规规章和扶持政策，使近两年中小企业的融资环境得到改善。但目前中小企业融资难的问题仍很突出。2011年7月5日举行的中国民营经济论坛上，有专家表示，目前国内中小企业的融资难等发展压力，已经达到2008年全球金融危机时的状态。

在连续密集的紧缩性货币政策作用下，工业企业利润同比增速从2010年2月至2011年4月出现了连续下降，部分中小企业处于停产、半停产状态。有关测算表明，诸多因素叠加，导致部分面向出口的中小企业利润率，已经下降至1.44%左右。

6月16日，浙江省中小企业局在其官方网发布了《我省中小企业新情况新问题调研报告》，坦承确实面临几大问题。该《报告》认为最突出

* 本文写作于2011年7月23日

的问题是：在从紧的货币政策背景下，“缺钱”再次成为焦点。目前，浙江国有银行的存款回报一般在贷款额度的 30% 左右，股份制银行更高。银行对中小企业的贷款利率上浮基本上都在 30% 左右。存贷款利差加上承兑汇票贴现利息，企业实际贷款利息远远高于正常贷款利息，接近甚至超过银行基准利率的两倍。民间融资的利息水平相比 2010 年有较大幅度升高，浙江多数地区民间借贷利率年息已经在 25% –30% 之间。2011 年以来，房地产市场不景气，但很多企业还有大笔的钱在里面，所以只好不断地抽走实业上的资金，来保楼市里的钱，这也是一些企业资金紧的重要原因。

而此前，深圳市银监局也通过发布首期“中小企业运营暨金融服务指数”，表明中小企业运营状况呈现出销售下滑、成本趋升、毛利下降、融资需求和缺口加大等特点。融资问题主要是非银行渠道融资不畅：企业从其他外部渠道融资仅占银行对企业授信余额的 1%。融资需求和缺口加大：企业融资需求环比增加 10%，平均融资需求 2782 万元；企业融资缺口环比增加 22%，平均融资缺口为 332 万元。融资难普遍存在：约 13% 的企业融资难度很大，57% 的企业存在融资难问题，但尚能克服，30% 的企业融资基本无困难。存在融资难的 45% 企业，反映的主要原因是缺乏有效担保。

近期，全国工商联耗时 2 个多月，对广东、浙江、江苏等 16 个省进行系统调研，结果发现，中小企业特别是小型微型企业的状况，可能比 2008 年金融危机时更为艰难。一季度，广东 3.73 万家规模以上工业企业实现利润约 923 亿元，同比增长 10.4%，增幅比 1–2 月下降了 12.5 个百分点，比 2010 年同期下降 26.1 个百分点。中小企业数量庞大的长三角地区，也开始出现大量企业停工、半停工局面。温州市经贸委监测显示，今年前 3 个月，该市眼镜、打火机、制笔、锁具等 35 家出口导向型企业销售产值同比下降 7%，利润同比下降 30% 左右。同时，这些企业订单金额出现减少趋势，单笔订单平均金额比上年同期下降的占 16.7%。企业中亏损的占 1/4，仅三成企业利润保持增长。行业平均利润率为 3.1%，利润率超过 5% 的企业不到十家。

中小企业生产经营出现困境，既存在短期政策性的问题，也存在长期体制环境的问题。究其成因，综合分析，主要有以下两个方面的因素：

一是政府支持力度不够，政策协调性不强。尽管出台了很多政策措施，但是同其他国家相比，我国小微企业融资方面，政府的支持力度仍显不足。其一，缺乏完整的制度设计和法律法规保障。美国政府对小微企业贷款提供一套完备的担保计划，美国联邦小企业署（SBA）为小微企业提供完备的融资保证、小额贷款方案、灾难重建贷款方案等支持；美国社区再投资法（CRA）则旨在防止小微企业遭受授信歧视。日本除了政策性金融给予中小企业很大支持以外，在危机期间，政府还专门出台法规，要求商业银行对不能按期偿还贷款的企业给予展期等支持。相比之下，我国的政策和法规体系都不够全面，对商业银行等机构缺少强制性的社会责任要求。其二，对小微企业，政策支持力度不够，针对性不强，重点不突出。很多文件看上去面面俱到，但实际效果有限。其三，部门之间协调不够，导致中小企业划型标准修改迟迟没有出台。《中小企业法》实施已经八年多，但两个配套办法，即“中小企业发展基金设立使用管理办法”和“中小企业信用担保管理办法”至今尚未出台。其四，基础设施尚不完备。例如，对小微企业缺乏完备的征信体系，导致商业银行开展小微企业业务，缺少可资参考的信用记录，从而增加风险定价难度和初期数据积累成本。再如，缺乏对小微企业贷款的统计体系，导致对小微企业金融服务的状况把握不准。其五，财政资金使用效率不高，存在使用分散、交叉重复、方式单一等问题。一些风险补偿政策不是普惠政策，操作中往往只有政府系统设立的担保机构和风险投资公司能够得到补偿。

二是金融体系存在缺陷。其一，间接融资体系存在结构性缺陷。我国现有银行体系具有大中型银行占据绝对主导地位的特点，尽管小型金融机构和准金融机构数量在逐渐增加，但在银行体系中仍处于非主流地位。根据美国学者伯林和麦斯特的研究，商业银行的借贷方式，可以划分为“交易型贷款”和“关系型贷款”两类。前者依据的是企业的“硬信息”（如财务报表、抵押品、信用评级）；后者则依据企业的“软信息”（如企业财务状况、企业产品库存和原材料、水电消耗情况以及企业家的个人品行）。由于大中型企业经营期限长，能够提供完整、透明、真实的财务信息，银行对大中型企业的贷款多属于“交易型贷款”。而小企业具有抵押资产少、财务不透明等特点，银行往往只能采用“关系型贷款”的借贷方式。“交易型贷款”具有规模收益的特点，规模相对较大的银行，更适宜主营“交易型贷款”；“关系型贷款”收益主要依靠贷款利率的溢价（用以补偿信息获得、风险管控的高成本），因此，小银行在“关系型贷款”上更有优势。中国 2010 年银行业金融机构共有法人机构 3769 家，小型银行业金融机构只有 600 余家，而美国资产在 10 亿美元以下的小银行就有 7000 多家。其二，直接融资体系缺少对中小企业扶持。具体来看，一是现有中小企业的上市门槛仍然偏高，能够挂牌的基本上还是偏大型的企业。二是对非法集资的界限不够清晰，难以区分合理的民间融资行为和欺诈活动。三是对私募股权市场的发展不够重视，法律法规界定不清。其三，金融监管政策尚不能适应中小银行的发展需要。出于对中小企业信贷风险的过度担心，监管部门在市场准入、运行规则等方面，设置了过高甚至不合理的门槛。

7 月初，国务院副总理王岐山在主持召开小企业金融服务座谈会上，强调采取更有力的措施，切实缓解小企业融资难。有关部门在其组织的经济学家座谈会上，提出了这种概括性思路。这一新思路的具体内涵是：在资本流入、外汇占款格局依旧，通胀压力依然存在的背景下，保持整体流动性调控的相对紧缩。但在诸如中小企业融资、地方政府融资平台资金链、汽车产业等领域，推动政策定向宽松。

全国政协副主席、全国工商联主席黄孟复称，根据统计，70% 的城镇居民和 80% 以上的农民工，都在中国的中小企业就业。除了从事基本农业生产的农民之外，我国中低收入者主要集中在中小企业。可见，眼下中小企业关乎民生的大部分。长远看，随着全球化的提高，我国将会有越来越多的中小企业融入国际分工和全球价值链。加快提升中小企业国际化水平，是我国对外开放的重要内容，在加快转变经济发展方式中将发挥重要作用。所以，必须加大对中小企业的金融支持力度。

针对存在的问题，今后解决中小特别是小企业融资难的思路，不外乎以下几条：一是进一步健全间接融资服务，完善配套措施；二是梳理现有政策，强化政策的协调性，减少不合理的政策约束，提高财政资金的使用效率；三是完善资本市场结构，为创新企业创造更好的环境。中小企业应成为今后政府有关部门工作的重点，加大对中小企业的金融支持力度，也绝不是目前“银根紧缩”时期一个阶段的工作，而是一项长期的重要工作。

可以预言，温州的中小企业资金链危机提供了一个契机，必将促使我国开放民间资本、防止垄断的金融改革提前到来。

温州中小企业资金链危机唯有改革是出路*

温州企业主躲债出走事件，甚至“跳楼”的案例这一段时间屡有所闻。当或真或假的消息满天飞舞之时，一种恐慌的情绪不仅只是在温州弥漫，还让中国经济平添了一份隐忧。它引起了中央的高度重视，也自然成为媒体持续关注的焦点。

问题的本质是什么？解决的出路何在？是大家普遍关心和迫切需要得到解答的问题。

2011 年，随着世界经济进入复苏阶段，中国的经济政策也从应对金融危机的应急状态回归常态，实施积极的财政政策和稳健的货币政策。央行提出了货币供应量 M2 增长 16% 的政策目标和监测社会融资总规模的政策措施。与 2009 年 M2 增长 27.7%、贷款增长 9.6 万亿元，2010 年 M2 增长 19.7%、贷款增长 7.9 万亿元相比，2011 年的市场资金供应紧缩，企业普遍感到资金紧张。信贷总量压缩，确实在一定程度上对中小企业

* 本文写作于 2011 年 7 月 23 日

经营构成了压力，但整个社会经济体系中，并不存在流动性短缺的问题，中小企业融资困难加剧的主要原因，在于此前至今高通胀水平且通胀预期较强的背景下，各种成本大幅上升而导致融资需求的快速增加和融资成本的不断攀升。

在高通胀且通胀预期较强的背景下，中小企业的原材料、人工成本、能源成本和融资成本均大幅上涨。据央行《2011 年第二季度中国货币政策执行报告》，“第二季度工业生产者购进价格同比上涨 10.4%”，“各省中小企业工资涨幅普遍在 10% ~ 30% 之间”，但“第二季度工业生产者出厂价格同比上涨 6.9%”。这直接导致了企业流动资金贷款需求的增长。同时，由于市场原因，中小企业很难将通胀带来的成本上涨压力转嫁给产业链的上下游和消费者，造成了企业的赢利水平、内部积累和内源融资能力受到严重影响，增加了中小企业对外源融资特别是银行贷款的需求。

而与此同时，银行系统和债券市场对中小企业的融资供给并没有明显增加，除中国银行外，四大行中工商银行、建设银行和农业银行的低存贷比凸显了其信贷供给的不足。而债券市场对中小企业融资的供给能力更是不足，2011 年上半年，企业债券发行规模为 6588 亿元，其中中小企业债券发行规模仅为 127.67 亿元，占比仅为 1.94%。

在上述情况下，中小企业融资困难可想而知。国务院政策研究中心的调研报告显示，在杭州、苏州、成都、大连、青岛等地被调查的企业，约有 80% 多表示今年获得银行的贷款难度增加。工信部《2011 年中国工业经济运行春季报告》认为，“中小企业获得银行贷款的综合成本上升幅度至少在 13% 以上”。央行《2011 年第二季度中国货币政策执行报告》显示，“上半年金融机构对非金融企业及其他部门贷款利率继续上升”。据银监会《当前宏观调控背景下企业融资四现象值得关注》的调查报告，某直辖市一些银行机构对小企业贷款普遍执行基准利率上浮政策，上浮幅度为 20% ~ 30%，个别行甚至高达 50% ~ 60%；同时，部分银行还增加了较多贷款附加条件，通过收取顾问费、咨询费、“扣存放贷”等形式，以实现不低于基准利率上浮 40% 水平的小企业贷款业务综合回报率。中小企业为获取贷款所支付的抵押物保险费、担保费支出等进一步加大了融资成本。

与此同时，社会上又有 80 万亿元的存款（2011 年 6 月），民间借贷十分活跃，许多资金在寻求投资渠道，参与市场借贷活动，于是乎，民间的高利率放贷成了许多中小企业的主要融资渠道。据中国人民银行温州中心支行二季度的调查，温州有 89% 的家庭个人、59.67% 的企业参与民间高利率借贷，民间借贷规模高达 1100 亿元。7 月，民间借贷规模占温州全市银行贷款额的 20%，民间借贷利率也处于阶段性高位，年综合利率水平为 24.4%。近日，中金公司又发布研究报告估计，中国民间借贷额在 2011 年中期同比增长 38% 至 3.8 万亿元，占中国影子银行贷款总规模约 33%，相当于银行总贷款的 7%。

就这样，在紧缩政策和通胀及通胀预期较强的背景下，中小企业从银行获得资金难度增加，转而求助于民间借贷，经过上半年的快速增长，三季度以来，民间借贷资金链断裂的事件陆续出现。已经发生的违约事件多与过度举债或涉足投机领域有关。民间借贷的违约不会直接导致银行的不良贷款上升，但是存在数种间接传导的渠道。况且从来就没有孤立的中小企业，中小企业面临危机时，与产业链上的大中型企业也是相互影响的，无论是原材料供应还是产品配套，中小企业和大中型企业都是密不可分的。中小企业资金链危机会以种种形式向大中型企业传导。若不能恰当有力地处理好中小企业资金链危机，势必会对金融业和实体经济发展造成隐患。

然而，紧缩政策和通胀只是中小企业资金链危机容易看到的成因，而且是外在的非深层次的原因。常识可以告诉人们，货币政策的调整与中小企业融资难，没有必然的因果关系。货币政策调整与否，要看宏观经济的大形势，当下的中国经济，通胀压力居高不下，稳定物价总水平仍然是宏观调控的首要任务。目前，抑制通胀、调整结构和稳定增长三者之间相互纠结，尽管过于强调抑制通胀会牺牲经济增长速度，可能会产生失业率较高的问题，但鉴于通胀压力乃是当前主要矛盾，保持货币政策的相对稳定着实重要。货币政策虽然是短期政策，但货币政策转向为时尚早。

中小企业资金链危机的本质要在深层次上寻找答案。笔者在前文《中小企业普遇钱荒，金融支持势在必行》中作过一些初步剖析，认为主要有两方面的问题，一是政府支持力度不够，政策协调性不强。表现在：其一，缺乏完整的制度设计和法律法规保障；其二，对小微企业，政策支持力度不够，针对性不强，重点不突出；其三，部门之间协调不够，导致中小企业划型标准迟迟没有出台；其四，基础设施尚不完备；其五，财政资金使用效率不高，存在使用分散，交叉重复，方式单一等问题。二是金融体系存在缺陷。表现在：其一，间接融资体系存在结构性缺陷；其二，直接融资体系缺少对中小企业扶持；其三，金融监管政策尚不能适应中小银行的发展需要。指出了问题在于制度设计、法律法规和金融体系缺陷这样一些深层次上，需要通过深刻的改革来解决。比如，需要进一步通过反垄断及放松管制，让市场经济真正作为资源配置的基础性机制。反垄断和放松政府管制，将会为社会资本寻找到新的增长点，其效应绝不可低估。垄断力量的不断扩张，大大挤压了中小企业应有的生长空间，其中问题的严重性，不可小视。而不当的行政管制，不仅会扭曲市场，还会导致诸多寻租行为的出现，使得市场经济必须的法治体系尚未成型，“潜规则”却大行其道。事实上，言及抑制通胀、调整结构及稳定增长之间的平衡，就必须要从民间经济要活力。当下民间金融的问题主要只能是“疏”，适当的可以辅之以“堵”。关键在于解除金融领域当中存在着的不必要的管制，承认和推动民间充满生机与活力的金融生长，降低民营资本进入金融服务业的市场准入门槛，拓宽其业务服务领域。促使民间借贷行为阳光化、合法化，使得民间资本合法有序地进入融资、创业活动。民间资本一直想进入金融领域，民营资本也曾有机会进入金融领域。金融是一个赚钱的行业，但也是有社会外部效应的行业。民营资本主导的金融机构出现的风险，让监管机构心有余悸。所以，在对民间资本放开准入的同时，也要配以相关的退出法律法规，包括接管、重组、撤销和破产规定等。此外，应逐步建立覆盖民营金融机构的存款保险制度，以防民营中小银行破产带来的风险问题。毫无疑问，温州中小企业资金链危机的终极解决之法只能是改革。

可以预言，温州的中小企业资金链危机提供了一个契机，必将促使我国开放民间资本、防止垄断的金融改革提前到来。

中国房地产商由于过度偏好投机，轻视宏观战略预测，忽视社会公众意见，10年来的好日子快走到尽头，将会有不少房地产企业迎来宏观调控和市场泡沫破灭的惩罚，在未来的一年破产倒闭。

房市严厉调控这一年*

号称史上最严厉的房地产调控政策，说话间已持续一年有余。效果如何？

据国家统计局发布的2011年8月70个大中城市住宅销售价格变动信息可知：

1. 新建商品住宅（不含保障性住房）价格变动情况：

（1）与上月相比，70个大中城市中，价格下降的城市有16个，持平的城市有30个。与7月份相比，8月份环比价格下降和持平的城市增加了15个。环比价格上涨的城市中，涨幅均未超过0.4%，涨幅比7月份缩小的城市有8个。

（2）8月份，70个大中城市中，同比涨幅回落的城市有40个，比7月份增加了14个。同比涨幅在5.0%以内的城市有45个。

---

* 本文写作于2011年9月23日

2. 二手住宅价格变动情况：

（1）与上月相比，70个大中城市中，价格下降的城市有26个，持平的城市有17个。与7月份相比，8月份环比价格下降和持平的城市增加了9个。价格上涨的城市中，环比价格涨幅均未超过0.7%，涨幅在0.5%以内的城市有25个。

（2）与2010年同月比，70个大中城市中，价格下降的城市有5个，比7月份增加了一个。同比涨幅回落的城市有34个，比7月份增加了6个。8月份，同比涨幅在5.0%以内的城市有49个。

由此可见，2011年房市的涨幅被控制在5%以内了，发展的趋势正在朝着调控的目标演变，一向坚挺的房价开始逐渐显现出微妙的变化。

这一年多来，市场和行政双重调控并行，包括限贷政策、限购政策、限价政策和保障房政策等多种调控手段在内的房地产调控一次次加压，传递出政策长期性的信号，政策的严格执行和效果巩固显得更加坚定不移。无论是调控政策本身，还是房地产开发企业，房地产市场以及购房者阶层等要素，都在发生着持续不断的深度调整。

资金链方面：2010年调控以来，银根收紧，房地产的企业信贷和个人房贷都急剧紧缩，股市融资也停顿下来。2011年以来，房地产商把最后的希望寄托在房地产信托上，但这条路也越走越窄，即将难以前行。房地产信托的风险已经浮现。近日媒体报道，有开发商在江苏的房地产信托项目遭遇兑付困难，由于工期延长等因素造成房屋销售推迟，加之限购令的影响，使得销售回款异常艰难，开发商资金链濒临断裂。上周，房地产信托产品延续冷淡趋势，仅发行6款产品，拟募集资金10.9亿元，占比14.02%，融资规模及占比大幅下降。上半年，房地产信托的平均收益率为9.81%，相对于2010年全年房地产信托8.92%的平均年收益率，增长了10%。在宏观调控不断深入且政策效果逐渐显现的情况下，地产商从银行获取贷款更加困难，就只能走民间融资的路子，但民间商会对房地产的借贷利率已经上升到 30% ~ 40%，这意味着两年半到三年多，房地商的本金都会被耗光。这条路显然风险更大，是条死路。

需求方面：一是限购令限制了相当多炒房者的炒房需求，使房产逐步退出投资领域，回归消费品市场。房地产商应对调控的策略是“东边日出西边雨”，一线沿海城市已竭泽而渔，就转战二三线城市，炒热这些地方的楼市，通过预售购房款形式获得流动资金，维持一线城市的运转费用。2011 年上半年，二三线城市楼价继续上涨，让房企看到了一丝生机。不料，7 月 18 日宏观调控的巨手开始移向这个漏洞，宣布二三线城市的“限购令”名单不久出炉。这与国务院常务会议此前强调要求房价上涨过快的三线城市也要执行限购政策决定几乎同步。二是保障房的建设使得符合政策的需求者退出了商品房市场。“十二五”期间要建设 3600 万套保障房，规模相当大。全国城镇保障性住房覆盖要达到 20%，现在是 7% 左右，这意味着未来几年要有比现在翻两倍的人口住进保障房。2011 年保障房的竣工任务可达到 600 万套，而 2010 年商品房总的销售套数大约也是 600 万套，这样保障房的套数大约占到整个市场的一半。三是中国的房产市场正在步入成熟的稳定阶段。国际经验表明，在户均住房套数接近 1.1 之前，住房存量将保持较快增长，户均住房套数接近 1.1 左右，住宅市场将进入成熟稳定阶段。据 REICO 工作室初步估计，中国目前基本上处于户均住房套数在 1 左右，摆脱了城镇住房短缺状态。但户均住房套数是一个动态的极不稳定的指标，城镇化的速度会对其有着明显的影响。四是消费者对于调控的信心进一步增强。购房者对房市降价的预期促使观望心理增重，持币等待，成了不少购房者的选择。市场需求的动力开始减弱。

市场方面：一是存货压力快速上升。据中国指数研究院的数据，截至 2011 年 6 月底，京沪广深四大城市的可售面积为 1356.55 万平方米、782.91 万平方米、379.34 万平方米和 336.05 万平方米；按照周平均成交量计算，去库存时间分别达到 16 个月、10 个月、7 个月和 12 个月。此外，武汉、杭州、宁波的去库存时间甚至高达 21 个月、22 个月和 29 个月。二是期房成交同比下跌。据中国指数研究院数据，9 月 5 日 ~ 9 月 11 日，当期监测的 35 个城市中，19 个城市楼市成交量同比下降，11 个城市成交量跌幅在 30% 以上。三是部分城市部分楼盘售价下跌。尽管作为中国住宅开发龙头的万科一直回避降价问题，但销售数据显示，万科销售均价下降已经成为不争的事实。9 月 5 日，杭州下沙板块保利一个楼盘号称单价最高减 4000 元 / 平方米，降价后起价只有 7280 元 / 平方米，而均价则为 8900 元 / 平方米。同样位于下沙的世贸房产的一个楼盘比 9 月 3 日 11500 元 / 平方米的均价整整降了 3000 元，降幅超过了 26%。没有卖不动的房子，只有卖不动的价格，直接降价，变相降价，以价推量在部分城市已经上演。四是多城市一二手房均价倒挂。包括京沪广深等一线城市在内的多个城市，已经频现一二手房均价倒挂现象。一向被视为楼市风向标的深圳，一二手房价格倒挂早在 2011 年 1 月份就开始出现，到 5 至 6 月份时的价格差最大时每平方米相差近万元。8 月份北京 13 宗纯新楼盘项目中，除 5 宗未公布定价外，其余项目的定价均低于周边二手房均价，折价幅度在 10% ~ 15% 之间。上海一二手房价倒挂现象有所加剧，宝山月浦、嘉定南翔、松江新城三个板块表现尤为突出，部分区域二手房比新房单价可高出每平方米 2300 元至 3300 元。广州一二手房价倒挂现象更为明显，其中增城片区的知名大盘碧桂园凤凰城“天麓山”组团，比上一组团便宜 1000 多元。此外，天津、重庆、武汉、宁波、郑州、佛山、无锡等多个楼市重点调控的二三线城市，下半年以来都纷纷不同程度的出现一二手房价倒挂现象。这种曾在 2008 年全国范围内出现的新旧房价格背离现象，在 2011 年下半年大有重演之势。而一二手房价格倒挂，往往是市场整体回调的先期预兆。

中国房地产的变化趋势愈来愈明显。中国社科院 8 月公布的调查显示，中国房地产业投资过度，目前闲置房屋达 6450 万套，所造成的泡沫占房地产产值的 30%。

而严厉的调控必将坚持进行下去。2011 年 7 月 20 日，银监会召开 2011 年第三次经济金融形势通报分析会，刘明康主席要求，银行金融机构审慎开展与地方政府之间的战略合作，密切关注二三线城市的房地产市场风险。2011 年 7 月 22 日，中央政治局召开会议，会议指出："要坚持不懈搞好房地产市场调控和保障性住房建设，坚持调控决心不动摇，方向不改变，力度不放松，坚决遏制住房价格过快上涨，确保落实保障性住房建设计划，确保建设质量，确保分配公平。"

现在，基本可以判定，中国房地产商由于过度偏好投机，轻视宏观战略预测，忽视社会公众意见，十年来的好日子快走到尽头，将会有不少房地产企业迎来宏观调控和市场泡沫破灭的惩罚，在未来的一年破产倒闭。

连续几年来，房地产调控都是“两会”代表、委员热议的话题。因为房地产问题数年来并未得到解决，且关乎民生，影响深、涉及广，“两会”代表、委员不得不长期高度关注。老百姓其实更期盼这个问题2012年能尽快在实际层面得到真正解决，而不再只是年复一年的热议与关切。

房地产市场的理性回归*

2011年是房地产市场最不平凡的一年。中央政府连续出台一系列调控政策，加大对房地产市场的调控力度。在调控措施的作用下，投机性需求得到了一定程度的抑制，市场交易量明显下降，保障房建设速度加快，市场供求关系进一步得到了改善。年末，房地产市场呈现量跌价滞的趋势，房地产调控初见成效。

其实，房地产调控的任务还远远没有完成，2011年的房价还没有下降，只是涨幅较缓，涨得慢了，涨得少了。部分城市政府企图对房地产的调控进行“微调”的意见就出来了，因与中央政策调控要求不符而被“叫停”。目前房价还有反弹压力，现在稍微有些风吹草动，一个城市的政策松动就会影响更多城市，局部会影响整个房地产调控大局。所以，

* 本文写作于2012年3月8日

2012年要继续巩固调控成果，推动房地产市场进一步调整，继续严格执行中央政府的调控政策。只有这样，才能使房地产市场回归理性，房价回归理性，房地产市场长期保持稳定和健康发展。

一些城市或地方政府对房地产调控政策执行严不起来，坚持不下去，除了有过度偏好土地财政这一条外，恐怕对房地产与经济发展的关系存在误判也是重要原因。

房地产体量大、产业链长，对其调整，人们一般会从逻辑上分析，认为事关重大。长期以来，又有房地产“绑架”了中国经济的说辞，于是无论民众、管理阶层，还是资本市场，对此都是心理压力巨大。但实际的数据分析却并不支持这种看法。从总量效应看，2008年房地产销售和投资的下滑，并没有造成固定资产投资和经济增长的显著下滑。2008年底的经济减速，不是因为房地产市场调整，而是雷曼兄弟破产之类的海外冲击所致。从结构效应看，一是房地产开发投资对中国基建活动的影响不显著，相反，它与固定资产投资中的其他费用具有高关联度。房地产行业的基建活动并不是总投资的最主要部分。例如，2010年，建安工程投资占总投资比重为62%，房地产开发投资占比仅为20%，而且房地产开发投资中的建安工程比重为60% ~ 70%。二是房地产行业只对一些产品和行业的生产有影响，包括水泥、钢筋和挖掘机，其影响在极端情况下才表现显著。一些逻辑上有影响的产品和行业，如家电、混凝土机械等，从实际统计分析，数据上几乎没有相关性。三是房地产开发对交通运输、机械等重型制造业投资和建材、化工业投资几乎没有影响。之所以房地产对实体经济的影响在逻辑上很大，在实际数据分析上很小，原因是房地产市值要减去开发商的利润和炒房者的收益；开发成本要减去土地转让金和各项税费。在实体经济中，将房地产开发看成是以建筑施工业为主的经济活动，其经济规模就大为减小。事实上，房地产对实体经济直接影响不大。房地产的直接影响主要体现在对钢筋、水泥、挖掘机等建筑产品上，对 GDP 和投资的影响远没有想象的那么大。房地产产值对其他行业的拉动作用远远小于建筑业，房地产对建筑的影响也并不显著。

房地产对实体经济影响不大，却对其他方面的影响很大。房地产改变了中国的资源配置和收入分配。2003 年以来，中国房地产市场开始火爆，固定资产投资增速明显快于资本形成速度，非生产性投资快速增加，到 2010 年，35% 的固定资产投资竟然没有形成固定成本，非生产性投资规模之大，令人吃惊。2010 年，全社会固定资产投资占 GDP 比重高达 70.5%，而固定资产形成占 GDP 比重仅 46.2%，偏差高达 9.6 万亿元。虽然二者的内涵上有区别，但二者的偏差是从 2003 年开始迅速扩大的。大概可以这样认为，由于房地产这个工具，投资领域中占 GDP 约 25% 的资金没有直接进入后续生产领域，而是参与财富的再分配。其后果之一就是中国的储蓄率在 2003 年以后大幅上升，这主要归功于企业的储蓄快速上升。从 1997 年到 2007 年，居民储蓄率下降了 2%，政府储蓄率上升了 3%，企业储蓄率上升了 14%。储蓄率的快速上升，不仅仅反映了财富在各个部门间的转移，也导致了贸易顺差和投资居高不下，这正是中国经济失衡的集中表现。从这个意义上讲，对房地产的调控就是对结构的调整。毫无疑义，房地产调控有利于中国长期经济增长。

还有一条就是，大家尚未对房价的合理水平如何确定形成共识。

从国际经验看，在判断房价的合理水平方面，主要选用三类指标。一是房价收入比，即一套住房的价格是一个家庭年收入的多少倍。联合国对房价收入比的定义是，住房市场价格的中位数和家庭年收入的中位数据之比。世界银行对房价收入比的定义是，住房市场价格的平均数和家庭年收入的平均数之比。两种计算方法得到的结果是有差异的，一般情况下，前者的计算结果是后者的 1.2 倍。用房价收入比来评价房价合理性的具体办法，就是计算出房价收入比之后，再与某个数值比较，如果大于它，说明房价过高，反之说明房价不高。在很长一段时间里，中国学者经常采用“4 至 6 倍”作为“国际标准”，但事实上，各国经济发展水平、人口状况、资源禀赋条件等差异很大，房价收入比并不存在一个绝对的合理区间。从本质上说，房价收入比反映的是特定地区土地和劳动力两种资源的价格关系。由于不同国家、城市在资源禀赋、经济发展水平、制度环境等方面存在诸多差异，简单地横向比较不同城市的房价收入比没有意义，也不会形成有助于横向比较的客观标准。但对特定国家或特定城市来说，由于其资源禀赋条件是确定的，用房价收入比的多年均值，可以大体反映土地和劳动力两种要素的长期价格关系，而一旦房价收入偏离多年的均值，则通常预示着短期内房价出现了异常变化。二是住房可支付指数（HAI）。HAI 是美国房地产经纪人协会提出的一种住房支付能力评价方法，后被广泛采用，成为国际范围的一种住房支付能力评价指标。具体而言，根据家庭中位数收入以及合理的住房消费比例（家庭住房消费支出占收入的比例）上限，求得该家庭可承受的最高房价 P，再将其与该城市住房的实际中位数价格 P’进行比较，即 HAI=P/P’×100。HAI 等于 100，说明中位数收入水平的家庭能够承受中位数价格的住房，居民具有正常的住房支付能力。HAI 大于 100，说明居民家庭能够承受更高价格的住房，具有很强的支付能力。HAI 小于 100，说明居民家庭只能承受更低价格的住房，支付能力明显不足。三是房价租金比。房屋租售比这个概念是国际上用来衡量某地区楼市运行是否良好的指标之一。国际标准通常为 1：200 到 1：300。比值越高，说明房价中的投资需求越大。需要指出的是，房价租金比与住房市场发展阶段和利率水平等因素有关，房价租金比的经验值更适合住房市场进入成熟期后的市场情况。

用房价收入比指标来衡量北京市的房价，发现北京的房价收入比显著高于其历史均值水平，房地产泡沫非常明显。2001 ~ 2006 年，北京市房价收入比均值为 11.88 倍。从 2007 年始，北京的房价收入比快速上升，2007 ~ 2009 年房价收入比均值为 17.35 倍，显著高于此前六年的均值水平。2010 年，北京新建住宅售价均值上涨了 29.7%，北京的房价收入比也高达 21 倍，为 2000 年以来的最高水平。2011 年，由于中央政府的严厉调控和北京市城镇人均可支配收入的大幅度提升，北京市房价收入比回落到 17.4 倍，仍显著高于 2001 ~ 2006 年的均值水平。北京市的房价仍需进一步向合理水平回归。若以 2001 ~ 2006 年的均值为标准，按 2011 年北京市城镇人均可支配收入 32903 元计算，北京市新建商品住宅销售均价每平米 15518 元，应有 4000 多元的降价空间。只有价格回归到理性，房地产市场才能真的回归到理性。

连续几年来，房地产调控都是“两会”代表、委员热议的话题。因为房地产问题数年来并未得到解决，且关乎民生，影响深、涉及广，“两会”代表、委员不得不长期高度关注。老百姓其实更期盼这个问题 2012 年能尽快在实际层面得到真正解决，而不再只是年复一年的热议与关切。

现在，应当说房地产市场的理性回归之路已经清晰可见了。

事实上，截至目前的调控根本无暇顾及“房价向合理价格回归”，仅“抑制房价过快增长”就已显得力不从心，因为没有人敢试试让全国房价崩掉 30% 会是什么情况。

房地产调控正面临新的“十字路口”*

上海易居研究院的报告显示，截至 2012 年 8 月底，包括北上广深在内的十大典型城市新建商品住宅库存总量为 5581 万平方米，同比增长 11.71%，环比下降 1.22%；8 月份，十大典型城市新建商品住宅存销比为 9，其中，上海 8 月份新建商品住宅存销比为 12.3，北京为 8.2，广州为 7.4，深圳为 7.2。根据历史经验，存销比的合理区间为 6 ~ 9 个月，偏小区间为 3 ~ 6 个月，偏大区间为 9 ~ 12 个月，过大区间为 12 个月以上。

作为直接反映楼市冷暖的数据指标，存销比下降，不仅表明楼市回暖，更暗示房价存在反弹的可能。一线城市中，除上海存销比依然维持在高位外，其他三个城市的存销比均较低，房价存在上涨压力。未来几个月，由于开发商年底回笼资金的要求，房企将加速推盘，从而会增加供应量。同时，积压的购房需求也逐步释放，预计需求的增量依然大于供应量，故存量还会继续下跌趋势。另一方面，商品房销售面积将无悬

* 本文写作于 2012 年 10 月 8 日

念地继续上升，预计四季度存销比仍在合理区间徘徊，而2013年上半年会回落至偏小区间，届时房价上涨的压力将进一步增大。开发商也非常关心存销比，如果这一数值持续下降，部分开发商就可能“捂盘惜售”，等待有可能到来的价格反弹。

楼市调控从紧的信号再起。北京土地市场在经历过短暂的火热之后，后续土地出让被临时“叫停”。在广州，由于价格较高的项目成交开始变得活跃，成交均价面临上涨压力，于是，价格较高的项目预售也被限制。

房地产市场陷入僵局。

房地产调控正面临新的“十字路口”。

在2012年9月22日举行的中欧国际工商学院第三届中国房地产业高峰论坛上，全国人大财经委副主任委员吴晓灵呼吁：“政府一再地表态说，行政性的管制措施是暂时的，是要为未来的经济手段调控争取时间。如今这个调控已经持续了好几年，而现在我们国家的经济发展到了一个关键时刻。在这个时刻，我们应该凝聚社会共识，大家共同地来讨论一下，房地产市场，特别是住宅市场，应该有什么样的制度，才可能使得它能够比较健康地发展。”

吴晓灵之所以如此说，是因为中国的房地产调控陷入两难境地。2012年年初，温总理在“两会”期间的记者招待会上及《政府工作报告》中，对房地产调控的事情讲得比较多，因为房地产确实是对社会和经济影响很大的问题。温总理讲，政策要促进房价向合理价格回归。什么是合理房价？温总理肯定地说，合理房价就是根据居民的收入以及盖房子的成本，二者比较，如果适度就是合理，如果不适度就是不合理。我们叫房价收入比。另外一个指标是房价租金比。拿这些指标来衡量，中国的房价确实非常高，泡沫的确是有的，而且很严重。过高的房价不仅会导致经济泡沫的风险，也会导致社会矛盾突出。按照北京现在的房价，80%的人都买不起房子。这个问题的根在哪里？应当说是社会结构、收入分配问题，是社会两极分化特别严重。如果高收入阶层的 10% 或 15% 的人，放手多买几套房子，房价抬起来，剩下 85% 的人都要被挤出这个市场。可住房又属于必需品，由此产生的社会冲突就会比较激烈。于是，只能进行调控。可是，调控并非无人反对，很多人都会借口“稳增长”，强调中国经济属于投资驱动型，房地产投资在整个经济当中占 20% 以上的比重，房地产投资有它的上下游。钢材、玻璃、水泥等属于房地产的上游产品；家电、家具、装修等属于房地产的下游产品。所以，房地产投资对经济增长有着很重要的影响；如果房价真下跌了，买房人的资产就会受到损失，买房人当然不愿意承受这样的代价。另外，地方政府借债多投到基础设施建设上，它能借到钱，是因为银行看到地方政府有土地出让的收入，往往以此为担保。如果房地产市场不行了，地方政府便没有了收入来源，它的建设就会停下来，经济增长就会降下来，金融机构的风险也会加大。这些观点也不是完全没有道理。但对于房价的上涨，如果听之任之，老百姓肯定是不能接受的，会酿造出很大的社会风险。该如何拿捏这个尺度，是一项非常大的挑战。

事实上，截至目前的调控，根本无暇顾及“房价向合理价格回归”，仅“抑制房价过快增长”就已显得力不从心，因为没有人敢试试让全国房价崩掉 30% 会是什么情况？从其他国家来看，美国房价一崩溃，引发了此轮的世界金融危机；日本当年的房价崩盘，导致了日本 20 年经济停滞不前；西班牙的房价问题爆发，马上国家债务就扛不住了。就连香港的楼市崩盘，也会制造出一批负资产阶层人士。因此，似乎最好还是控制住房价，不要让它过快增长。房价不涨了，要买房的人感觉到了希望；房价没有大幅度下跌，已经买房的人没有感觉资产缩水。同时，36000 万套保障房给真正困难的人以很大的希望。如此看来，无论政府还是银行，都不希望房价下降，似乎也有道理。

正是这许多的“似乎也有道理”，使得政府对房地产的调控碎片化、短期化。正是宏观调控的碎片化、短期化政策，造成了与微观之间长期存在“弹簧博弈”。房地产市场的繁荣，对于地方政府而言，始终具有做大 GDP、增加地方财政收入、提升地方品牌等多重诱惑，只要宏观层面对房地产调控稍有放松，甚至不需放松，只要有些“不强调”的迹象，微观层面就有捂热楼市的冲动。只有宏观调控不断施力，政策效果才能持续地显现，若宏观调控不再施力，政策效果就不会叠加，而一旦宏观调控有所减弱，往往会出现有违政策初衷的负向反弹。这种博弈就像压弹簧，此消彼长，不进则退。也正是因为这种博弈，才导致了“房地产调控已持续了好几年”，至今问题得不到解决。

不久前，有报道引述国家税务总局政策法规司巡视员丛明的观点称：中国房产税将扩大试点范围，并逐步建立房地产税制度。房地产的长期政策备选方案中，房产税一直被认为是最有效也是最有可能取代限购政策，获得推广的措施之一。认为房产税可以形成规范的经济调节杠杆，包括对地方政府职能转变的合理激励，以及在配套改革中改变地方政府对土地财政的过度依赖。房地产税具体深化时间可能在 2012 年底或 2013 年初，房地产税最终会在中国实施。反对的意见认为，房产税是一种物业税，因为土地 70 年使用权等问题的存在，使得中国目前不具备征收物业税的条件，房产税不是限购政策的理想替代方案：第一，尽管中国在居民买房后的住房持有环节税收缺失，但是在生产建设交易环节的税负相当高。第二，中国实行的是土地出让制度，提前征收 70 年的土地出让金，已经由购房者在房价中承担了，开征物业税会产生对土地使用重复征税。第三，物业税是财产税，中国的购房者仅仅拥有房屋所有权，对房屋所在的土地只有使用权，不属于物权的范围，即使要征物业税，也应剔除土地的因素，只对房屋部分征税。很显然，房产税进一步扩大试点条件未必成熟，房产税制度化就更无基础了。

当下虽然经济下行，但政府调控政策的口风不改，在可预见的今后几年内，中国不会再把房地产当成 GDP 增长的主发动机。限购和限贷政策不放松，加上资金面收紧，房价暴涨也只是苦苦煎熬的开发商的奢望。看一座城市的房价，关键要分析这座城市的房价是由安居因素决定的，还是由投机因素决定的。由安居因素决定，遵循的是商品规律，由投机因素决定，遵循的是金融规律。中国只要把安居功能好好地发展起来，把投机功能抑制住，在中国城镇的自身住房率已达到 89.68% 的情况下，中国的房价会有办法解决。这些年的调控，虽说每一次的调控都取得了成效，但是调控政策更多只是针对一段时间内的问题，而对供求关系的平衡和改善，始终考虑和把握不够。有一些政策出台，解决了阶段性问题的同时，也引起供应量阶段性的下降，反而导致了供求矛盾的激化。所以，目前的当务之急是增加用地供应，督促各地开工，加快城市配套，适当提高城市规划的容积率，提高土地利用的效率。支持群众对住房的合理需求，支持对开发商的合理融资，增加供给是根本，而任何与增加有效供给方向和目标相悖的房地产政策出台都应当慎之又慎。要承认房地产既有消费属性又有投资属性，同时制定好中长期制度，处理好中央政府和地方政府的关系，从源头上解决地方政府对土地财政依赖这一房地产调控难点之所在。

房地产市场一定会从目前僵局中走出，“抑制房价过快增长”的目标一定能够实现，“促进房价向合理价格回归”的目标也一定能最终实现。

2013年房地产市场将会呈现更加明显的区域性分化特征：一线城市住房供需矛盾进一步突出，仍需着力增加供应水平；而不少二、三线城市的住房存量却超过了正常水平，要重视有序消化库存，避免房价出现断崖式下降。

楼市调控路在何方*

房地产调控从2011年初开始，已经经历了两年多时间。从总体看，2012年房地产市场运行符合宏观调控预期方向，投资投机性需求得到了一定程度的抑制，自主需求有序释放，全年销售呈现“前低后高”态势。具体看，与历史数据相比，全年房地产开发投资增速、销售面积等重要指标同比回落明显。但从2013年4月份开始，房地产市场出现了一些明显变化，主要是房屋销售情况逐月回升，带动8月份以来房地产许多指标的同比降幅持续缩小，一些指标转负为正。

虽然房地产调控政策还在继续深化，但房地产市场失控的迹象不断闪现，尤其是进入2012年年末，北京、上海、成都、深圳、南京、广州、珠海、天津八个城市轮番在土地市场上演新的“地王”大戏。截至2012年12月26日，全国十大“地王”总价达335.48亿元。这场新一轮

* 本文写作于2013年2月8日

“地王”大战，起源于2012年11月27日的上海，紧接着北京、深圳等地纷纷加入这场争夺战之中，最终，上海上港集团和威旺置业联合体以56.8亿元竞得上海海门路55号地块，争得了2012年国内总价“地王”头衔。针对各地频繁出现“地王”的现状，国土部在2012年12月18日召开2012年房地产用地管理调控情况新闻发布会，相关负责人强调，继续坚持房地产调控政策不动摇，保持从严从紧的调控基调，各地要避免在住宅、商服用地供应中出现异常的高价地，避免出现“地王”误导市场，并适时公布本地“地王”参照标准。同时，国土部将对典型案例采取公开调查的方式，督促各有关城市严格依据土地出让管理法律法规和出让合同约定，进行调查处理。江苏省南京“地王”——下关区滨江2号地块已经成为首个被调查的对象。

房地产市场的另一方——买方，在2012年年末也上演了恐慌性“抢房”的大戏。以北京为例，有数据显示，2012年11月，北京楼市的新房和二手房市场签约量环比均出现三成左右的上涨。其中，新房签约套数同比上涨了94%，接近翻倍，而进入12月第一周，北京市二手房成交量为3476套，单周的成交绝对量依然处于高位。出现这种现象的原因，无疑是因为新“地王”再现，误导了市场，购房者担心2013年房价继续走高。为此，2012年12月19日，北京市国土局公告，暂停朝阳区农展馆北路一住宅用地的出让，因为该地块起始楼面价达3.38万元/平方米，业内普遍预计成交单价将超过此前“地王”万柳地块4.2万元/平方米，会刷新北京住宅用地楼面价纪录。

继2012年中央经济工作会议“要继续坚持房地产市场调控政策不动摇”后，紧接着，12月25日全国住房城乡建设会议再次强调限购继续及2013年600万套保障房的目标，国土部则再次表示严治“地王”，为2013年的房地产市场注射“镇定剂”。尽管如此，2013年一线城市商品房用地市场会延续升温态势，地价水平将稳中有升，商品房供需矛盾突出，房价上涨压力加大。

究其原因，一是从历年供地规律看，商品房用地计划供应量预计较2012年不会有大幅增长，增幅估计很难超过10%。虽然国土资源部从2010年起的各地住房供应量，都满足“计划供应量原则上不低于过去5年年均实际供应量，其中保障性住房、棚户区改造住房和中小套型普通商品住房用地不低于总量的70%”的要求，但由于存在调整的可能性，使每年实际供应量与计划供应量之间存在较大缺口。比如2012年，截至11月底，房地产用地供应13.34万公顷，同比减少8%，其中住宅供应9.14万公顷，同比减少15.3%。二是地方政府短期内难以摆脱土地财政模式，商品房用地市场仍然是其重要的资金来源和融资手段。从国家发改委目前已审批通过的各地基础设施投资规模来看，地方政府的基础设施投资冲动目前仍然很强烈。在现行的财税体制下，地方融资的最重要渠道仍然是依赖土地出让金，通过土地储备中心运作的土地抵押贷款等。2013年将正式出台《集体土地征收和补偿条例》以及《土地管理法》(修正案)，土地收益将进一步向被征地农民倾斜，政府的征地成本会大大提高，收益会降低。因此，地方政府有很强动力通过维持较高地价，来避免出让收益过快降低，将不可避免地推动房价升高。三是在快速城镇化的过程中，大城市，尤其是特大城市的住房供需结构始终会处在紧平衡状态中。国际经验证明，此时的房价都会经历一个较快上涨阶段。中国也不例外。现阶段的北京、上海、广州、深圳等一线城市的住房供需矛盾突出，2013年随着刚性需求和改善性需求群体的大量进入，房价上涨压力将会加大，已是不争的必然趋势。

而部分中西部城市的去库存压力加大，则是楼市调控的另一种困难。有一种预测未来供需情况的方法是，将当前的房屋新开工面积和房地产开发企业土地购置面积再乘以1.5的平均容积率相加，大致获得来年及以后的住房市场供应潜能力。假设一年后的房屋销售与当年变化不大，则可用当年销售面积除以市场供应潜能力，从而得到来年房地产市场供需状况。用此法不难发现，一线城市与中西部二、三线城市供需状况差异较大。一线城市的供需值在 2 左右，全国平均是 2.58，而山西、吉林、内蒙古和云南的数值都超过了 3。如果再考虑到房屋待售面积和竣工面积，中西部二、三线城市将面临较大的去库存压力。

两年多来的房地产市场持续调控，已取得了一定的调控效果。在坚持调控基本方向不变的前提下，2013 年房地产市场将会呈现更加明显的区域性分化特征：一线城市住房供需矛盾进一步突出，仍需着力增加供应水平；而不少二、三线城市的住房存量却超过了正常水平，要重视有序消化库存，避免房价出现断崖式下降。

房价过快上涨，不利于国计民生，不仅加剧了投资投机心理，更加重了居民购房成本。高企的房价和保障房的不足，不但成为亿万农民融入城市的巨大障碍，沉重的还贷压力还使更多的城市年轻人变得更加现实，失去了追求梦想的能力。房子交易中的巨大利益，也使得权力寻租变得更加猖獗，“房叔”、“房婶”、“房妹”和‘房姐”到底有多少？谁能说得清楚？社会风气在这里被严重“污染”。房价和租金的过快上涨，还增加了居住成本，抬高了劳动力成本和工商业成本，使得更多的资本涌入房地产市场逐利，将严重影响国家产业竞争力，不利于实体经济的健康发展和物价的稳定。若有一天房地资产泡沫破裂，将还会严重伤害国家经济，甚至造成长达数十年的经济灾难。这一方面的国际教训已绝不是个别例证了。

为此，2013 年必须从实际出发，实行分区域住房用地供应政策，突出区域性差异，综合考虑各地现有存量住房数量和未来需求结构的情况，增加一线城市普通商品房的供地面积和比例。加大闲置土地处置力度，督促已供住房用地及时开发利用。继续实行稳健的住房金融政策。更重要的是深化房产税制改革，促进房地产业健康发展。对于中国而言，加快房产税制改革，促进住房的理性消费，减少资源浪费，符合人多地少的基本国情和建设“资源节约型、环境友好型”社会要求。学习他国成功经验，可对首套面积合理的住房免税、二套及以上套数的商品房实行由低到高的累进税率，做到既不影响刚性需求的释放，又能有效遏制投资投机行为，并为地方开避新的税源。逐步以公平合理的房产税取代现行“限购”等行政调控措施，可以实现多赢，既可以让两套以上的多套房进入市场流通，增加市场房源，提高资源的利用效率；又可以让高收入者在享用豪宅大院的同时，每年还向当地缴纳数万乃至更多的房产税，专门用于保障房建设，让更多住房困难户受益。这不但有利于缩小贫富差距，也让高收入者赢得社会更多尊重，让社会更趋和谐。在法律方面，房地产交易环节征收的有关税种需要简化和合并。现行土地出让金是土地使用权的价格，房地产税是国家对不动产保有环节收取的法定税负，不存在法理障碍和不可克服的重复征收问题。构建合理完善的房地产税收制度，有效调节财富分配，统筹推进房地产税费改革，逐步改变目前房地产开发、流转、保有环节各类税费并存状况。在加强房地产调控的同时，深化包括房地产税制改革在内的一系列制度建设，有利于实现更高质量的经济发展，促进理性消费和人民安居乐业。

只有掌握核心技术，才是发展新能源绿色产业的根本出路，新能源产业的困局必将在市场严酷的淘汰、行业自律与整顿以及政府的战略引导下得以解脱，从而以重生的方式，走向新的科学发展之路。

破解新能源产业困局在于培育国内消费市场*

目前，一个非常值得关注的事实是，一直被认为是绿色增长的重要途径之一的新能源产业，遭遇了困境。不管是美国，还是中国，一些新能源企业都在经历着艰难困苦的时刻。

近期，Evergreen Solar、Spectra Watt 和 Solyndrat 等三家美国光伏公司在一个月内相继宣布破产，更多的企业则通过减产、裁员等方式过冬。而企业破产的原因，则被归结为全球经济疲软和来自中国的廉价产品的竞争。于是，美国七家太阳能电池板生产商向美国商务部与国际贸易委员会提起贸易申诉，要求对中国出口到美国的太阳能电池板展开“双反”调查。一旦立案，美国政府将对中国出口的太阳能电池板征收超过 100% 的关税，直接影响到国内 75 家主要光伏产业的对美出口。全球光伏主要

* 本文写作于 2011 年 11 月 23 日

消费市场在欧洲，并以德、意、西班牙等国为主，其中德、意占比超过50%。更令人担心的是，欧洲会不会步美国后尘，也启动对中国光伏企业的“双反”调查。

在欧洲债务危机削减光伏补贴，美国意欲发起“双反”调查的当下，不仅仅是市场萎缩，购销价格“剪刀差”的扩大，也使得中国光伏企业尝到盈利能力下降的苦楚。据统计，2011 年以来，多晶硅、硅片、组件、电池片已分别下跌了约 45%、52%、53% 以及 42%。大中型光伏厂商集体亏损，二三线企业也面临停产潮。与此同时，作为全球电池和组件最大生产和出口国，中国在美上市的光伏企业近来几乎集体陷入亏损。

光伏产品价格大幅下滑的一个重要原因，是产能增速远远超过需求增长的速度。前不久，在湖州南太湖光伏产业高端论坛上，全国工商联新能源商会执行会长张征宇表示，今年全球装机需求预计是 20G 瓦，但中国的光伏产能是 30G 瓦，供求失衡严重。国家发改委研究所副所长李俊峰对此明确表示，光伏企业面临的问题不是市场问题，而是行业问题，“是行业爆发性增长带来了爆发性危机。”

不仅仅是光伏产业，2010 年底，凭借 4183 万千瓦的装机量，中国成为风电第一大国，国内装机连续五年翻倍增长。但是，快速发展的背后，因为装机容量大增，导致的产能过剩、价格下降问题，让中国的风电产业步入如同光伏业的冬季。2008 年，风电价格是 6500 元 / 千瓦，2009 年是 5400 元 / 千瓦，2010 年是 3500 元 / 千瓦，仍在向下。风电发展重速度、轻质量，研发投入不足，技术落后，质量问题多是致命伤。2011 年 2 月 24 日，由于桥西第一风电场 35 千伏电缆馈线电缆头三相短路故障，导致 598 台风电机组脱网，西北电网甘肃酒泉风电基地损失电力 84 万千瓦。电监会通报“2・24”事故时，称其是近几年中国风力发电发生对电网影响最大的事故。针对产能过剩、并网难、质量安全等问题，4 月份报批电监会的《风电场接入电力系统技术规定》，对风机质量和风电场并网提出了严格要求，被称为是目前最严厉的风电场“限产令”。业内人士预计，风电行业将进入整顿期，预计八成企业将出局。

与此同时，在资本市场上，中国风电企业也遭遇困局。有报道称，中国风能技术因未达到纳斯达克上市要求，而收到了来自后者的退市警告。按照纳斯达克上市规定，上市公司公众股东持有股票的市值最低要维持 500 万美元或以上，而在 2011 年 9 月 22 日至 2011 年 11 月 2 日期间，该公司公众股东所持有股票的市值不足 500 万美元，未达到纳斯达克上市的要求。

一度将产业推动得风生水起的外部大潮终究要退去，被晾在了沙滩上的企业在过去这场盛宴中扮演的角色，正在被人们评点。在当前新能源产业遭遇困局的情势下，在国家中长期战略的框架内，最应当引发人们思考的应该是，中国的节能减排，绿色产业到底该如何发展?

我以为，首先要明确中国节能减排的主战场。中国政府承诺到 2020 年，单位国内生产总值二氧化碳排放比 2005 年降低 40% ~ 45%。国家“十二五”规划纲要提出，今后五年，单位国内生产总值二氧化碳排放降低 17%。气候组织大中国区总裁吴昌华曾表示，若是实现此目标，就意味着碳排放生产力提高近 45%。什么能源才是今后的消费主流？可以肯定，今后 20 年，所有的化石能源发展都会增长缓慢。不过，化石能源仍然占到能源供应量的 80%，变化的只是各种能源种类所占的市场份额。其中，石油份额会逐步下降，被天然气所替代。在石油方面，中国当前对外的依存度超过了 50%，而今后的 20 年中，这一数字会上升到 80%。当前，中国每天需要 900 万桶石油，20 年后，大概还会有 400 ~ 500 万桶的日需求增长。天然气方面，目前仅占中国能源消耗的 5%，但对外的依存度在逐渐增长。预计只有到了 2030 年，随着国内天然气产量的增加，中国的天然气对外依存度才会有所缓和。可以判断，新能源产业替代传统能源 20% 以上，大约要到 2030 年以后了。在目前及此后的 20 多年间，就把新能源作为节能减排的主要路径是不正确的。目前情况下，最好的路径是传统能源的低碳化使用，包括解决高耗能产业、城市交通和建筑节能等问题，这确是一种低技术的途径，但确是主战场、主攻方向。忘记了 80% 的领域，而去只攻 10 ~ 20% 的领域显然是错误的。主战场明确了，抓新能源才不会过于浮燥，新能源发展才能做到有序、科学和高质量。

其次，发展新能源绿色产业，必须确立国内的消费模式，即将新能源的国内消费市场培育与新能源技术与产业发展同时协调抓好、抓实、抓起来。哥本哈根会议之后，将新能源作为拯救金融危机的绿色途径，过度渲染。本不必马上急速推开的事，却变成了抢滩式的爆发性增长，各个国家对新能源的急切，恰在于希望尽快抢占市场，扩大自己未来的市场份额。中国的新能源产业沿袭了中国制造、中国出口的旧有模式，而非中国消费的模式，导致了中国的新能源产业头重脚轻，国内消费市场没有真正形成或并不坚强，使得新能源产业根基不深，站不稳，在目前国外市场退潮时处于尴尬地位。

再次，发展新能源绿色产业，必须把掌握核心技术置于核心地位。对于新能源产业的发展，我们必须要有长远的眼光、长远的规划，不能急功近利，不能只是规划到某年发展到多少，而不掌握核心技术，只是引进生产线，而后产能扩张。要知道，任何时候都会有新能源，技术是不断进步的，新能源也会是不断发展的。光伏产业中，有些企业是三头在外，即原材料、技术和市场在外，只有加工一项在内，当外部有个风吹草动，这样的企业是扛不住的。技术是不断进步的，技术要求自然也会越来越高，比如，随着太阳能电池板对转换率的要求不断提高，对多晶硅纯度的要求也会水涨船高。未来在多晶硅的纯度上要达到六个“点”，即 99% 的小数点后六个 9，而这仅仅是国际市场的基本要求。现在国外的大企业都能做到小数点后七八个 9，而国内还有相当企业做不到五个“点”。没有核心技术，就没有核心竞争力。只有掌握核心技术，才是发展新能源绿色产业的根本出路。

最后，就是绿色增长一定不能伴有污染环境的阴影。绿色增长将会在很长一段时间里，都是企业投资和创新的主题，尤其是新能源产业。但是，不少新能源企业总是把经济效益的增长看作是主要目标，而环境保护被列为了次要。2006 年到 2011 年间，18 家光伏企业都曾有过环境监察记录，这些公司存在的问题与污水排放等环境违法有关。多晶硅生产过程中，会产生大量的四氯化硅和氯化氢，这几种有毒物质再利用的成本极为高昂，因此大约有一半多晶硅公司考虑到经济投入，而未安装回收设备。因此，需要有最严格的政府及行业标准，来规范企业的行为。

虽然新能源在短短几年内集中爆发，并迅速遇冷，但仍可以被看作是一件好事，因为它可促使人们更加冷静地思考产业的理性发展。新能源产业的困局必将在市场严酷的淘汰、行业自律与整顿以及政府的战略引导下得以解脱，从而以重生的方式，走向新的科学发展之路。

尽管市场阴云密布，但新能源产业的前景依然向好。

国土资源部油气中心预计，2020年页岩气产量将超过1000亿立方米，与2011年的常规天然气产量998亿立方米相当。到2030年，产量有望与常规天然气相当，与美国接近。无疑，这样的结果将会极大地改善国内的能源结构。

页岩气 中国能源投资的新领域 *

剑桥能源研究协会（CERA）主席丹尼尔·耶金曾在2011年10月接受媒体采访时表示："21世纪世界能源地缘政治的一大特点就是'能源需求的全球化'。过去能源需求只是发达国家的事情，而现在全球能源需求的增长几乎都来自新兴经济体国家。"

2010年，国际能源署（IEA）发布的《世界能源展望》认为，中国2009年以消费22.65亿吨标准油，超过美国成为世界第一大能源消费国。2011年，英国石油公司（BP）发布的《BP世界能源统计2011》的数据显示，中国2010年以24.32亿吨标准油超过美国，登上世界第一大能源消费国的宝座。

美国布鲁金斯学会2011年发布《中国的能源安全：前景、挑战和机遇》，报告提出，无论近期还是远期，能源安全问题将始终是对中国政府

* 本文写作于2012年2月23日

的挑战。

中国自然明白这个“第一”的确不好担当。官方曾以统计误差和换算标准不同为由，否认中国目前已经是世界第一大能源消费国。不管愿意不愿意，中国都得承认能源需求急剧增长的事实。中国能源消费的巨大增长，已是公认的最近几年来国际能源格局中影响最为深远的变化之一。与此同时，国际能源格局也在逐渐发生结构性的变化：全球需求中心的东移，非常规油气的兴起，减排压力的加大，这些都在为中国发展战略，特别是能源战略提出新课题。

前不久刚刚结束的全国地质调查工作会议披露，初步估计中国页岩气可采资源量在 31 万亿立方米，与常规天然气相当。

页岩气是什么？

地质学告诉人们，石油和天然气发源于史前时代的河流湖泊中浮游生物和藻类尸体沉积。经过上亿年时间演化和复杂的化学反应，形成了液态和气态的碳氢化合物。地质学上称那些形成油气的岩层为“烃源岩”，这些烃源岩一般都是致密的，不可能储存大量的油气。在地层的静压力和毛管压力作用下，烃源岩中的石油和天然气会沿着微细的裂缝孔道逐渐向上移动，要么最终达到地表，要么最后聚集在有孔隙的岩层中形成储油层，也就是通常说的“油田”或“气田”。页岩气就是那些因为缺乏裂缝孔道而没有离开烃源岩的天然气，它赋存于富有机质泥页岩及其夹层中，以吸附和游离状态为主要存在方式，成分以甲烷为主，是一种清洁、高效的能源资源和化工原料。页岩气，是国务院最近批准的新的独立的矿种。

美国早在 19 世纪就已经开始在页岩带上钻井寻找天然气的努力，其第一口页岩气生产井钻于 1821 年，由于页岩的孔隙率和可渗透率都很低，所能获得的气流很少，工业开采的价值并未真正形成。直到 170 多年后，随着水力压裂技术的应用，开始将页岩压碎开采，页岩气的产量才开始显著地增加。在 1997 年，Mitchell 能源公司在巴涅特页岩带作业中首次使用清水压裂，使得采收率提高了 20% 以上，作业费用减少了 65%。进入 21 世纪，水平钻井和水力压裂技术开始成熟并推广应用，使得包括页岩气在内的非常规天然气开采得到了更为迅速的发展，改变了美国国内常规天然气产量逐渐下降的趋势。页岩气产量持续增加，也使美国 2009 年天然气总产量达到 5858 亿立方米（其中页岩气产量为 930 亿立方米），超过俄罗斯的 5277 亿立方米，成为世界第一大天然气生产国，丰富了美国的能源结构，缓解了能源进口的压力。

2011 年，中国天然气对外依存度达到了 24.3%。中国政府一直在推动能源多样化，其中页岩气和煤层气作为主要的非常规天然气，受到大力追捧。国土资源部油气中心预计，2020 年页岩气产量将超过 1000 亿立方米，与 2011 年的常规天然气产量（998 亿立方米）相当。到 2030 年，产量有望与常规天然气相当，与美国接近。无疑，这样的结果将会极大的改善国内的能源结构。国土资源部油气中心的预计是有科学依据的。2011 年 4 月，美国能源信息署（EIA）在其《全球 14 个地区页岩气资源初评结果》报告中表明，全球除美国之外的 32 个国家总技术可采储量为 163 万亿立方米，加上美国技术可采储量 24 万亿立方米，全球页岩气技术可采储量为 187 万亿立方米。其中，中国技术可采储量位列 32 国中的第一（32 国中不包括俄罗斯以及中东国家），达到 36 万亿立方米，占到 19%。中国学者所估计的中国页岩气储量约为 21.5 万亿至 45 万亿立方米，中值为 30.7 万亿立方米，与 EIA 的估计一致。当然，这一估计终极应得到勘探数据的支持。2011 年国土资源部发布的《中国矿产资源报告》显示，中国石油地质探明率仅是 26%，天然气探明率仅是 15%，而同期国际先进水平是 70%。可见，中国常规油气资源的探明潜力仍很大，非常规的油气资源的勘探更是刚刚起步。

在国际油价高涨的形势下，国内石油天然气企业对非常规天然气非常重视，早已是闻风而动，各显神通。据公开消息，中国已经完钻的页岩气探井大约有 20 多口，其中 18 口井压裂获工业气流。中国在钻机、压裂车组、井下设备等装备制造方面，已有较强的技术和生产能力，国内公司的钻井设备已批量出口美国，用于页岩气开发。目前主要在系统成套技术和一些单项配套技术设备方面存在差距。除了国内页岩气开采规划之外，中国企业近年来还大举进军国外尤其是北美市场。2011 年 12 月就传出中石化和中海油计划联合收购北美油气服务公司 Frac Tech International 不超过 30% 的股份，交易值为 22 亿美元。潜在的被收购方掌握了"水力压裂技术"，是页岩气开采方面的重要技术。2012 年 2 月 2 日中石油集团也宣布，已经收购了壳牌在加拿大的 Groundbirch 页岩气项目 20% 的权益。2010 年 10 月 11 日，中海油就宣布以 10.8 亿美元的价格，收购美国第二大天然气生产商切萨皮克公司（Chesapeak）位于得克萨斯州南部的一个名为鹰滩的页岩气项目 1/3 的权益。中国大油企在国外购买页岩气开采项目，其中积累经验和技术是重要任务之一。虽然说中国企业已经历了几十年的天然气开发阶段，在天然气领域具有很强的作业能力，但页岩气则不同。海外公司特别是美国有区块的大中型油气企业，会对页岩气的开采如测井、勘测、钻井等有更成熟的开发经验。中国企业与之合作，不仅可以获得可观回报，还可获得成熟的页岩气开采技术和市场经验。目前国内的页岩气和国外页岩气的品相尚有差别，国内页岩气目前尚处于开发摸索阶段，引进技术，亦然需要一段时间完成消化吸收与本土化。但，毕竟中国页岩气的工业开采已经开始了。

美国的经验表明，投资主体的多元化和有序竞争机制的形成，在页岩气的勘探开发中有着显著的效果。在中国，如何在既有国有石油公司占主导地位的天然气领域，重新建立一种可以促进页岩气发展的机制；如何鼓励和保障中小型石油公司和民营资本参与页岩气的开发；甚至天然气下游定价机制的改革，都是无法回避的问题。

页岩气，一个公众或许还很陌生的名词，正在掀起一股能源资源开发的浪潮。

这一浪潮的掀起，注定要影响世界天然气格局，比如美国等国家将会从天然气进口国转变为出口国；将影响世界能源结构，比如替代性能源将会让天然气的价格在未来逐渐走低；将会影响能源地缘政治，或某区域变得更加紧张，而另一区域却趋向缓和；甚至还会影响股民手中的股票资产，因为一些相关上市公司的股价已经开始启动增长。

页岩气，中国能源资源投资的大幕已徐徐拉开……

全球化既加速了中国经济的发展，也深化了中国体制的改革。目前，尽管从内部看也罢，从外部看也好，对于国企改革都还存在许多分歧，甚至于有严重分歧，但国企要改革这一点是没有分歧的。

借鉴国外经验 推动国企改革 *

从前几年的“国进民退”的争论到 2012 年 5 月闭幕的“中美战略与经济对话”，国企改革已成为国内外学界、政界和舆论关注的焦点。

关于中国民营企业的发展和国企改革，世行的《报告》指出：自 1978 年以来，中国在全球化经济中充分利用其后发优势，经过结构快速变革，已经成为全球最大的制造和出口国，并且在很多产业领域内，迅速向科技先锋国家迈进。引入市场机制和开放贸易则为中国有效配置资源，促进生产力发展，提供了强劲动力。但刺激中国继续快速增长的动力正在逐渐减弱，源于结构变革的生产力优势也将消退。由于中国在向科技先锋迈进，科技应用、改善和传播带来的全生产要素增长也将下滑。同时，政府对主要经济产业的持续主导，这曾是一个巨大优势，但在未来，可能会成为发展生产力和创新的桎梏。再加上政府、大型银行

* 本文写作于 2012 年 6 月 23 日

和国企之间的密切关系所带来的既得利益，不仅会破坏改革，还会助长国家对经济的持续干预。同时，中国向市场经济的转型在很多领域仍未完成。市场与非市场的组合措施，为生产商和消费者提供了动力，但在政府、国企、民企各自的角色区分方面还不明确。因此，解决这些问题、推进结构改革，发展市场导向型体系是迫在眉睫的任务。这一挑战比预期的情况要严峻得多，因为很多因素约束经济增长，包括全球经济乏力，劳动力萎缩且呈老龄化。中国必须攻克这些难题。

中国的改革现有两大动力，一是源于中国自身内部的动力，即政府主导的自上而下的改革；二是源于中国开放融入全球化经济体系后，来自外部的动力，即全球化对中国改革自下而上和由外及里的影响。全球化既加速了中国经济的发展，也深化了中国体制的改革。目前，尽管从内部看也罢，从外部看也好，对于国企改革都还存在许多分歧，甚至于有严重分歧，但国企要改革这一点是没有分歧的。未来，一个蓬勃发展的企业板块将对中国经济可持续发展至关重要。因此，坚决推动国企进一步深化改革无疑是正确的。关键是如何推动改革？

最近，读了两份调查研究报告，颇有收获。认为学习法国、芬兰国资体制和国企分类管理的经验，德国坚持改革，推动发展实体经济的经验，是推动中国国企改革可借鉴之法。

法、芬两国在欧盟成员国中的国有经济比重相对较高。2010 年底，法国国有经济比重约 6.5%，国家直接持有 57 家公司股份，其中有 13 家上市公司，总资产规模约 6600 亿欧元。芬兰国有经济比重约 8%，国家直接持有 63 家公司股份，其中有 15 家是上市公司，总资产规模约 350 亿欧元。此外，法国还通过主权投资基金，即法国战略投资基金（FSI），芬兰通过国有独资的 Solidium 公司，间接持有一些国有股份比重较低企业中的国有股。

法、芬两国的国家所有权管理机构都依据法律设立，代表国家行使股东权利的同时，并不干预企业事务，以确保国有企业按照市场规则运作。2003 年，法国在财政部之下设立国家参股局，负责管理国家所有投资。其职责是：使其管理的企业符合市场标准；作为一个专业投资者；为国家股份创造长期价值，即最大化国有资产组合价值；将政府的所有权政策与国家的经济、产业与社会发展相协调；有一个清晰且长期的产业政策，及对人力资本给予特别关注。芬兰国家所有权监管局成立于 2007 年 5 月，设置于总理办公室之内，由一位内阁部长分管，目的是将国家股权集中管理，并超越于具体的部门利益。其职责是：通过独立分析与监督，制定所管理的国有企业的所有权战略，并且每两年修订一次，该战略具体到国家对每一个企业的政策；对企业的绩效进行跟踪分析；批准涉及全部所有权的交易；出席股东大会，并履行选择董事会成员的权利。

两国国有企业均实行分类管理。法国突出表现在对国有企业的个性化管理上，很多国有企业都由单独法律对其业务边界和国有股最低比重等加以明确。其国企主要分布在具有一定战略意义的领域，如国防、媒体、能源、交通、基础设施、金融服务等领域。具体管理则分为交通、基础设施与媒体处，能源处，电信、航空与国防处三个行业处室进行。芬兰将国有企业分为两大类。一类为基于市场化运作的商业性国有企业，归芬兰国家所有权监管局直接或间接管理；另一类是兼有特定任务的国有企业，即这些企业有着国家定义的产业、社会或者政治目标，或是有着特殊作用，国家作为所有者，有着与监管或官方责任相关的特定利益，其国家所有权分散在相关的各部委管理。此类国企，政府以国有独资或控股为主。

法、芬两国的国家所有权机构在与其管理的国有企业之间的关系上，都较好的体现了有权力但无利益，有参与而不干预，国家所有权机构仅是一个专业化的股东代表。国家所有权机构规范行使股东权利：法国国家参股局的主要职责是促进国有企业改革公司治理，指导国有企业的资产运行，如上市、出售、并购等，并务实推动国有实体的结构化改革。在企业治理方面，国家参股局与公司管理层通过双边会议紧密合作，并在董事会中派出代表，在国企战略、审计、薪酬等方面进行审查。国有股董事不在企业拿取任何报酬。芬兰国有企业的公司治理较为规范。两国国有企业严格按照公司法，欧盟和国家关于企业的标准、规则来运营管理，公司治理比较规范，治理水平较高。这方面特别表现在市场化选聘 CEO 上。芬兰国有企业的 CEO 选择已经基本实现市场化，与一般公司无异，通常通过猎头公司来选聘，而且国企 CEO 的薪酬也是市场化标准。选聘的第一阶段，雇请猎头公司提出 10 ~ 50 人的候选名单，国家所有权监管局不介入，由公司自己筛选。第二阶段，用人公司董事会在进一步讨论后，形成 2 ~ 4 名人选，征求国家所有权监管局意见。监管局拥有否定权，但没有决定权，最终由用人公司董事会决定。

德国在十多年前被称作是“欧洲病人”。自东、西德统一到 2003 年间，德国经济一直陷于低迷之中。从 GDP 增速看，1991 ~ 2002 年，德国实际 GDP 年均增长仅为 1.43%；从就业市场看，1991 ~ 2002 年，德国平均年度失业率为 8.16%，2002 年甚至高达 8.7%；从财政状况看，德国财政赤字占 GDP 比例平均为 3.2%，在 2002 年甚至达到 3.8%；从福利负担看，德国的福利支出占 GDP 的 32.1%。所有指标均落后于同期的美国和欧洲平均水平。面对经济发展困境以及由此引发的选民支持率下降，施罗德政府在其第二个任期开始之初（2003 年），就大刀阔斧地推进改革。改革依然延续了德一贯的发展思路——“制造业兴国”，通过改革为德国制造业发展注入了活力。积极实施“2010 年议程（Agenda 2010）一揽子改革方案。改革方案涉及社会诸多领域，包含相互关联的诸多配套政策措施。从改革领域看，有四个方向，即劳动力市场改革、社会保障制度改革、税收体制改革、科研教育体制改革。改革重新激发了德国实体经济发展的活力，虽然经历阵痛，但很快收到了成效。德国的 GDP 从 2004 年开始稳步增长，2006 年和 2007 年的增速分别为 3.9% 和 3.4%，超过了同期美、英、法的 GDP 增速。德国的失业率也从 2006 年起开始下降，2002 ~ 2008 年累计下降了 8.5%，与之前的走势截然相反。默克尔政府肯定了之前的改革方向，并继续将其推向深入。正因为如此，此次金融危机中，在西方世界，德国才表现不俗。

借鉴国外的成功经验，推动中国改革，既是过去 30 年改革的经验总结，也可以是今后继续深化改革的新借鉴。正确认识国有经济的地位和作用；长期坚持在战略高度上规划和发展实体经济；加快营造公平、健全的商业环境；实行国有企业分类管理；构建市场化的选人用人机制；渐进推行股权多元化，促进国有资本优化配置，应是国企改革的重要方向和内容。只有坚持不断推动改革，才是中国经济持续健康发展的正确选择。

若要提前布局，积蓄潜能，真正成为下一轮的领跑者、下一轮经济规则的制定者、真正的经济强国，必须从眼下的企业转型做起。只有有了世界超一流的强大企业群，才一定会成长为世界一流的国家。

企业的转型发展是经济发展方式转变的基础与保证 *

此次金融危机爆发前的 20 年间，世界发生了此前 300 年来都不曾发生的现象，发达经济体总体减速，而东亚国家、拉美国家却经济快速增长。这是新兴经济体，即发展中国家与发达国家之间趋同发展的一个过程。金融危机爆发之初，多数发达国家的金融系统与实体经济的发展都受到严重影响，经济增长速度进一步下降，而多数新兴经济体却依然表现良好。然而，随着危机的深入，越来越多的新兴经济体难以幸免，纷纷步入经济减速的轨道，过去高速增长隐存的一系列问题，逐渐暴露出来。于是，新兴经济体的高速增长能否持续，便成为关乎全球经济恢复以及全球经济未来前景的大问题。

中国经济增长的可持续问题，尤其受到世界各国的关注。据已公布

* 本文写作于 2012 年 9 月 23 日

的数据，2012 年 8 月份中国工业生产继续放缓，同时通货膨胀显示出上升的初步迹象。8 月份中国的工业增加值同比增长 8.9%，是 2009 年 5 月以来的最低增幅。8 月份中国的居民消费价格指数同比上涨 2%，高于 7 月 1.8% 的涨幅，符合预期。在 6 月和 7 月两次降息后，央行没有进一步采取行动，银行的放贷无明显变化。在 2012 年的前 8 个月，固定资产投资同比增长 20.2%，是 2002 年 12 月以来的倒数第二，由于统计方面的问题，实际投资增长应低于这一数值。8 月份的贸易顺差扩大至 266.7 亿美元，进出口总额 3292.9 亿美元，增长 0.2%。其中，出口 1779.8 亿美元，增长 2.7%，进口 1513.1 亿美元，下降 2.6%。8 月份中国的采购经理人指数从 7 月份的 50.1 下降到 49.2，中国制造业出现了 9 个月来第一次收缩。随着经济减缓抑制需求，制造商的收益持续下降，7 月份中国工业企业的利润出现了今年来最大降幅。美国《华尔街日报》网站 9 月 9 日发表了一篇题为《中国的经济增长计划受到考验》的文章。文章发问："中国经济蹒跚着进入了今年的最后几个月……为何北京不采取更多措施来支持经济发展？"接着自己回答了自己的问题："一个可能的解释是，就北京而言，中国目前的经济增长率是可以接受的。年初，温家宝总理就将经济增长的目标下调至 7.5%……这一目标是可以实现的。"

从理论上讲，新兴经济体与发达国家之间实现基本趋同是可能的，如果实现了趋同，它们将成长为发达国家。但从实际去看，绝大多数落后国家都较难追上发达经济体，反而易陷入"中等收入陷阱"之中，出现增长停滞，贫富分化，腐败多发，过度城市化，公共服务短缺，就业困难，金融脆弱等并发症。中国正是意识到了这一问题，在世界经济复苏缓慢的现在，调低经济增长目标，设法解决高速增长隐藏和积累下的问题，这无疑是正确的。可以说，现在已经到了这样一个急需转型的关键节点。

纵观英、美、德、日等发达国家经济发展史不难发现，这些国家经济发展到了一定的阶段后，就无一例外地开始进入新一轮产业结构的调整期，同时伴随着大量企业的转型发展行为。国际经验表明，企业转型发展的周期与经济发展周期之间具有密切的关系。中国经济在经历了30年来的高速增长之后，正在进入新的发展阶段，经济增长开始由高速增长向中速增长转变。中国的企业转型发展也必将进入重要的转折期。

企业的转型发展是经济发展方式转变的微观基础与根本保证，没有企业发展方式的转变，就无法实现经济发展方式的根本转变。所谓企业的转型发展，就是企业通过改变原有的发展模式，包括对市场、经营、产业、管理等方面进行改变与变革，以更好地适应外部环境变化，获取并提升竞争优势，提高企业可持续发展能力的行为。据此，企业的转型发展可以从以下六个方面抓起。

一、价值转型：包括产品从低端到高端，也包括产品本身附加值的提高等，价值转型主要来源于企业的研发创新和产品升级等。

国际金融危机以来，企业由于外部市场需求的萎缩，带来竞争加剧，本来利润率就偏低的生产制造环节的价值空间受到进一步的挤压，而与之相比，研发设计、销售服务这两端的利润空间相对较大。于是，在研发设计、品牌价值、销售渠道和售后服务这些非生产环节下功夫，亦能显著提升对企业利润的贡献。向高附加值延伸，还可以通过生产装备和技术水平的提升，使主导产品品种更加丰富，并向高端化发展。企业对研发投入不断加大，是价值转型得以实现的重要支撑力量。这一方面的主要做法，一是不断提升企业专业研发人员占职工总数的比重；二是不断提升研发费用占销售收入的比率。

二、经营转型：企业经营模式的变化。

金融危机背景下，品牌对企业利润的提升和市场地位的作用进一步突显，具有品牌优势的企业，受经济减速的影响相对较少，甚至发展得更好。没有品牌的企业，大多面临着市场和利润双降的挑战，举步维艰。

所以，那些率先通过贴牌方式，利用国际、国内两个市场和两种资源来发展的出口加工贸易企业，目前转型升级的三要模式应是从无品牌向有品牌发展，进而还可以从单一品牌到多品牌。这样，就可以随着国内市场和国际化市场的开拓，针对不同的客户需求，开展多品牌运作经营。

三、市场转型：主要是企业销售市场的结构调整。

国际金融危机后，全球经济进入调整期，中国出台的产业振兴规划，把“走出去”和“国际化”作为应对危机或化“危”为“机”的重要举措，支持企业积极实施“走出去”和“国际化”。“走出去”和“国际化”是当前企业市场转型发展的基本模式，而外向型企业近期的市场转型模式则应是强化国内市场。

四、产业转型：主要是企业在专业的水平分工和完善产业链，以及产业多元化程度等方面的转变。

进行产业结构调整的企业比重逐年增加是目前企业转型发展一个突出特点。在产业结构调整的方式中，向产业链上下游延伸是主要的形式，而保持主业不变但不断拓展企业经营行业，也是企业转型发展的常见方式之一。这些方式一方面保留了原行业的业务，有稳固的经营基础；另一方面，根据外部经营环境和产业的发展阶段，进入其他行业，挖掘和分享其他行业的机会。

五、管理转型：企业管理规范化、科学化方面的进展。

重视现代管理技术和工具的运用，丰富管理手段，推进管理规范化、科学化，是企业实现转型发展、提高效益的重要途径。金融危机后，由于外部市场需求不断萎缩，虽然原材料价格、劳动力价格、融资成本持续上升，但大多数企业并没有能力将价格和成本上涨的压力转移出去，通过加强管理、降低成本是企业生存与发展的必然选择。

六、绿色转型：主要是企业提高生产效率和降低污染方面的进展。

一般企业采用节能生产工艺或技术，企业单位产品能源消耗是总体上有一定的降低，这种节能减排降耗模式是企业绿色转型的基本模式。有实力的企业也可以尝试绿色转型的大产业链循环经济模式，这种转型方式及深度产业链整合和多产业相互链接，难度、复杂度都非常大，很容易形成大的风险，但是一旦按循环经济方式实现绿色转型成功，将带来多重竞争优势。

事实上，企业的转型发展往往是多方位、多维度、综合、互动的，现实中的企业转型发展模式往往是多种模式的综合交互体现，而且，不同的企业虽然会有共同的发展趋势，但并不会有一个标准化的转型模式，只要有利于企业成功转型，可持续发展的经营模式就是好的模式。

今后中国经济的较快可持续发展，关键要看中国经济发展方式是否根本转变。中国经济发展方式的根本转变，关键要看企业是否能成功转型发展。所以，促进经济发展方式的转变必须从促进企业转型发展着手。现在是世界各国重新寻找再平衡的过程，是未来世界经济格局重塑的序曲。在此阶段，各国一方面处理危机时代的各种麻烦，另一方面眼睛也都在瞄着搜寻下一轮经济发展的制高点。若要提前布局，积蓄潜能，真正成为下一轮的领跑者、下一轮经济规则的制定者、真正的经济强国，则必须从眼下的企业转型做起。只有有了世界超一流的强大企业群，才一定会成长为世界一流的国家。

从2003年到2011年，中国国有企业营业收入从10.73万亿元增长到39.25万亿元，上缴税金从8361.6亿元增长到3.45万亿元，净利润从3202.3亿元增长到1.94万亿元，年均增速达到25.2%。国有企业改革发展的成效说明，国有企业改革发展之路必须继续坚持。

必须继续坚持国企改革发展之路 *

国企改革是中国建立和完善社会主义市场经济体制的重要内容。30多年来，经过实施“扩权让利”、“企业承包”、“建立现代企业制度”、“成立国资委”等一系列改革措施，国企改革已经在企业治理结构、国有经济布局、国有企业和国有资产管理体制等方面取得了许多进展。一系列市场化的改革，使国有企业经营机制发生了重大变化。从2003年到2011年，中国国有企业营业收入从10.73万亿元增长到39.25万亿元，上缴税金从8361.6亿元增长到3.45万亿元，净利润从3202.3亿元增长到1.94万亿元，年均增速达到25.2%。国有企业改革发展的成效说明，公有制与市场经济是可以有效结合的，国有企业改革发展之路必须继续坚持。

* 本文写作于2012年11月8日

目前，国企改革仍处于过程之中，需要解决的体制、机制、结构和历史问题仍然很多。换言之，既定的国企改革目标尚有部分没有完全实现，这些问题集中表现在四个方面。一是国企改革与建立现代企业制度的要求尚有较大差距。尽管部分地方国企和50家央企这几年进行了规范董事会试点，力图从根本上解决企业"一把手"说了算的问题，以使现在的企业进行重大投资时，必须拿出充分理由说服董事会，促进科学决策，防范风险。但是，目前董事会的考核和外部董事的选拔、任用和评价机制还不完善，国资委监管机构，董事会和经营管理层之间的关系还须进一步理顺。二是国企发展方式仍然粗放。自改革脱困"三年攻坚"以来，全国已有5010户国有大中型企业和资源枯竭的矿山有序退出了市场，同时，国企和国有资本逐步从中小企业层面和一般生产加工业退出，使国企战线收缩，布局得以优化，在39个工业行业中，有18个行业国企总产值占比低于10%，而上《财富》500强的国企从2003年的6家增至2012年的54家。但是，国有企业目前大多仍分布在传统产业，而在战略性新兴产业占比较低。一些产业集中度较低，资源配置效率不高，核心竞争力不强，重复建设，恶性竞争、资源浪费、环境污染等问题还没有得到很好的解决，发展方式还比较粗放，布局结构还须进一步调整。三是监管体制有待完善。各级国资委成立后，逐步建立起委托代理关系和激励约束、责任追究等机制，推动国有产权透明管理，进场交易，强化审计和外部监督，改革经营者选任制度和收入分配制度，建立并完善了国有资本经营预算制度。但是，国有资产管理中政企不分、政资不分的问题仍然存在，一些地方政府对企业日常经营活动的干预有增加的趋势；经营性国有资产还没有实现集中统一监管，资源配置分散，经营效率低下；出资人职责和政府公共管理职能的分离还不到位；收入分配管理，资本经营预算，境外资产监管等方面的制度体系还需要进一步完善。四是各种社会负担依然沉重。中央企业还有医院、学校和管理的社区等办社会职能机构8000多个，对这些机构的费用补贴每年多达几百亿元；中央企业现有离退休人员523.6万人，还有困难职工等100多万人，企业为此需要承担大量管理和其他负担；厂办大集体改革难度加大，解决国有企业厂办大集体问题需要付出很大改革成本。这些问题不解决，国企就难以“轻装上阵”，公平参与市场竞争。国企改革是为了更好地与市场经济体制兼容，因此，对缘于历史沿革、体制、机制和认识不足等原因造成的难题，必须用改革的方法一一破解。

当前，中国传统的发展方式面临转型的巨大压力。从外部看，金融危机后外贸的需求正在大幅地收缩，传统的中国制造，通过欧美市场消费这种国际分工关系正在发生变化。而后起的新兴国家在中国已有的市场中的替代作用也开始显现。从内部分析可知，与此同时，中国的内生条件也在发生变化。中国人口红利在减弱；跨国公司早已度过投入期，开始向外转移大量的利润；人民币已大幅升值32%，中国制造的货币成本大幅攀升；资源由原来的国内廉价供应不得不转为国外高价资源。中国经济已经从高速进入中速发展这一较长时间的下行过程之中。为了摆脱金融危机的影响，世界各国都在加大研发投入，发展信息、生物、数字制造、绿色能源等高端技术领域，为新的产业革命提供了技术支撑，新的一轮科技和产业革命的条件正在加速形成。如果能在科技创新方面占据优势，显然就能够掌握发展的主动权，率先复苏并走向经济繁荣。因此引发了国际产业向制造服务化、高端化、智能化、网络化和绿色化的发展与变革，而这种变革，一方面给中国带来了机会，同时也带来了很大的挑战。如果中国的研发和创新跟不上新兴产业发展的需求，未来的增长点可能会面临断挡的风险。而分散化、开放式的产业发展方式，对传统比较集中的政府高度干预的体制提出了转型的要求，它要求更加灵活、更加开放、更加自由的市场竞争。而要实现转型，创新和培育新的产业领域是最好的切入点。中国企业一定要从传统的制造走向以研发为基础的制造，才能从根本上走出目前的状态。

中国大型国有企业创新能力不足的主要症结来源于五个缺乏，即：一缺动力。包括企业家和研发人员以及企业之间都缺乏创新动力。缺动力是指大型国有企业普遍存在着创新激励不足的问题，大家都不愿意投入大量资源，从事投入多、风险高、周期长、难度大的创新活动，“有能力、缺动力”现象比较突出。二缺能力。缺能力表现为国有企业技术创新活动普遍缺乏持续筹资能力，基础研究能力、创新淘汰的系统整合能力和高端创新人才的集聚能力等一系列创新要素的组合能力。三缺经验。缺经验是指大型国有企业在市场竞争和现代企业制度环境下，从事自主开发和自主品牌实践经验少，特别是长期的现代技术开发经验、充分市场竞争经验和品牌经营经验普遍缺乏，影响了大型国有企业创新能力的提高。四缺品牌。缺品牌不是指大型国有企业缺少产品和服务品牌、商标和标识，而是指与国外大型跨国公司相比，中国大型国有企业普遍缺乏被广大消费者普遍认可的国内外知名的自主品牌，缺乏一整套培育、保护和发展自主品牌的战略、规划和实践。五缺环境。缺环境表现在大型国有企业自主创新活动的有效竞争环境、成果转化环境和政府管理环境，制约着企业自主创新能力提升和创新绩效。这些问题的解决不仅仅是企业自己的事，更主要的是政府的事，是要通过改革去解决的事。所以说，转型的关键还在于推进改革，而且新的国际国内形势紧迫要求，必须继续坚持国企改革发展之路。

但是，对于国有企业改革未来的目标、方向和方式仍然存在较大的争议，近一两年关于是“国进民退”还是“民进国退”的热烈讨论，从一个侧面反映了人们对于如何继续推进国有企业改革存有很大的分歧。其实，当前国有企业改革之所以陷入困局，根本原因之一就在于观念的冲突。而这些不同的观念，均有着不同程度的合理性和正当性。仅仅用计划经济体制向市场经济体制转型的理论框架，还不足以解释和指导未来的国有企业改革。因此，需要从中国现代化转型的视角来看待国有企业改革问题，从功能泛化的金字塔型传统社会向功能分化的网络型现代社会的演变逻辑，是理解如何进一步推进国有企业改革问题的关键。所谓功能泛化，是指在传统社会中不同领域的不同功能常常是整合在一起的，一个团体、组织或个人往往身兼社会的多种功能。中国传统社会是个金字塔式的一体化结构，不同领域和不同功能被整合在一起，而政府（或皇权 + 官僚集团）作为塔尖，拥有最高的权力，代表全体利益，是整个社会的规则制定者和裁判者。现代社会则是一个多元化的网络状结构，社会被区分为功能不同且界限分明的各个领域，存在着利益取向各有不同的多元化主体。利益主体之间依靠规则加以协调，政府虽然在整个社会中依然具有重要地位，发挥着引导（某些领域是主导）作用，但同样必须受到规则的限制，从一个社会的绝对核心和领导者转变为引导和参与者。用现代化转型的理论框架加以审视，可知目前的国企改革在很大程度上遵循和停留在功能泛化的传统社会管理理念和模式上，存在严重的“角色错位、利益冲突”问题。所以必须按照中国现代化转型的要求，逐步建立“各归其位，各司其职，责权对等，激励相容”的国有企业现代管理体制。而继续推进国有企业改革，继续坚持国企改革发展之路，就是中国今后转型的一项十分重要的任务。

> 标准普尔500种股票数据在2009年3月跌到12年来的最低点后翻了一番，与此同时，由于人们担心企业的国有性质意味着投资者不拥有优先权，上证综指下跌了6.5%。中国企业的估值降到了美国企业的一半。

要促进企业转型应先调整产业政策 *

美彭博新闻社网站2012年12月3日登载了一篇题为《在大公司排名中，美国取代了中国》的文章，读后引人深思。

该文称："过去十年，随着美国经济状况的改善以及投资者对自由市场抱有信心，在世界500强企业名单中，美国企业正在以前所未有的速度取代中国企业。"彭博社收集的数据显示，在世界500强企业中，以苹果公司和埃克森美孚公司为首的美国企业占171席，总市值达到10.6万亿美元，占500强总市值的40.3%，而2009年时有159家美国公司上榜，总市值为8. 24万亿美元。以中国石油天然气股份有限公司和中国工商银行为首的24家中国上榜企业市值为1.74万亿美元，比2009年时的34家和总市值2 .19万亿美元有所下降。"尽管中国政府引导经济持续增长，而

* 本文写作于2012年12月23日

美国经济在过去四年增长乏力，但中国在世界最大企业排名中的份额还是在减少。标准普尔500种股票数据在2009年3月跌到12年来的最低点后翻了一番，与此同时，由于人们担心企业的国有性质意味着投资者不拥有优先权，上证综指下跌了6.5%。中国企业的估值降到了美国企业的一半。”“更快的增长速度并没有得到回报，自2009年年底以来，中国企业的总市值下跌了9%，而美国表现最好的股票上涨31%。”

这到底是为什么？

企业经营的好坏看什么？毫无疑问，要看企业产出扩张速度。企业实际产出扩张速度很快，就说明企业经营形势很好。企业的产出扩张速度是和国家GDP的增速紧密关联的。

一般说，只有企业的产出扩张速度增快，才能导致国家GDP增速加快。中国GDP的增速在2010年第一季度超过12%，此后一直下滑，直至2012年第三季度的7.4%。2011年年末，世界银行给出了关于中国GDP增速的一个研究成果：中国2010年和2011年两年推动经济增长最主要的因素不是要素的扩张，也不是要素生产率的提高，而是货币估值因素。货币估值因素占了这两年经济增长的55%。假设世界银行是对的，那么2011年增长的55%是由于货币估值带来的，这似乎可以解释为什么中国宏观经济形势那么好，国家统计局给出了9.2%，修正后达到9.3%的GDP增速，而每一个企业在经营过程中都觉得经营非常困难的问题。将此9.3%中的55%去除，大约剩了4.2%。换言之，2011年落实在实体经济上的扩张只有4.2%，且其中还包括了房地产市场的扩张。这说明企业的实际产出扩张不好，所以企业对经济环境的感觉是非常困难和艰辛，而国家在宏观层面感觉还不错。这深层的原因不完全是统计局的问题，而是自有其内在的规律性。面对这样的形势，不可能使大量的资源继续集中到一些无效率的资产中去，所以必须要对资产市场进行调整。

于是，2011年的经济工作会议就提出，要以实体经济发展作为中国

2012年经济增长的主要支柱。问题是资产经济向实体经济过渡并非易事，其间亦蕴含巨大风险，特别是转变的初期是要以经济增速下降为代价的，而经济增速下降得如此之快又是始料不及的。采取了一系列措施后，如此前之分析，进入2012年第四季度，中国经济逐步企稳，进而温和回升。

中国是实施产业政策较多的国家，对产业结构、组织及创新均有渊源深广的影响。当前，企业转型发展进入关键时期，核心是由投资扩张规模转向创新驱动，但许多产业政策却严重制约企业转型，故而，要促进企业转型，应先调整产业政策。

首先，调整应使产业政策聚焦到真正影响企业转型和产业升级的关键环节上来。从“十一五”到现在，国务院先后出台《关于加快振兴装备制造业的若干意见》等一系列产业结构政策，使得“加快”、“促进”或“推进”发展的战略性重点产业越来越多，“基础产业”、“支柱产业”、“核心产业”、“先导产业”、“新兴产业”，国家政策支持的战略重点产业层出不穷，直至重点太多，多到没有了重点。泛化的产业结构政策不利于企业转型和产业升级。

截至目前，中国真正具有国际竞争优势的仍然是传统产业，比如纺织产品加工量占世界一半多，出口额占世界三分之一以上，是名副其实的纺织大国。纺织是“中国制造”的重要标志，却面临国内成本上升和国际市场竞争压力加剧的双重挑战，转型升级任务紧迫，空间巨大。但由于贴不上“新兴产业”、“先进制造业”或“高端服务业”等标签，而不被重视和支持，几乎成为淘汰对象。泛化的产业政策不符合产业发展规律，导致新兴产业发展步入歧路。在发改委要“抑制”的“产能过剩和重复建设问题”突出的领域中，多晶硅和风电设备这样的新兴产业赫然在列。一边鼓励“加快发展”，一边治理“产能过剩”，这种自相矛盾的政策，暴露出新兴产业发展偏离了创新驱动的发展轨道。门槛低、进入快，一哄而上，市场尚未启动，技术没有突破，商业模式没有形成，

“新兴产业”还没有发展起来，就产能过剩了。事实证明，产业结构政策宜缩减宜聚焦，实质性的体制改革比倾向的鼓励引导更重要，产业政策应当以相关环节的制度创新为着力点。

其次是产业组织政策宜逐步放弃，不再干预企业竞争。中国的产业组织政策以规模为导向，强调“上大关小”、“上大压小”，直接干预市场竞争。无论是在企业重组、项目审批还是提高产业集中度过程中，都直接用行政手段直接干预，这种以规模为导向的产业组织政策扭曲企业行为，不利于企业转型发展。

企业转型发展的核心是由过去的投资驱动、规模扩张转向创新驱动、提高效益，以规模为导向的产业组织政策却助长甚至“迫使”企业投资扩张。尽管产业政策以治理“产能过剩”为出发点，但“上大压小”导致新增产能速度远远大于淘汰落后的速度。只有足够大的项目才有“可批性”，要发展就得上大项目，否则就会被淘汰。企业为了能获得新项目开工的审批，必须“收购”到足够多的“落后产能”进行“淘汰”，使落后产能也身价倍增。“上大压小”，“淘汰落后”根本没给企业留出搞创新的时间，投资扩大规模，上新项目、上大项目才是企业第一要务，“产能过剩”由低端设备、落后设备的“产能过剩”转变为高端设备、先进设备的“产能过剩”。

事实上，中小企业在创新上最具活力，在国家创新体系中有独特作用，而以规模为导向的产业组织政策严重忽视甚至抑制了中小企业的发展。直到近期，扶持中小企业才开始进入政策视野，但支持大企业仍是主流。尽管中小企业的发展开始受到空前重视，支持中小企业发展的政策密集出台，“重大轻小”的政策环境正在发生改变，但产业组织政策尤其不利于中小企业和新企业发展，已成为制约企业向创新驱动转型的重要障碍。所以，一般改变不行，应彻底放弃，从而使政策导向有助于进一步强化公平竞争和激励创新。

最后是产业创新政策应进一步加强。产业创新政策一直以侧重资金支持和项目带动为主，对企业转型的激励和压力不足，虽对扩大产业技术来源、降低技术引进成本有一定作用，但不能促进整个产业实现创新驱动转型。

与产业结构政策和产业组织政策相比，产业创新政策明显偏弱，多是对科技政策的配套、落实及补充，缺乏有效的政策工具，没能给企业创新发展和产业升级带来足够的压力和动力。而发达国家在能源、环保、健康、安全和消费者保护等方面不断提高市场准入标准并严格监管，迫使企业不断采取新技术，使之成为推动企业创新的重要动力。标准是影响技术需求和供给的重要因素，必须不断提高产品的市场准入标准和监管力度，以促进传统产业更新改造、转型升级，绝不能只有爆发了严重产品质量安全事故后，才重新审视产品标准。过低的产品标准制约新技术推广应用，会使新产品没有市场空间。实现传统产业转型升级的目标，政府不能代替企业决策，更不能插手企业生产，只有通过不断提高产品的市场准入标准来体现政策目标，把转型的压力有效地传递给企业。政府应致力于为企业构建有利于创新的市场环境，通过制度变革，疏解转换成本，促进新兴产业发展。

新兴产业是创新驱动的产业，要通过新技术产业化和新产品大规模进入市场来实现新旧产业更替。政府管理模式需要转型，甚至要不断“试错”，如电动自行车、电动汽车上路，要对相关交通规则、驾驶员资格、事故责任认定原则等进行必要的调整和完善；风电、太阳能发电上网，要改变已有的电力调度规则，甚至要改革已有的行业管理体制等。

限制一定数量的公车上路，强令一些高排放企业停工等应急措施，无法从根源上解决雾霾问题。解决污染问题，长远的还须从根本上、源头上寻求解决。

驱除雾霾 要应急更要治本*

最近几天，我国中东部地区连续出现雾霾天气，多地的空气质量达到严重污染的程度，北京已经持续发布最高级别霾预警。

2013 年 1 月 13 日晚，央视节目主持人郎永淳在一场媒体联谊会节目中讲道，“你知道世界上什么距离是最远的吗？”“那就是咱俩走在王府井大街上，我拉着你的手，却看不到你的脸！因为北京的雾霾实在是太重了。”当天，北京其实是雾霾的第四天，但大部分地区的空气质量指数 AQI 一度已经达到了极值 500，而前一天（12 日）PM2.5 指数已率先濒临“爆表”。从东北、华北到中部乃至黄淮、江南地区，都出现了大范围的重度和严重空气污染。珠三角同样出现 PM2.5 大范围超标。据广东省环境监测中心监测，至 12 日 18 时，珠三角 62 个空气质量监测点有 49 个出现 PM2.5 超标，占全部站点的 79%。根据上海市空气质量实时发布系统提供的数据，截至 13 日 20 时，PM2.5 的 24 小时均值浓度为 65.7 微克 /

* 本文写作于 2013 年 1 月 23 日

立方米。中国的空气污染比预计的显然来得更快更烈。

从 2011 年年底开始，一些地方雾霾频发，由此产生出民间空气监测热受到舆论关注。当时，在环境部门例行通报的空气质量报告中，PM2.5 尚未包括在内。2012 年 2 月 29 日，环保部和质量检测总局公布新修订的《环境空气质量标准》，首次将 PM2.5 纳入常规空气质量评价标准。根据《标准》增设的 PM2.5 浓度限值，24 小时的平均浓度是 75 微克 / 立方米，年平均限值是 35 微克 / 立方米。

环保部数据称，长三角、珠三角和京津冀三大城市群占全国 6.3% 的国土面积，消耗了全国 40% 的煤炭，生产了 50% 的钢铁，大气污染排放集中，重污染天气在区域内大范围同时出现，呈现明显的区域性特征，三大区域重点城市每年出现霾污染的天数达到 100 天以上。在长三角地区，冬春季受内陆污染、北方沙尘和本地不利气象条件等综合影响，区域性雾霾和浮尘影响突出；在初夏深秋季节，秸秆焚烧对区域大气 PM2.5 污染“贡献突出”，常引发区域性的大范围霾污染。除了工业污染外，机动车污染不可忽视。一些地区灰霾、酸雨和光化学烟雾等区域性大气污染问题频繁发生，这些问题的产生与车辆尾气排放密切相关。中国机动车辆排放的四种主要常规污染物的年排放总量均列世界各国之首。机动车排放的一氧化碳（CO）、挥发性有机物（VOCS）和氮氧化物（NOX）对环境空气浓度“贡献”超过 2/3。而北京的污染源中，汽车排放占 20% 左右，工业排放占 17% ~ 18%，工地施工扬尘排放近 20%，还有外来的排放物。

空气污染首先会对人体健康产生危害。如对呼吸系统和心血管的影响。另外还可以降低人的免疫力，使人们容易患上各种各样的病，比如感冒、上呼吸道感染等疾病。据有关专家介绍，它甚至还会对神经系统、生殖系统产生不良影响，使某些疾病患者造成“早死”。为此，多地已经陆续启动应急预案，试图将环境危害降到最低，比如，限制一定数量的公车出行，强令一些高排放企业停工等。应急是必须的。

严重的雾霾天气持续多日，让相关市场变得敏感而火爆。仅仅口罩一样，就在全国多地出现脱销现象。据报载，淘宝和天猫仅 11 日和 12 日两天，全国就有 2.3 万笔口罩订单，合计近 50 万只口罩，其中，仅北京地区就有 6920 笔订单，总共卖出近 14 万只口罩。1 号店的家居口罩产品 13 日销量比平常增长了 14 倍，14 日则达到了 20 倍。苏宁易购的口罩产品从 12 日到 15 日销量一直快速增长，一度出现了库存紧张的情况。而易迅网从 11 日起，三日内防尘口罩的销量环比增长超过了 500%，由此前一天几十只到几百只暴增至一天 2000 至 3000 只，其中北京地区的销量增幅最为明显。除了口罩，相关环保与空气净化类产品也销量大增。据 1 号店透露，空气净化产品销量在 14 日达到顶峰，增长接近五倍。人们对污染的关注不限于购买空气净化器和口罩，也波及到资本市场。相关口罩概念股、环保股与医药股几日来都出现不同程度涨幅。周一（15 日）早盘，沪指低开 0.30%，但环保板块领涨，一些与 PM2.5 领域相关的个股更是大涨，板块指数涨幅接近 3%，位居两年行业板块涨幅榜前列。截至当日收盘，三维丝（300056.SZ）、创元科技（000551.SZ）、先河环保（300137.SZ）等三只个股涨停。从人们关注环保股的热情分析可知，尽管眼下中国各种投资过剩，但地方政府对环保投资有足够的动力。

以交通减排，控制尾气为例，北京从 2008 年奥运会起，有关排放标准的实施一直备受关注，减排的压力与日俱增。北京率先采取了限购、限行等强力措施，试图通过遏制疯涨的汽车保有量，减低机动车辆污染物对空气的影响。据北京市交通委统计数据，北京市机动车辆在 2005 年至 2010 年间迅速攀升，从 258 万辆增加到 481 万余辆。2012 年 2 月，北京市机动车保有量首次突破 500 万大关，到 2012 年 11 月底，保有量增加到 518.9 万辆，目前北京市全市机动车保有辆已突破 520 万辆，驾驶员达到 748 万人。交通部门预测，2016 年北京市机动车保有量将达到 600

万辆的上限。汽车保有量之高看来不仅让北京背负“首堵”之名，还要背负“首毒”之名。汽车尾气成为北京 PM2.5 防治的重点“打击”对象。然而从保有量变化趋势看，治理之路还有多长多难是显而易见的。

中国的能源消费结构中，煤炭始终是首屈一指的，而且还有快速增长之势，大气污染可想而知。前不久，媒体曾就南方供暖问题争议不休，这一次的雾霾确实敲响了警钟。清华大学建筑学院教授江亿向媒体提供的数据称，南方地区城镇需要供暖的住宅约 70 亿平方米，如果全采用集中供热，与目前比较，每年能耗要增加 5000 万吨标煤。而气象对空气污染物浓度影响作用非常明显，尤其是温度、湿度和风。湿度大而少风的南方城市更容易受到污染物排放影响。到了冬季，因为冬季的冷空气，特别容易形成所谓的逆温层，昼夜温差导致扩散空间大大缩小，如果稳定的扩散空间存在四五天，污染物就会积累，浓度升高到一定程度，雾霾天气就形成了。南方城市湿度大而风小，如果能源仍然采用煤炭为主空气质量将会造成极大的负担。如果能源问题没有解决，南方就开始集中供暖，那么下一个空气重污染区就是南方便毫无疑义。

稍作一些分析，便可认识到，限制一定数量的公车上路，强令一些高排放企业停工等应急措施，无法从根源上解决问题。一个不可否认的事实是，随着经济的不断发展，环境资源的压力在继续增大，污染问题会越来越棘手，成为一个明显的趋势。解决污染问题，长远的还须从根本上、源头上寻求解决。我以为一是要平衡经济发展与环境压力。这个观点其实并不新鲜，但却是根本。可惜，现实跟不上认识，一些地方仍在借助透支环境发展经济，给未来留下非常大的隐患。环境污染所导致的经济层面的代价，也必然会越来越大。如果未来的发展，不能在保护环境中进行，则“美丽中国”定会成为一句空话，“五位一体”的目标也会模糊在记忆中，无法实现。二是努力实现既定减排目标。节能减排，这既是中国保护自身环境的必需，也是对国际社会的庄严承诺。既定减排目标，需要切实完成。减排的主体是企业。政府的适当政策，当着重引导企业将减排内化为企业战略及方向。企业重视减排，是其自身社会责任的体现，也是应当承担的义务。有些时候，这种义务光靠政府强迫不行，还必须依靠合适的制度加以激励。三是到位的环境监管。政府要对环境负责，须增加投入，还掉环境欠账。环保部门在自身职能的履行上，应有更高的要求。解决过去在环境监管中，一些地方环保官员将监管权力异化、利用权力寻租及环境评价走过场等极不负责的行为发生。四是动员全社会，让每个公民尽己本分，担当责任。现代生活方式对环境的影响日益凸显，尤其是汽车社会的到来，给诸多大中城市的环境保护增添了不少压力。大众尽量选择绿色出行方式，乃助益社会之举，这一点并无疑问。在环保和便利出行方面做出平衡，是越来越多的人需要做出的选择。这次连续六天的雾霾天气非常现实地告诉人们，环保方面其实已经没有退路可走。每一份努力，都是在为他人谋福祉，也是在为自己谋利益。从西方文明国家环境治理的经验看，中国从现在切实行动起来，通过十到二十多年的努力，会初步回归青山绿水白云飞的宜居环境，“美丽中国”也一定能建设成功。

城镇化是一个历史性问题，不是短期的，不是运动式的，同时城镇化也是一个有利有弊的问题。所以，必须研究并遵循其发展规律，要全盘考虑做好顶层设计，尽力避免可能发生的挫折、波动，甚至是弊端或危害。

做好顶层设计 促进城镇化健康发展*

城镇化是中国现代化建设的历史任务，也是扩大内需的最大潜力所在。中央经济工作会议把城镇化列入2013年6项工作重点，城镇化战略被提到了一个新的高度。目前，中国城镇化率已达到51.3%，今后如何提高城镇化质量，引导城镇化健康发展，是各界关注的一个焦点。

最近，有两则消息格外引人关注。一是在2012年多次中央级别的会议预热之后，2013年新年伊始就传出的消息，由国家发改委牵头，十多个部委参与编制的《全国促进城镇化健康发展规划（2011 ~ 2020年）》将于2013年全国两会前后颁布。据了解，该《规划》将涉及全国20多个城市群、180多个地级以上城市和1万多个城镇的建设，将为新型城镇化提供发展思路，并将提出具体要求。二是全国城镇化工作会议将在2013

* 本文写作于2013年2月23日

年两会前后召开。尽管目前全国城镇化工作会议召开的具体情况尚不明晰，但由于过去的城镇化都是各地为政，缺乏顶层设计，在这一形势下，会议的召开就具有一定的迫切性，且意义非同小可。若能够在顶层上统筹解决，无疑对各地在城镇化过程中理念的转变和质量的提高非常有益。关于城镇化，在“十二五”规划提出时，建议的是“三化”同步，十八大报告专门加了一个信息化。其含义有两个方面：一是丰富了中国现代化的内涵。即中国要实现的社会主义现代化是工业化、城镇化、信息化和农业现代化“四化”同步的现代化，而不是工业化或城市化孤军突进的现代化。二是指明了四化同步的重点：一、信息化与工业化深度融合。这是适应未来新技术革命的需要，更多地通过信息化来促进制造业的数字化。二、工业化和城镇化的良性互动。中国城镇化的质量不高，最根本的就是农业转移人口的市民化问题。工业化了，要有序地推进农民转市民，这样才能真正的城镇化。三、城镇化和农业现代化要相互协调。目前中国农业现代化的水平远远落后于工业化和城镇化，所以下一步要大力统筹城乡发展力度，通过提高城镇化的质量，通过农业转移人口更多的市民化，来促进农业现代化。

城镇化是一个历史性问题，不是短期的，不是运动式的，同时城镇化也是一个有利有弊的问题。所以，必须研究并遵循其发展规律，要全盘考虑做好顶层设计，尽力避免可能发生的挫折、波动，甚至是弊端或危害。在城镇化的道路上，失败的教训不但有，而且非常深刻。20世纪，拉美城市化发展速度惊人，在不到一个世纪的时间里，城市化水平就与发达国家的城市化水平相接近了，但拉美城市化的高速度也导致许多问题。那个时期，拉美城市的人口增长率为十年翻一番，但这并不意味着拉美的工业化已对城市化提出了这样高的要求。到20世纪70年代中期，拉美城市人口的比重已占地区总人口的60%，但工业人口的比重却不超过20% ~ 30%。曾经就有学者指出，按正常的发展速度，当时拉美的城市人口应为1520万，而实际上已达到3000万，超过了正常水平近一倍。城市化速度大大超过了工业化的速度，造成了城市化水平与经济发展水平的脱节。拉美城市化程度的提高，固然为工业化发展创造了有利条件，但超越了发展阶段，拉美也为之付出了沉重的代价。联合国拉美经委会认为，90年代拉美地区有30%～40%的人处于极端贫困状态，20%的人的收入占社会总收入的4%。这与非洲和亚洲许多国家的贫困人口大都居住在农村的情况是不同的，拉美大城市的贫困状况已经普遍化，这主要是低收入水平而不是固定资产稀缺造成的。在贫困已经城市化的同时，贫困差距也日益扩大。根据世界银行和IMF的调查，拉美的收入分配已达到了世界上最不平等的地步，占总人口10%的富人占有总收入的60%。比较日本、韩国、新加坡及中国台湾地区等成功实现经济转型，成为发达国家和地区的城市化过程，发现它们的普遍特征是，随着城市化率的上升，贫富差距普遍缩小，基尼系数都在0.4以下，日本、台湾等甚至低于0.3。而那些步入中等收入陷阱的国家在城市化过程中，则无一例外地出现了贫富差距扩大现象，如身处拉美的巴西的基尼系数超过0.5。可见，真正成功的城镇化绝非是更多的城镇拔地而起或加速扩张，建成更多的基础设施支撑高密度的经济活动这么简单。城镇化还有更重要的另一方面，就是合理公平公正的人的经济和政治自由权利的制度安排。中国2012的基尼系数为0.474，说明中国城镇化的过程更接近拉美及南亚国家特征。这应引起足够的警惕，即中国进入后城镇化阶段后，如果不能有效缩小贫富差距，不仅经济增速会放缓，还有可能步入中等收入陷阱，这样的结果与中国城镇化发展的目标是完全背道而驰。

拉美国家的城市化和工业化不同于欧美，拉美的城市化开始于工业化之前，而工业化的发展继续推进城市化的进程。由于经济发展缓慢，城市人口膨胀，导致拉美城市的失业率很高，社会保障制度供给严重不足，消费能力无法提高，社会不稳定，暴力等犯罪活动泛滥成灾。而英、美、日本的城市化则完全是另外一种景象。英国是世界上第一个城市化的国家，在从18世纪后期到19世纪中期的近一百年的时间里，城市人口占全国总人口的比例从20%逐步跃升至51%，初步实现了城市化。英国城市化的发生，是多种经济动力机制起作用的结果，而工业革命及其引起的工业化是核心动力，工业化的集聚效应使经济和人口不断集中，促进了英国城市化的发生。机械化和生产专业化要求密切的分工协作，以最大限度地提高生产效率，这一特点要求生产要素，即资本、设备和劳动力的集中。同时，工业化又讲究规模效益，这不仅是单个工业企业生产要达到相当规模，而且需要众多相互关联、生产配套的工业企业在一定空间上的集中。这种专业分工协作、规模经济和外部经济的要求，使工业化具有极强的集聚效应，拉动各种经济要素和人口向一定的地理空间集中，形成城市聚落的外观。工业化的自身需求，使得英国工业与城市良性互动，实现发展，工业化资金同时推动城市其它产业发展，产生关联效应，工业化要求并推动了城市化。美国的城市化经验与英国相比较，还有两个突出的特点：一是内生作用为主的自我发展。美国城市化进程较少受外生的、偶然的、不确定因素的干扰，如战争、自然灾害、行政干预等，而是源于市场经济的内生动力。虽然其间美国政府也出台了一些有利于城市化的政策法规，但这些政策法规只起辅助作用，其主导因素还是内生因素，如产业结构动态变化、交通运输状况改善等。二是要素流动性及人口分布的均衡性。美国城市化另一典型特征是在市场经济条件下，生产要素在全国范围内自由流动，尤其是人口的流动最为明显。一百多年来的人口迁移，使得人口在地区分布上趋于均衡，西部和东北部的人口比例在20%左右，而南部和中北部的人口比例在30%左右。人口自由流动促进了美国的城市化，人口区际迁移过程与美国区域发展以及城市化由发散走向收敛过程刚好一致。日本的城市化过程中，则特别重视对农业的改造，加强农村基础设施建设，促进农业现代化。农业的发展是工业起步的前提和物质基础，日本出台了一系列政策，大大促进了农业的发展和农村土地的集约，这为农业机械化提供了前提条件。农村基础设施的建设，不仅可以缩小农村与城市之间的差距，更重要的是为农村建立了一个良好的投资环境。投资的加大，促进了农村的经济发展，为农村提供了更多的就业机会，也为城市产业和人口的扩散开辟了道路，为实现城乡一体化创造了条件。城市化发展的教训必须牢牢记取，成功经验也必须认真学习和借鉴。中国当前的城镇化从城市设立、土地获得、建设规划、福利标准，全部靠行政审批的计划经济模式必须改革。在城镇化的过程中，只有通过市场机制的基础作用，才是城镇化推进的内在机制。市场化是与工业化、城镇化相伴而行的，工业化与城镇化之间的互动关系是靠市场化来维系的，市场主导下的城镇化进程才是最有效率的城市化方式。

面对中国经济发展不平衡、不协调和不可持续的问题依然突出，经济下行风险依然严峻的形势，新型城镇化是目前唯一可以培育的空间因素。所有的宏观经济政策最终都要落地，都是落到一个特定的空间。这是从全局出发提出的战略构想，是梳理基本国情和国际经验后得出的一个逻辑结论，对于中国的未来走向影响深远。所以，做好改革的顶层设计，确保并促进城镇化健康发展至关重要。